立齋集

이 책은 2015년도 정부(교육부)의 재원으로 한국고전번역원의 지원을 받아 수행된 '권역별거점연구소협동번역사업'의 결과물임
This work was supported by Institute for the Translation of Korean Classics-Grant funded by the Korean Government

韓國古典飜譯院 韓國文集校勘標點叢書/慶北大學校 嶺南文化硏究院

立齋集 2

鄭宗魯 著
金崇浩 校點
宋熹準
金英玉

凡例

本文

1. 이 책은 鄭宗魯의 文集인《立齋集》을 標點·校勘한 것이다.
2. 이 책의 底本은 韓國文集叢刊 第253~254輯에 실린《立齋集》이다.
3. 原底本은 鄭宗魯의 조카 鄭象履가 門人 柳尋春, 李升培 등과 함께 編次, 校正한 뒤 1835년에 目錄 2권과 더불어 原集 48권 24책을 尙州에서 木板으로 刊行한 것으로, 그 所藏處는 國立中央圖書館(圖書番號 한46-가164)이다.
4. 이 책의 對校本은 서울대학교 奎章閣(奎15613)이며, 韓國學中央研究院 藏書閣(4-6427), 高麗大學校 中央圖書館(D1-A452)을 參校하였다.
5. 校勘에 사용된 주요 參考資料는 다음과 같다.
   - 百弗菴集: 崔興遠 撰, 1816年頃刊, 韓國文集叢刊 222, 國立中央圖書館(圖書番號 한46-가835) 所藏 民族文化推進會, 1999.
   - 順菴集: 安鼎福 撰, 1900年刊, 韓國文集叢刊 229~230, 國立中央圖書館(圖書番號 한46-가181) 所藏, 民族文化推進會, 1999.
   - 懼庵集: 李樹仁 撰, 1860年刊, 韓國文集叢刊 續 96, 高麗大學校 中央圖書館(圖書番號 D1-A350) 所藏, 民族文化推進會, 2010.
   - 蠹窩集: 崔興璧 撰, 1908年刊, 韓國文集叢刊 續 95, 延世大學校 學術情報院(圖書番號 811.98/최흥벽/두-목) 所藏, 民族文化推進會, 2010.
   - 朱子語類: 朱熹(宋) 撰; 黎靖德(宋) 編, 國立中央圖書館, 1998.
   - 張子全書: 張載 撰; 朱熹 注, 商務印書館, 民國24〔1935〕
   - 皇極經世書: 邵雍 著; 劉斜組 述, 中華書局,
   - 大學衍義補: 丘濬(明) 進呈; 陳仁錫(明) 評閱, 國立中央圖書館(圖書番號 M古1-2007-717) 所藏.
   - 昌黎先生集: 韓愈(唐) 著; 李漢(唐) 編; 朱熹(宋) 校, 國立中央圖書館(圖書番號 古3747-3127) 所藏.
   - 朱子大全: 朱熹 著; 柳希春 校, 國立中央圖書館(圖書番號 古朝44-나1) 所藏.

6. 影印 과정상의 문제로 인해 현재 底本에서 判讀이 어려운 글자나 變形된 글자는 原底本에 의거하여 補充·訂正하고 별도의 校勘記는 달지 않았다.
7. 여러 參照本과 글자의 차이가 있을 경우 이를 校勘記에서 밝히고, 本文은 修訂하지 않았다. 혹 차이 나는 글자의 正誤와 관련해 校勘記에 校勘者의 見解를 밝히기도 하였다.
8. 本文의 誤謬가 명백한 경우 본문을 고치고 校勘記에 그 근거나 사유를 밝혔다.
9. 本文의 誤謬로 의심 가는 점이 있으나 根據할 만한 對照本이 없을 경우에는 校勘記에 그 내용을 언급하였다.
10. 底本과 異本 간에 글자의 차이는 있지만 어느 쪽이 옳은지 확정할 수 없는 경우 校勘記에 그 내용을 밝혔다.
11. 本文에 쓰인 異體字 가운데 현재 일반적으로 通用되지 않는 글자는 모두 代表字로 고쳐 쓰고 校勘記는 달지 않았다. 代表字 여부의 판정은 韓國古典飜譯院 異體字 檢索 시스템을 準據로 하였다.
    예) 盖, 蓋 / 窃, 竊
12. 板刻이나 筆寫 과정에서 관행적으로 通用하던 글자는 文脈에 맞게 고쳐 쓰고 校勘記는 달지 않았다.
    예) 己, 已, 巳 / 蕭, 簫 / 藉, 籍
13. 이 책에 사용된 標點符號는 다음과 같다.

。	疑問文과 感歎文을 제외한 敍述文 및 語調가 약한 命令文의 끝에 쓴다.
?	疑問文의 끝에 쓴다.
!	感歎文이나 感歎詞의 끝, 강한 語調의 命令文, 請誘文, 反語文의 끝에 쓴다.
,	한 文章 안에서 일반적으로 句의 區分이 필요한 곳에 쓴다.
、	한 句 안에서 竝列된 單語 사이에 쓴다.
·	名詞의 竝列이 重層的인 경우, 모점(、) 안에서 竝列語를 구분하는 데 쓴다. 書名號(《 》) 안에서 書名과 篇名 등을 구분하는데 쓴다.
;	複文 안에서 구조상 분명하게 竝列된 語句 사이에 쓴다.
:	완전한 引用文의 경우 引用符號와 함께 쓰거나, 話題 혹은 小標題語로서 文章을 이끄는 語句 뒤에 쓴다.

“ ” ‘ ’ 「 」『 』 각각 1차, 2차, 3차, 4차 인용문에 쓴다.

【 】 原文의 註를 나타내는 데 쓴다.

《 》 書名, 篇名, 樂曲名, 書畫名 등을 나타내는 데 쓴다.

＿ 人名, 地名, 國名, 民族名, 建物名, 年號 등의 固有名詞를 나타내는 데 쓴다.

□ 빠진 글자의 자리에 쓴다.

▨ 毁損된 글자의 자리에 쓴다.

目次

1. 目次는 底本의 目錄과 관계없이 별도로 整理·收錄하였다.
2. 本文에 제시된 題目을 그대로 싣는 것을 원칙으로 하되, 題目이 없거나 文體名이 題目을 대신하는 경우 등은 여타의 제목에 準하여 임의로 작성하였다.
3. 底本의 誤謬가 분명한 경우는 修正된 사항을 目次에 반영하였다.
4. 題目 아래 附記된 紀年·人名·篇數 등은 原註로 처리하였다.
5. 底本에 被傳者의 이름이 明記되지 않은 墓誌·碑銘·行狀 등 傳記資料에는 그 이름을 조사하여 밝혔다.

目次

立齋集 卷十

書

立齋集 卷十一

書

立齋集 卷十二

書

立齋集 卷十三

書

立齋集 卷十四

書

立齋集 卷十五

書

立齋集 卷十六

書

立齋集 卷十七

書

立齋集 卷十八

書

立齋集 卷十九

書

立齋集 卷二十

書

立齋集 卷二十一

書

立齋集 卷二十二

書

立齋集 卷二十三

書

立齋集 卷二十四

雜著

立齋集 卷二十五

雜著

立齋集

卷十

書

書

與南光之【必錫】、宗伯別紙【己亥】

卽聞子皜之言，其意甚欲往遊於蘇湖、金谷二老之門，而所以不能者，似坐於父兄之禁不許也。竊料僉見必以實未到、名先播，或致後來狼狽爲慮而然。其在爲子弟深計之意，固未爲不是，而但念人生雖內有賢父兄，必外資嚴師友，以成其德器。故朱子之於陳廉夫，亦以得師與擇友，爲其急務，則今以子皜之如此美質，其志尙之高遠又如此，而目今先覺如大山、南野，又幸竝世同道。計其春秋，俱登大耋，彼其崦嵫之暉，豈爲後學久駐？政使汲汲往拜，猶恐師事之日短而不長，爲平生之恨。不知僉何故又從而尼之耶？

昔我先祖文莊公每見後生，必問其及見厓翁與否，因以退陶先生易簀時，自家甫八歲，尙可及見，而未能爲恨。蓋望見盛德之光輝，亦後生之一大幸事也，況如子皜，又非徒望見而已者耶？設令往遊之後，有不克終之患，在僉指引之道。只當與其進而不與其退，今乃逆料其方來而禁不許，揆以鄙見，實涉過慮。

夫實未到而名先播，固爲不祥而非可願。然若慮此而不送，則名固無先播之端，而實亦何從而有得到之望耶？前修之言曰:“人若避爲善之名，則無爲善之日。”蓋爲士而學於師，如爲農而學於老農，自是本分上事，初非異常底事。只是末俗嘵嘵，輒加指目，彼指目之加，誠爲可惡，而烏可以此廢吾常茶飯也?幸望細入思量，早從其願，毋[1]令抱恨而追悔於日後，大善大善!

如愚亡狀，頃年蓋嘗往拜其門，而無能有學，迄今猶夫人猗然。每見後生中有志趣者，愛惜之心，不啻自別，輒勸其早遊於彼。蓋恐其或如此晩暮無成而然也。更須以我爲戒，而勿令似之如何?

與南宗伯【戊戌】

頃自達城歸見，惠復在案。披玩再三，如復對晤。而回思一別，忽已三月。悠悠溯往，曷有其已?即玆冬暖，伏惟哀履起居以時支相，仰慰且祝。宗魯頃行拜漆[2]溪丈，道貌睟盎，聽其緖論，皆躬行心得之言，而學於其門者，亦頗有操修之士。歸路見張、金二丈，即其言談擧止之間，所存已自可見耳。

凡十餘日始還，幸侍事粗遣，一味擾擾，纔得靜坐。雖於其間隨分不至全然放過，而念前日所謂“工夫”者，大段落

1 毋 : 저본에는 “毋”. 문맥을 살펴 수정.

2 漆 : 저본에는 “柒”. 《百弗菴集》에 근거하여 수정. 이하 동일.

虛。初無毫髮可恃以爲根本田地，到今精力凋殘，藉令刻苦做去，恐如失時之種，無望於有秋，如之何如之何？

固意哀天質儘美，雖隨俗不免於科臼，而尋常留意處，謂必有在。曏日之進，乃知其果然。而"去習"二字之諭，尤見其痛革舊汚、勇下新工之意。人要入道，直須如此果決，方有進步處。

世之學者，正坐不能辨此一節，名爲從事，而每爲宿習所纏繞。故因循委靡，以至終其身而無所立也。是則成湯所謂"苟日新"、孔子所謂"一日克己復禮"。一日用力於仁，許多日字，卽此眞箇去舊習之日，而必有此一日，然後方可因此接續做去。此是甚麽勇決、而甚麽力量？自承尊諭，不覺蹶然起敬，旣歎哀之有此一日，而又愧自家之迄無此一日。思欲自今日決去舊習，以從下風，顧其積卅年舊習，一朝去之，實非易事。苟非至明至剛，其安能細察而盡鋤之，使無毫髮餘痕耶？

蒙囑以此意作箴以示，而自念此身，亦方坐在裏許。雖知去之之爲快，而未能實去以自慊。則雖使箴語盡善，亦不免徒爲空談，而無得之言，不能動人。於哀眞切下工之地，亦未必有益，故姑此未果。然只爲自家自警，早晩當有所作。作則必奉寄於哀，以訂其得失。然無論彼此，此事有不待於箴者，幸以近日工夫與功效，仔細示及，如何？

如宗魯昏惰，自以爲勇革舊習，而毫忽不謹，輒復纏繞，內之心術與外之行事之間，從前許多活熟機械，投間抵隙，動被牽引。未知若何用力，可以拔本塞源，痛斷根株耶？

想哀於此，必有其術，亦望毋惜開示，使此昧陋，得以效法，又幸之幸也。

答南宗伯

俯詢禮疑，淺陋於此，尤所懵然。但以臆見推之，則所謂"一日不再祭"者，雖未知其出於何書，而原其立言之意，蓋以煩瀆爲不可。然節祀與忌祀，非特然再祭於一日之比。適會相値，旣行忌祀，奉主入廟之後，緣以上以下，各位皆行，而難於獨闕。因爲竝設者，實亦不得已之禮也。鄙意則莫如同行之爲得，而無稽之言，不足採納。惟在哀研精裁酌，務合禮意之如何耳。

與南宗伯【壬寅】

歲暮窮山，懷人政苦，忽地珍翰，宛帶淸範，且審隆寒，棣履起居有相，荷慰之極，不可形喩。宗魯侍狀粗保，而入[3]秋以來，一味多事，自量心界，殊未有閑暇意像。近又以眼疾爲苦，看字之工，尤患全廢，有何足浼聞於高明者耶？

　　來諭"忿、欲"二端，此身方坐在裏許，而未知所以懲窒

3　入 : 저본에 "八". 문맥을 살펴 수정.

之方，政以爲患。所示兩絶，洞究病源，兼及流弊，邇來省察之密、克治之嚴，眞令人斂袵仰服。敢不書之座隅，以思冀及其萬一耶？然而二者之勢，雖固相因，而欲之於忿，又爲其根，則鋤削之工，尤當先加於此，使之淨盡。然後念慮之發，方純是天理，而自無計較之私矣。

至如他人是非，在我儘有不相關者，一向弄得，誠爲愚妄。然此亦但要不爲血氣所動耳。若彼有可怒而我從而怒之，則是乃所謂"物來而順應之"者，何得全以爲不關，而漠然無喜怒於其間乎？蓋座下之意，專主於點檢自家，故其言如此。"攻其惡，無攻人之惡"，此固先聖之訓，而亦非於人之惡則全然不怒之謂也。如何？

答南宗伯

即承惠墨，審春寒做履連勝，《魯論》已畢，《曾傳》又始，慰瀉之餘，又以仰用工之敏且篤也。大抵嚴課、精研，難於兩進。如宗魯昔嘗讀此，而每每課欲嚴則患研之不精，研欲精則患課之不嚴，畢竟不免於買櫝還珠之歸。而到今遺忘殆盡，區區口誦，亦不可得，則是爲幷櫝而亡之。然尚有一兩句記在胸中者，時時諷詠，不覺欣然忘食。況吾宗伯宿工已深，而復且溫理，其手舞足蹈之趣，尤當如何也耶？幸願益加涵泳，期於灑脫，時以所得見告，發此昏滯，千萬。

與南宗伯

前月得重陽日書，知佳辰所懷之一般。又有從近命駕之示，故日日翹企，而尙寂跫音，不知有何故而然耶？居然籬菊已衰，山月亦缺已盡矣。拊玆幽期，悵如有失。因憶座下山棲企我之日，其情緖何以異此？不過數十里地，坐成離濶，人生會面，眞是未易耳。

卽日霜寒，仰惟靜履有相否？仙洞一遊，恨不躡塵共賞，俗離之行，知其不果。他日乘輿之時，倘復招呼，則或未必不勝於寥然孤往也。如何如何？

宗魯僅保侍狀，而以湖壟侵葬，尙無査掘之期。頃自吾鄕又呈，而營意之延拖如初。今則勢須新伯來日，可以結梢，而私情憒惋，又何可勝言耶？

達城所製呈文，盛評亦不爲無見，但就尊賢上分別杖屨、體魄之所，而謂不可合一，此則竊有所未喩也。蓋凡論大體，書院、墓所，主管各異，疑若判爲二端，不相交涉。而其實士林所以只奉書院而不奉墓所者，豈爲體魄之地，不如杖屨之所而然耶？特以體魄之地一定而不可移動，非如精靈之可以隨處揭虔。又是血氣所屬，故不得不付之子孫耳。若其瞻仰欽慕之誠，則不啻較切於杖屨之所，而今乃分而二之，未知果如何？

大抵從古賢人之墓，不但其子孫瞻守，而凡諸愛慕之者，莫不尊護。封植致敬之事，斑斑往牒，至如婺源子朱子塋域則直爲之圖畫形局，以與影像眞本，昭揭一卷，而流傳萬古，誠以體魄之地。其流峙襟帶，莫非精靈陟降中物，而後學之尊慕者，尤於此羹墻故也。推此觀之，則中國士林之所以至今衛護者，當如何哉？而呈文所謂"環山之草木土石、百世禁護"等語，眞可謂深得古人之遺意，直是三擊節處也。

今座下以其與杖屨所竝擧，而疑其合一之未安。審如此說，是天下只可有《武夷圖》，而不復有《婺源圖》矣，奚可哉？蓋朱子墓山，雖不知其周廻遠近，果爲幾許？而一區封域，境界截然，其中之分土寸壤，孰非愛護之地？則今日先墓之圖局，縱不敢比儗於此，而流來禁護切害之處。無論子孫與士林，其不可容人之侵犯，不啻較然。故玆因呈文之評，而略效鄙見如右。雖是此等事理，窮究到十分，實亦致知之一端也。未知高明以爲如何？倘未中理，毋惜往復，俾歸至當，不勝幸甚。

答南宗伯

春間再得書與詩，至今愛翫不已。外史、雜說之探看，省得儘奇，自非深有得於聖賢之書，理義之悅於心。眞如芻豢之悅於口，半生成癖之餘，其安能頓舍乃爾乎？是則座下之於舊習，旣擧其難去者而去之矣，自餘易去者，又何足患焉？然且滋長之是憂，而推原其故，以爲由於氣浮心麤。以吾觀於宗伯，不見其有是，而如欲切己省察，着緊下工，則一毫近似，亦不害其爲病，而治之惟恐不及可也。前日“禮”字，雖於去習，爲對症之劑，而至如浮、麤二患，又恐不如一“敬”字，尤爲打疊之良方。蓋惟無適可以治其浮，主一可以治其麤故也。妄意如此，不知高明以爲如何？誠能加勉於此而得其效，則看書翫理之際，小小爲病，亦當自底於消磨矣。所謂“敬勝百邪”者，此也。以之而愈復乎禮，則其於習，尤何不去之爲患，而滋長之足憂乎？

因念美質如足下、篤學如足下，而尚以浮、麤爲慮，汲汲求去之若是，則如我輕淺而荒疏者，其於此等病，尤當如何？而乃不曾發以問人，今爲足下誦其瞽說而有所云云，是何異於積抱膏肓而不自知，反憂人微痾細恙而言治法乎？此實可笑之甚也。宗伯之於無似，相接固罕，而其察吾眉睫則熟矣。幸爲之詳其根委，如不至於不可爲，切乞痛下頂針，俾無滅身之患，如何？

答南宗伯

信后月易，秋陰迄無捲意。伊間起居更如何？承以潛翫新得爲問，斯誠足下之厚望。然如僕昏庸之資，加以離索之久，內乏奮發之勇，外無嚴憚之人，則日退之外，有何可言？鼂於病後，獨居無聊，朝暮所念，只是旣往罪過，遂作《自警文》數行。時又懷人益苦，而比來向座下尤切，倣古詩詠得數篇。故漫此寄去，覽則可知其實情矣。致道緣何棄官而歸耶？“未發時循性”之說，渠見似已定，猝難攻破。未知今番所論，比前更如何？或有瀾漫同歸之望耶？承欲早晏見臨，不勝顒俟，千萬勿孤也。

亭記謹已構草，而但“春雨”之名，亦甚佳好。故試爲草看，則其於說得敎蒙士之意，似更詳切。竝此書呈，商量去取，其謬誤處，亦爲示及，使得修改如何？徒緣俯索甚勤，不敢不依敎，而此等文字，殊非閑漫之比。竊觀盛意，似欲以是揭示後生。此不特於僕有所不堪，而人輕言微，亦非所以取重見信之道也。莫如座下自爲之爲得，如或有作，未可投示耶？吾輩做事，只要着實而已。盛作果善，斷用無疑，豈復有所嫌耶？

別紙

朱子論南軒書所謂“愛之之理便是仁”一句下“若無天地萬物，此理亦有虧欠”。 此二句大山只是平讀， 以爲“若無天地萬物，則此理亦有虧欠”；雨谷以“若”字看作“雖”字之義，讀以“雖無天地萬物，而此理亦有虧欠乎”。兩家所見各異，一生往復，不得歸一。及雨谷歿後，大山深以此爲恨之意，曾於《痛慕錄》所載，見其大槪矣。

頃者子皜與我論此，亦以雨谷見爲是。始頗然之，更思之。雨谷說終似未安。凡看文字，當以義理文勢爲主，而今此二句，以義理觀之，則其曰“愛之之理便是仁”者，雖只論仁體，而若不擧天地萬物，則所謂“愛之”者，未知是愛箇甚底耶？

蓋天地生物之心，人與物均得之，不獨在我者如是，而在彼者亦如是。故旣得此生物之心，而愛之之理在乎我，則又須擧愛之之理所當施者，如天地萬物而竝言之。然後方見此愛之之理不是無端而空在於我，眞實充滿，無少虧欠。

原其立言之意，則固非以天地萬物，夾雜於仁體而爲說也。只爲仁體旣得之後，其量之大，不得不與天地萬物，血脈貫通，而用無不周。故必幷此爲說，以見此理所以無少虧欠之實，則大山之平讀如是者，豈非灼見而然乎？

今以淺近者比之，視之之理固在目，聽之之理固在耳。故方論視聽之理者，固不當捨耳目而爲說。然若使天地之間，初無可視之色、可聽之聲，則吾未知視箇甚底而有是目、聽箇甚底而有是耳耶？以故就視聽之理而言之者，旣言目之明、耳之聰，是爲視聽之理，則不得不竝擧天地間聲色而爲說。然後視聽之理，方無虧欠，而與所謂"天地間聲色"者，血脈貫通，而無所不周，始可見焉。於此亦可見大山之見，極爲明白。而今乃以下文謂"不可便將天地萬物夾雜說"之故，竝與此段論仁體，因及其量者而疑之，必欲變其句讀，易其字義，以爲無天地萬物而理無虧欠之證。審如是則與下文"不夾雜"三字，雖似相貫而不相碍。然其如若無天地萬物，則此理之實有虧欠，何哉？斯已未安之甚，而雖以文勢言之，亦未見其然。

蓋所謂"若無、亦有云云"者，朱子之意本自平說，語順旨明，略無艱險疑晦之端。雖以朱子他書證之，其言每每平鋪，文理坦然，未嘗爲佶[4]屈聱牙之語。則今獨於此處，特以片言單辭，無端爲難讀底文字於首尾平說之中，是甚意思？斯又未安之甚，而決知其不然，以雨谷之高明，終身講論，而其見如此。則此實極微之理，而非後學所可容易說破。只爲子皜有言，聊此云云。未知盛意以爲如何？

答南宗伯

吾輩合幷之樂，得如今番，是前此未曾有者。而倘微兄眷厚之盛，亦安能辦此？自別以來，尋常魂夢，無日不相與周旋於淹留遊歷之處，不比異時解携一悵便已。信乎，人情本緣境而篤者也！因審彼時歸路，雖不無少顚躓，而返稅後起居終獲晏衛，區區慰釋，又何可勝言耶？

宗魯自中山，初二始還棲，依舊作離索人，日來意況，甚覺無聊。然自惟昏惰之資，加之精力已亡，向於泉齋之日，得聞嘉誨，非不多矣，而曾未旬月，幷皆茫然不記。以若衰朽，更何所爲？是則雖復相從如前日，區區麗澤之益，亦無其望矣。寧非可痛之甚者乎？似此無狀，固不敢點檢他人，然竊以管中之窺，則座下之高明脫灑，誠非子皜之所及，而寬綽之過，或恐不足於收斂。子皜之規模狹隘，雖爲座下之所憫，而其檢束之嚴，却未必不在所取。誠使座下益加莊敬之工而無有動靜之間，子皜更加展拓之意而無復局趣之像，

4　佶：저본에는 "詰".《昌黎先生集·進學解》에 근거하여 수정.

則其於進德爲學之道，似盡善而全美。未知淺見果如何？

若僕者初無可論，然素患稟性懦弱，一味悠泛。平日所願學者，惟是座下之剛果與子皜之篤實，而迄未之能焉。此外種種病痛，又難枚擧，而想已在洞悉中矣。吾座下未可以一言痛下頂針，俾得少瘳於餘生耶？仙洞之約，銘在心曲，準擬躡塵遊賞，以遂夙願，今蒙提示，尤令人起懷。苟可以致身者，角鬣奚擇焉？又況子皜家祥事，不容不問，設令勝事不諧，伊時一進是計耳。

答南宗伯【庚戌】

乍阻懸仰方切，忽此承書，就審春風靜履起居，一向冲勝，慰瀉可斗？宗魯達城之行，浹望始還。而在彼時，與會中若而人入聾淵亭，觀百弗翁遺躅，水石絶佳，比昔年似較勝。仍聯鑣向上枝。打話數宵，隨衆浪遊，別無所益，而暢懷則多矣。

反面以來，侍事粗遣。山中近日，躑躅方盛開，桐花亦發。淸溪碧峽之間，松風嵐氣，亦皆爲之芬馥，禽鳥傲人飛鳴自得，默坐靜觀，不覺欣然有會。時欲形之吟詠，而撚髭苦思，反爲多事，輒復罷休。惟恨不與座下共之。承祠役畢後卽擬命駕，伊時芳綠雖歇，而茂樹淸泉，又曲曲奇絶，或有爽如秋之處，又何炎熱之足憂也。以此方翹足以待，千萬勿孤，幸甚。

答南宗伯【辛亥】

即拜耑翰，就審遠役之餘，起居能無大損，此爲仰慰之甚。宗魯侍事依遣，惟是離索已久，無與晤語。雖此菊花之辰，山月政好，而寥然獨坐，未覺秋興之逸，良可歎也。

順菴喪事，後學痛懷一般。自今異端之闢，更誰任其責耶？無論京外，先輩長德，次第淪落。爲今之計，惟是同志若而人，相與力扶吾道，益明正學，使邪說不得肆，然後庶無淪胥之患。而如僕昏惰者，旣不足以語此，兄又勢孤，未必能隻手掃蕩，奈何奈何？

末兒方讀《大學》，而欲其知歷代事蹟，使之兼看《四傳春秋》，此似太早計。然經書外則史記儘切，而欲看史記，恐莫先於此，蓋此又是《綱目》之祖故也。未知盛意以爲如何？此兒頗有心力，雖卷帙浩穰之書，能讀得盡，只是聰明不足，苦未見强記處，豈以未免於鶻圇呑之致耶？異日趨隅之際，幸望痛加審察，力賜陶甄，俾不終歸於鈍根之地，千萬。

與南宗伯【壬子】

比來大旱與大水，俱令人愁絶。不審此時，靜履起居連獲沖裕否？宗魯去念間作陶山之行，謁廟後卽之英邑，訪舍妹留數日。卽復路，老先生遺躅，都未能從容奉玩，以副夙昔之願。清涼去院亦近，蒼翠入望，而無路遊賞，追思可恨非一。程夫子所謂“某未嘗不周旋人事，何嘗似賢急迫”者，到此而益可誦味也。但於歸路，歷入東巖，拜主人丈，又與天瑞哀打得一夜話，聽其緖論，警發良多，此不爲虛負今行耶？

兒子久宜進候，而彼此牽掣多端，今始送去。敎誨之道，想不待鄙言而必爲之盡心。然更望細察其性之偏處，與習之痼處，而矯揉變革之，俾入於中和、平正之地，如何？此雖非一朝可言，然亦不可緩緩任他，而待其自改，以致有卒難克去之患，故如是仰懇耳。

答南宗伯

頃得座下書，知會合竟未易，方切悵然。匪意令胤與諸益偕來，一舍徒步，辛勤旣甚，揖延座右，珠玉共暎，斯已奇矣。而袖致珍緘，又帶隔年芝宇，披讀以還，宛如對討。且審伊間靜履沖裕，此心欣慰，何能以筆舌旣耶？宗魯近日無他事故，春雨之餘，溪流漾碧，巖花綻紅，次第景物，無非助發幽興。頃又修築古臺、及廢沼，而隨暇登眺，竟夕忘返。山水淸音，儘有絶勝於絲竹者，獨不得與座下共之，徘徊嘯詠之間，自不覺寥然發歎耳。

此來諸君，看其眉睫，所存已可想得，而及與之語，又皆從容詳密。雖氣像各異，而大抵皆向上人也。年來從那邊訪我者，多是座下門徒，而得於薰陶類如是，倘非成己之極，其誰能鍛鍊到此耶？尤爲之歎服無已。來諭欲使我略加警發，而諸君之言，警發我實多。每得絶佳少年在座，自家先受其益，若是者亦何以有助於人耶？

答南宗伯

誨諭縷縷，可見相愛之意，去而益厚，感荷之極，敢不銘佩？顧僕頃書之本意，蓋恐緣僕"無攻人"三字，而致得兄反己太過。所謂"深受"、"堅持"等說，疑若頓改前轍，而無復攻人之意。則如僕尤悔之不可勝數者，亦在不攻之科。故深慮質疑之言，反爲拒人之聲色。所以云云者此耳，初豈變其原說而然耶？

大抵吾兩人，以資性言之，則兄剛明而弟柔暗；以工夫言之，則兄篤實而弟空疏。故自兄視我則動不動，無非罪過，而隨事警責，乃理勢之所必然也。自我視兄，只見其善，而不見其有欠。設令於心，以爲是千里一曲，而猶復恐吾見未到，其不敢顯有所奉規者，亦理勢之所必然也。何嘗見跛躄蹣跚之夫，反有未滿於濶步長趨之人，輒議其擧武之或失乎？望兄諒其情實之如此，勿以謙辭視之，一向勤攻吾闕，俾得萬分一賴此少進，如何？

承欲從近一枉，此誠日夕之所願望而不可得者。何幸聞見日菴境界，堂宇極蕭灑可棲息。幸與子皜共爲賁然，以做旬月團圝之地，千萬切仰。

答南宗伯【甲寅】

昨承珍墨，披審欵[5]炎，靜履起居有相，慰瀉可勝？宗魯親候粗寧，而枯旱轉甚，令人不可堪，奈何？《啓蒙》之益有新得，可想精力與工夫俱壯。何當更造，得聞緖餘之萬一耶？如僕空疏，惟待兄積功看出，而隨處承教，爲一朝頓解計，却恐昏憒如此，未必能言下領會，是爲慮耳。盛作絶句、長篇皆佳。其說“龍遊石”一款，尤爲理到，眞是博辯好辭也。非兄安得聞此。然天地之間，物理無所不有。假如世俗所傳使龍而爲是，亦未必非造化之所爲也。此其說殊長，顧强辯無益，姑置之。異時當復一言，以博兄奇偉之論也。

與南宗伯【乙卯】

忽已歲龠，伏惟靜履起居，益膺休祉，仰賀豈勝？宗魯奉親喜懼，與年俱深，鬢上霜華，亦覺頓添，只自憐歎。似聞湖上掇食事爲疏擧，道會於江左云矣。叫閽之期，果定於何間耶？無論早晚，兄之一行，似不可已。向來製疏者雖多，吾

5 欵 : 저본에는 “敲”. 문맥을 살펴 수정.

意無出兄右，倘已草出，投示如何？鄙文固知其不合於用，而旣有所作。故有不容一任多疵，就上面添刪非一。未知具眼者以爲如何？姑俟經覽，可辨其瑕瑜耳。

答南宗伯別紙

所示祭祀、鬼神之說，反復辨論，鑿鑿有據。旣以明子孫感召之理，又以明祖考萃格之理，而使朱子、黃氏前後說之不同者，至此而得會通于一。自今以後，則不惟異端之邪說，因此永息，將見吾儒家制禮享先之義，益彰明較著，其有補於世敎，殆近古所未有也。第於其間，有不能無疑於鄙見者，存焉。請質其一二，以求其至當之敎可乎？

蓋朱子所謂"其氣之已散者，旣化而無有，而根於理而日生者，浩然而不窮"及黃氏所謂"祖考之氣雖散，而所以爲祖考之氣，未嘗不流行於天地間"者，是乃推本造化而言。其氣之有屈則有伸，有消則有長。屈者、消者，雖已化而無有、散而已盡，而伸者、長者，常自浩然不窮，而流行於天地間云耳。

然愚意此亦不必別求他氣。但就人身而觀之，則所謂"根於理而日生"者，不過指其在於子孫者言。其精神旣是祖考精神，而次次相傳，流動不已，則是卽"根於理而日生"者，而以子孫追慕祖考，乃其理宜爾。故因其追慕之心，而祖考之精神，亦未嘗亡焉，如"色不忘乎目、聲不絶乎耳，心志、嗜欲，不忘乎心”。常若祖考之在郎焉，則此亦便是“根於理而日生”者。及其齊戒之至，而入室出戶之際，僾然而必有見，肅然愾然而必有聞。每祭而每如是焉，則此亦便是“浩然而不窮”者。推此以觀，所謂“流行於天地間”者，在子孫亦不過如此而已。

今執事之論，乃欲別求他氣於人身之外，而謂“彼之有感於此”，此則竊有所未喩也。彼其“根於理而日生”“浩然不窮而流行於天地間”者，固是造化之本體，而不獨於人身爲然。然是氣也，初旣分劑於祖考，則分劑於祖考者，其氣在此，流行於天地間者，其氣在彼。一彼一此，已與之不相屬，久矣。【人稟天地之氣，實未嘗不相貫，此但據分劑於此而流行於彼者。區別而言之，則不得不如此說，且祖考旣亡矣，則在於祖考之氣，亦隨而已亡，雖欲不謂之“不相屬”，得乎？】

設爲祖考而設重、立主，豈復有眷顧懷附之理乎？【自見存之子孫言之，在於天地之中，天地之氣，固未嘗不與之相貫，而隨其善惡之所感召，其應亦有不可誣者。若其善矣，所以降福之際，雖謂“天地之氣，眷顧懷附於其身”，可也。至如旣亡之祖考，而以其設重、立主，謂“天地之氣，眷顧懷附於此”實未見其然。】以故愚嘗以爲招魂、復魄與重、主之設，聖人特見死者之氣，有漸散而未便盡者，使其招之而復于魄，則不無更生之理，而又見孝子罔極之情，不忍於其親之遂亡。設不得以是而更生，彼其未便盡之氣，旣召而在此，則庶幾於此焉寓慕想象，以爲致誠享祀之地。故因爲之設重立主，而接續將去，俾得曲盡其情事焉。此蓋天理人情之所不能自已者，而至於其氣之常存，雖聖人初不謂其如是也。【第觀祭祀之時，焚香而求神於陽，灌酒而求神於陰，亦可見其意矣。】但以子孫之氣，旣是祖考之氣，則祖考之氣，雖終於散而無有，而其傳於子孫者，依然自在。精神之所湊泊，若以之萃聚；精誠之所至極，若以之降格。於廟、於祭，其可以理會者，要不過如此。抑嘗思之，死者之受報於子孫。若他人者，莫不隨其功德之大小而爲久近廣狹，則所謂“在於生者之氣”者，未嘗無分限節度。

就子孫而言之，則有一世三世百世之別焉；就他人而言之，則有一鄕一國天下之別焉。受報之理旣盡，則感召之氣亦盡。以此觀之，除了聖人及大有功於聖門之外，又不可以生者之常存，謂“其氣之亦從而常存”也，明矣。惟是受報之間，旣有重主若位版，則是固出於天理人情之所不能自已者。而原其本初，實亦死者之爲鬼而遂爲是也。故於其所在，自有幽陰之氣隨之而凝焉。

無論龕與廟，擧皆於穆而淸，有儼其上，此則蓋不但在於生人之氣而已。然若曰：“天地之氣，眷顧懷附於是”云爾，則誠未見其果然。至於祭祀之際，洋洋如在者，亦其從於穆、有儼中出來，而於人心發見如此耳。又豈是天地間流行之氣，自外面瞥地相感於與死者元不相屬之地者耶？反復思之，亦未見其果然。然執事此說，蓋積久經營，而始克爲之，則必有的見於其間，而非淺陋之所敢容易語者。願更明白指敎，以開此惑，幸甚。

答南宗伯【丁巳】

新年慕仰一倍。匪意敬甫惠然肯來，袖致珍墨。忙手擎讀，怳接淸範。且伏審道履起居，餞迓益休，區區仰賀，曷可勝喩？宗魯喜懼之私，與歲俱深，自家鬢雪，亦添數莖。撫景興感，姑勿言。最是草野朝銜，尙此虛帶，自惟濫叨之罪，不能食息而安，更疏乞遞，烏可緩也？早晏當求瀝懇，冀蒙恩許，而進御文字，雖無別語，其在致愼之道，不可不奉議於執事，然後方可保其無誤。卽聞那邊忌警已歸虛云。不但依舊往來之爲可幸，爲此事尤豈勝絶喜耶？

教生之稱，未知何所據，而吾兩人之間，安用此外面過例耶？樂裘、牧仲未嘗有獻子之家，而今乃以倘來浮雲之物，遽有變於平日相待之道者，未論在我不安，於兄之一視人窮達，得無跡與心違之病乎？千萬勿復如是如何？

與南宗伯別紙

近因點檢人、己，而不無竊疑於心者，大抵此事，只要爲己，切不可爲人。然其實爲人之與爲己，只於些兒上分將去。嘗試以是而觀於人，則雖其爲己之號爲篤實者，心術隱微之際、言論行事之間，若不能粹然一出於天理，則必有私意、人欲雜乎其中。而要其歸宿，去爲人無幾，難乎其日造高明之域，而卒陷於卑暗之地，豈不可畏之甚乎？且以講說道理處言之，吾之所見，旣未能十分透徹。至於聖人復起，不易吾言之境，則必以"執德不弘"爲戒，而惟務於寬而居之。

人或以爲不然，便把己說，更加尋繹。如其有誤，則幡然舍却，快示覺悟之意，所言若是，則雖於後生少年，卽加獎許。毋[6]以其攻吾之說爲未安，而惟其是者之從焉，可也。誠如是，不惟目下所辨道理遂得明白端的，却是自家胸中光明洞達，無復纖芥滯吝爲之病根。而於大公順應、虛己受益之道，亦自十分是當。

竊觀今人或不能然。己說雖誤，不肯濯去舊見，以來新意，而必爲之强辨自是；人言雖善，不肯快爲頷可，以盡其意，而必爲之堅拒不受。此其心固未必便有一"私"字橫在肚裏，眞如朱子所謂"已作如此聲勢，不容復謂有所不知"及退溪所謂"更不許他人開一喙"者。然看其胸次氣像，終欠開濶，匹似於箇裏藏得許多不分曉底見解、不明快底意思。令人有泄泄莫測、悶悶難契之歎，不知此病果因甚乃爾耶？

私竊度之，當是生來氣質，元自如此，又於己見誤處及人言是處，實未覺得。故不欲强爲屈下、强爲許與，以致如是耳。是與中無所主而惟外之循者，誠不可同日而語，則一朝覺得之後，其舍己從人計，必有其日。然萬有一不出於是，而或有甚麽根株着在方寸，雖於覺得之後，猶復自是之爲主，而非人之爲務，則未論所說道理是如何。此病已不少，而曰"氣質元自如此"，終是爲人之意勝，而不可不痛加

6 毋 : 저본에는 "母". 문맥을 살펴 수정.

矯揉、速求變化者也。

不審執事亦嘗點檢得人、我，而洞察如彼之源委否？程子之言曰：“學進則識進；識進則量進。”以此言之，其源委所在，亦似可得而知矣。如何如何？偶思及此，漫以仰質，俯諒而辱教之，俾開其惑，幸甚幸甚。

與南宗伯【己未】

日前承復疏，就審起居頗有欠安節，哀慮無已。伊間得善調而復常否耶？竊念緬禮之經營，蓋出於不獲已，則乘此可意人發誠效忠之時，與之廣求吉地，固亦當然底道理也。但其得出未易，稍合摸索處，類皆已被人先占而爲其所禁，似此等情狀，自是可坐而策者。又況天氣漸熱，殊非觸冒行役之時。而登陟峻險，不憚遠近，決是生病之道。以執事之明見定力，何乃爲此？

夫神靈安則子孫盛，昔賢固有是言，而近古先輩之用術士語遷厝者，亦或有之。然意其所避者，只是五患，其所取者，只是便於人事而已。何嘗以某山某水之說，爲決然可信矣乎？且伏聞執事先墓，皆在傍近，不但瞻守之可得如意，而計於當初入葬之際，必得時之所謂“名地師而占之”，則其草木土色之美，似亦有當於當日孝子之心。故遂以安厝而無疑也。今乃以爲未善而更求他處，則縱使果得較勝於此而爲合於心者，又安知後世亦不以爲未善耶？

大凡子孫之盛衰，皆天所命，而非山地之所能與於其間。故愚意一葬之後，除非凡眼所見必然有害之地，則斷不可輕易遷動，使重泉久安之體魄，不得寧處，而有暴露撼頓之患。執事嘗見數遷厝家，有不受其敗而得享其利者乎？且如上古之世，未聞擇地而葬，如後世之爲，而子孫之蕃衍富貴者，踵相接焉。

李淳風、郭璞之徒，自以爲洞明堪輿之理，而不能使其後世世克昌，以至于今，則是其不足信，又明矣，顧今世俗輩率皆靡然嚮之。甚或葬不以時，而爭訟不息，其弊不止於傷風悖敎。此識理君子之所共憫而歎也。爲吾儕者，正當一反其爲，以矯此習。而今日爲章甫所標準如吾執事者，乃有此搖動奔走之擧，使聞之者皆曰："損翁之賢，猶尙如此"云爾，則推波助瀾，莫此爲甚。設未必然矣，萬一有有識之人，以惑於風水之說認之，則其有累於高明亦不少。

竊願更加深思，如在可已則已之爲得，未知如何如何？忝在交遊之末，不敢有懷不達。如未中理而別有正當之道，亦乞開示，發此蒙蔀幸甚。

與南宗伯【癸亥】

吾將何語以慰執事？自聞此報，令人氣短而心折。坐念那邊景色，無一非掩抑不忍道處。然彼蒼之無知，從古已然，世之積德門有道人，不能獲茀祿之報，其遭如此變。失百身難贖之賢嗣者，非止一二。又況執事膝下，只有三歲孤兒，前頭宗祀之托，惟此而已。則所以撫孀婦使抑崩城之哀，而保護得出者，其責不在於他。

倘微躬自節損，常示其不可任情之意，亦安能致其如是耶？固知定力出常，此等處有不待人言而能達觀理遣，以盡其處變之道。然區區之極，不能不望其加勉耳。

與趙士威

六月邑底霎晤，燈下顔面，尤覺依依至今，悵懷未已。想老兄亦一般矣。卽日霜秋，靜中道味，伏惟益勝。一者更臨之教，雖未敢準望，而却恐有他魔戯之。區區仰溯，爲之倍切於前時也。宗魯伎倆依舊，而疾病多侵，方且廢巾櫛度了。要是衰年氣候，從此當轉甚，勢也奈何？今番令堂叔靜窩丈席終祥，丕擬躬進一哭，兼遂奉敍之願，而所苦如此，末由焉，缺恨可喩？

所謂祭文，只據自己耳目所睹記，稱述一二。其於平日德行，緣未克詳知，全然闕遺，深庸未安。早晏如得老兄說與，竊欲以蕪辭作爲追輓，以寓景仰之私。承重棘人許，幸以此意及之如何？

與趙晦之【學洙○丁巳】

夏間垂問，迨庸慰荷，而因循稽復，不敏可喩？旱炎此酷，未審棣履起居，對時如何？仰溯區區。宗魯浹歲待罪之餘，幸蒙寬大之恩。西邑除命，遽下於千萬夢寐之外，感惶之極，無地自容。方欲蹶蹶趨赴，以承聖旨，惟是九耋病親之下，千里遠赴，實爲切迫之甚。加以忌疾梗路，鑽進無路，故爲遣一從弟，將此由呈于該曹，而今幾數旬，寂無消息。言念前頭凡百，無非狼狽處。然持虛名濫取爵者，畢竟受此報應，亦其理宜爾。亦且奈何？俯托一貫堂重修記，此等大文字，非無似所敢當，而重違勤敎，忘陋搆呈。其疵病處，一一指示幸甚。

答李景瞻【癸酉】

意外手翰，宛對夢中顔範。且審旱炎，靜履起居珍勝，仰慰無已。前月高駕之到武夷徑還，是我無分於更承淸誨而然，悵失當如何？宗魯精力日益消亡，兼患泄不良食，方頹臥不振。今以南屛翁文字見屬，誠不諒此間狀矣。僕於此翁，少嘗一見之，其後飽聞其名，每以其沒於蓬蒿爲悲。知欲繡其遺稿而傳諸後，座下爲師之誠，甚不偶然。從當細翫狀草而爲一言計，非但病事如此，荒拙之詞，恐不堪入用，將奈是何？

與李君宅【仁行○戊辰】

曩者執事之於無似，非有平日之雅，而爲其斬焉在疚，特賜慰問，哀感之心，至今蘊結于中。顧道里遼濶，一紙修謝之後，邈無奉拜之便。不特此也，中間執事之意外佩玦，旣令人驚嗟，其旋蒙賜環，又令人喜倒。俱不容無咫尺之儀，而亦緣地左居弊，魚雁莫憑，賫志未遂，有若漠然於其間者然。雖或盛度曲包，而區區悵恨之私，曷可形喩？卽日炎暑，伏惟尊履起居萬衛，仰慰且祝。

宗魯孤露餘生，苟延殘喘，而居然之頃，已踰七十。衰謝昏忘，日添月益，草木同腐之外，無復可望。惟是一寸赤心，猶未盡灰，於道內鴻儒宿德之蔚爲後進矜式者，實不勝傾嚮之忱。又意執事用工於閑居靜養之中，其日新而富有，必非他人之比。則推以及物，各令有所資益，何可勝量？而瞻望不及，只自恨奉袂之無分。

今聞仙莊去酉谷不甚遠。茲付尺書於權哀家，要其傳致之。幸爲之辱賜復語，兼以比來所得，示及一二，以副懸企之私如何？

立齋集

卷十一

書

書

與李稚春【堣】、致道【埦○丁酉】

入[7]秋進去時，團圞三夜話，固不可謂草草。但稚春是識面伊始，致道則約與聯鑣沙村而不諧，立馬回首，悵失已甚。居然歲暮，此時兩庭道體，伏未審萬康。僉侍餘學履珍相否？每羡僉左右擩染庭訓，文質斐然，又與及門諸賢切磋，其足目所到，必非昧陋所能窺測。而頃者以耽聞函丈之誨，未及叩問。僉亦侍側中，一於謹默，如稚春尤不聞其緖餘。然觀於氣像，亦大略知之矣。未知何修而能樹立乃爾耶？

若宗魯迷塗倀倀人也。及此晩暮，乍有悔悟之萌，而昏弱無雙，行解俱難。曏蒙詔牖，不啻其親切，曾未數月，又覺伎倆依舊，如此而尙何望於進就乎？然而區區之心，終不敢自棄。雖力不能持久，而得朋友藥石一言，言下感發，亦不無霎時光景。譬如殘燈欲滅，添却點油，則添却點明。若常常添之，縱不敢望，如大炷壯燈，光照四壁，亦豈不留得半壁明耶？以此有望於僉左右尤切。幸以所得頻惠德音，使得分寸躋攀，卒免爲小人之歸，如何如何？

7 入 : 저본에는 "八". 문맥을 살펴 수정.

與李稚春【丙寅】

七十翁走千里入瘴海，已數月矣。未知起居節能無大損否？此非獨從者一人謫也，實萬人謫也。望勿以隻影爲孤，努力加飧，以副相愛者之心如何？老病無人事，兼亦聞之晩，路左送別，亦不可得。今因令再從孫湖上歸便，略此寄聲。萬萬惟希心照。

與李致道【癸卯】

日月如流，先先生終祥奄迫。緬惟孝思罔極，益復如新。宗魯自顧亡狀，固不足齒數於門下士之列，而平日景慕之誠，不在人後。亦嘗一進於燕申之側，獲聞至誨，則亦非全然阻外者之比。而襄事時以意外患難，旣失相紼之計，其後忌疾連熾，一切屛伏，猶謂三霜尙遠，終當有得伸之日。乃今几筵垂撤，阻梗依舊，耿耿微忱，他無以自白。蕪辭追輓，亦甚無謂，而蓋出於不獲已。幸望暫展床下，仍卽收藏，俾勿煩人眼如何？

與李致道【己酉】

奉別已三年矣。回憶沙村一遊，實是浮世勝事。而落落東西, 會面未易, 尋常悵歎之懷, 何可以筆舌旣耶? 即玆新正, 不審雅履起居, 茂膺多祉, 胤玉昆季皆佳勝。區區溯往, 實非虛語也。宗魯老親衰候, 種種欠寧, 奉侍憂煎。當復如何?

聖恩如天, 華齋、玉川兩令公復官, 出於六十年抱冤之餘。十行絲綸, 感泣一路, 但未知營門查啓果如何? 那邊則或有詳聞之道耶? 良庸泄鬱。時象如此, 向來所營封疏之擧, 似不免姑且盤桓, 以俟其靜帖。然此是斯文莫大之事, 公議所發, 有不容一向持重。道內儒林之論, 將欲指定於何時云也。

俯托文字, 自知無能, 決不可承當, 兼且識見蒙昧, 其於盛德大業, 不足以窺其萬一。而獲奉座下轉送二冊, 凡先生平日言行, 備在其中。伏而讀之, 怳若更造門墻, 覿盡光輝之盛。而從來爲先生炳然之衷, 或未必多讓於人。故近試草出一通, 思與宗伯相對討論, 不至謂不堪用, 則謹當拜送那邊, 以聽具眼之裁處耳。

與柳天瑞【己酉】

入城日承晤數處, 可謂忙裏閑界, 而積年傾嚮之懷, 萬未一攄。奉別以還, 令人悵歎。西來百無可慰, 惟與老兄相逢, 爲浮世一幸。吾輩同道而生, 神交已久, 而今乃於洛中識面。他日追隨於寂寞之濱, 姑未易以歲月期焉, 念來人事, 安得不欣慨交心耶？即日秋涼，伏惟仕履起居增福，仰賀區區。

宗魯到此已半旬，而別無公事可言，兀坐空齋，作一藍田丞度了。惟是疊嶂雲木之間，澗聲鳥語，以時娛人，閉戶看字，閑味不減私居，此一節差堪遣日。然終是惶懍之心，不敢少弛。較之還山弄月，放懷自在，則有不可同日而語者。加以鄉園杳然，庭音莫聞，太行飛雲，只爲晨夕隕淚之資，此固吾兩人之所同然。足下榮養在近，足慰遠遊之思，豈如此宜歸而不得歸者，其心爲尤苦哉？

李校理行止，果何決也？第緣就直之有期，竟失羈旅中不易得之良晤，悵恨非尋常比也。兪正郎安否亦何如？惓惓厚意，感篆不敢忘，便遽未能修候。如見爲致此意幸甚。

與柳天瑞

一渡漢水，故人便隔千里。回憶客裏相從，如夢中事，而老兄之德容緖論，宛在心曲。薄此歲暮，瞻嚮尤倍。未知座下亦時時見念否耶？即日寒沍，伏惟仕履起居益膺休祉，區區仰賀之至。

先集進御事，緣有事故，亂藁修整，自難如期。倩人繕寫，今纔訖役，而居然之頃，日月已多，恩索之下，惶懍當如何哉？祖先文字，君父欲覽，事當躬自持納，而畏痘之蹤，末由冒危。不得已起送從弟，而近聞朝家多事，趁時登徹，有未可必。凡係周旋之節，捨兄則無與相議，幸望曲爲指敎，俾得無滯卽納如何？

李侍讀喪事，言之掩抑。以若抱負，天假之年，立朝處世，終有樹立可觀，於乃家事，亦當了得，而今皆已矣。如吾輩者，又將誰與爲徒也？自失致道，倚重於那邊者，惟在於兄，而落落天涯，漠無更晤之期，西望喟然而已。

與柳士極【淕○丁卯】

宗魯於執事，雖在後進之列，以兩家契誼，同道而居，至今七十之年，乃不得一望顔色。雖嚮仰之誠，恒切于中，精神之暎徹，有在於形骸之外，然跡與心違，情至而事不從，蓋以忌疫之蹤，無由得出入如意之致。至如奉咫尺之書，以替伸區區，亦未之能焉，自訟之外，尙復有可喩者哉？卽日秋霜，伏惟燕養動止萬重，仰慰區區。某年來喪戚之餘，將息粗保，而顧爲虛名所困，日用酬應之間，窘悶之端，不一而足，秖自撫躬慙汗而已。

柳下翁喪事，痛怛何喩？少壯相親，老而益密，今忽至此，豈意以若文雅，卒窮死乃爾？昨年間以《謙菴集》重刊事，屬以弁卷之語，而卒然奉副，疵病實多，擬與商確，今則人事遽變，不可及矣。幸爲取覽，如其不可堪用，使之擲去如何？老廢人事，拜晤無緣，惟伏祝起居一向康衛。

與柳暐汝

吾儕阻濶，不知幾日月矣。曩執事之居武夷也，猶得時時歷拜，以敍此懷，頃復過之，則靜几已還故里有年。賤跡又無緣及於河上，每念之未嘗不東望悵想。卽伏聞動止候連獲晏重，仰慰曷極？宗魯侍事粗遣，而迫此晚暮，尤不堪離索之懷。

數年前與二三同志，作山海之遊，東溟之煙濤萬里，離嶽之玉筍千疊，與夫仙洞、冷[8]泉諸勝，無不厭觀而歸。此實閑居者一段勝事。故又欲以今春往觀楓嶽八景，已與諸益有成約矣。却念親年篤老，筋力雖康寧，有非曠數月遠遊之時，沿路忌梗，又可慮。竟不免罷休，浩歎如何？

曏逢竹下翁，見其所和高韻，知執事詩興，老而不衰，想見眉宇間，淸疏之氣，猶隱隱可掬。顧無奉際之便，盛作又未得見，重令人起懷而馳神也。竹下翁外和者亦多，故宗亦忘拙步韻，其寄竹、梅二老及悼竹下等作，竝此書呈。思以木瓜之投，獲瓊琚之報，幸一粲而曲副之如何？

答李仲章

與執事別，忽已四年。區區瞻嚮之懷，與時俱深。薄此歲

8 冷：저본에는 "泠". 문맥을 살펴 수정. 이하 동일.

暮，尤有所難聊者矣。匪意寵翰忽墜，德音孔嘉。且伏審履兹臘寒，靜養起居候，益膺休泰，傾倒慰仰，曷可形喩？

宗魯企及之制，忽焉已盡，罔涯之私，何能以筆舌旣也？平生不會作家人生産，數椽茅茨，任分經過，不謂兒子乃能幹蠱如此，起得一瓦舍安我，而頗甚靜便可意。却恐人或以美其室譏之，今蒙執事乃便艶稱之如此。此外推借之言，又縷縷盈幅，其間實有淺弊所不敢當者。而至其自述懷事則又反貶損太過，有若眞以我爲有所存，而猥欲求益者然。何執事之處人與己，失其當如是耶？奉讀未半，且愧且疑。意其於筆尖頭生出這話，而不曾少商量於其間也，此豈所望於平日者耶？切祈自今以後，勿復作此等語見施，隨事提警而曲誨之，俾得一半分進益，乃爲眞相愛耳。如何如何？

八絶瓊韻，殊勝百朋之錫，而近來詩思頓涸，今便未能和呈。令從氏所托先誌，亦以仲母病患，方在焦遑中，幷俟後日。然如墓道文字，非閑漫吟詠之比。縱使構出，尤何望於稱塞見求之意耶？未涯奉際，臨書增悵。

答黃士剛【己酉】

續承下翰，謹審冬寒，靜履動止候一向康衛，無任仰慰之至。謄來先集，披閱諸卷，字畫皆精妙。倘微執事殫心及諸君合手，安能寫得如此之多而無欠耶？良感，但隱嶺所書，尙未來到，他處覓還之冊，不無錯漏處，考校修改之間，似費多少日字。

進御之期，坐益稽延，惶悶如何？方欲津送時晦，而半千水程，往返極似間關。入京後凡節，亦未可豫料，是慮是慮。集中多有商量處，而高駕不得儼臨，某亦無抽進之暇。奏御文字，將不免帶了草率之意，只自悚歎而已。

與黃士剛【壬子】

春候不佳，靜養起居更如何？仰慕區區。宗魯老親感冒澌鑠，身家亦以此吟苦，自憐何喩？

修稧事，今承僉駕齊臨玉成，以爲相議之地。審如是則其諧可必，豈勝幸甚？第念道院異於他所，則此等事不可不先使知之。故某爲作書洞主，示以始事梗槪，則其答以爲趁今享禮，當有商處之道云云。幸望諒此自玉洞發文，仍令一儒生奉持門人錄而往于道南。要其於享會時，採問錄中先輩後裔之爲誰某居何地，則必有轉相探悉之路，而其有道院近地可易相通者，則令其取便收聚，亦似穩當，未知此果如何？

《玉洞門樓上樑文》，重違勤教，雖爲製呈，而平生未嘗作儷語。故頗費多少精力，而句體生澁，終不成合用之文，更求於巨手如何？

與黃幼安【辛亥】

近久阻信，卽因院使，叩聞大概，而全欠詳細，泄鬱只一樣也。春雨新晴，山花滿發，覽物懷人，益不禁《伐木》之詠。謹問此時靜履起居果如何？就控如宗昧陋，何足齒數於鄕長老之間？而貴門稟目，猥蒙列書，悚仄愧汗，不知所以措躬也。仍念今玆之議，系是儒宮大節目，苟有一毫未安，誠不可苟然行之，而德門之前後勤渠至再至三，固知其爲是故也。第觀一鄕諸論，似無純同之望，豈皆有私意而然乎？

大抵僉議之必欲合祀者，專以朝家之賜祭，獨於正位，則餘位之從旁受享，爲其配於正位耳。今也依前各祀，有若非配享者，以此爲未安。而但以事理推之，天子之錫宴於諸侯也，左右率從之人，無不與被燕私之恩，蓋未必別有特命，而亦未嘗以此自外於醉酒飽德之地，視爲常禮，若固有之。

以此而言，自上致祭，雖止於正位，而一廟同入之位，因疏中歷陳，旣已下燭之矣。旣祭正位則竝及餘位之例，似亦已下燭之矣。又豈有別般未安之端乎？

若曰"恩典只在當位，而不及於他位"，則自其致祭時，竝設已爲未安，不必於今日而後始爲未安。若曰"恩典雖當位，而例及餘位"，則今之竝設，亦如當日之竝設，而少無未安之理，當日竝設之際，何嘗以配食之意，告於正位乎？

大抵本院旣是額院，則配位合祀，亦當依例爲之，而元來各祀，意本有在。此其所以然之故，愚於頃年，已爲說盡，今不必疊床。然藉令合祀爲十分是當，此自公共之事，而非一家私事，則貴門僉尊姑且靜而俟之，徐觀輿議之歸一，似未爲甚晩。又況衆論紛紜，有難家喩而戶說？如是勤渠，徒費氣力，而究其末稍，每每歸於無聊之科。鄕人之不爲我地，固爲未穩，而在兄家自處之道，亦豈爲有益而無損乎？宗本昧事此等言語，極知迂濶而可笑，但念兄我之間，不容有懷不吐，覼縷如是，垂諒幸甚。

答李德懋

月初專人俯惠長牋，病伏中讀之，不覺蹶然起坐。而顧無精力可修復狀，令兒輩達此未安之意，想或恕諒，而不敏可喩？卽日至寒，伏惟堂上鼎茵萬衛，侍餘起居益勝，仰慰且溯之至。

示喩縷縷，可見斥邪衛道之見，出尋常萬萬。而凡爲吾黨之士，夫孰無是心耶？往在十數年前，聞順菴 安公憂有所謂"乖常之異端或熾於國中"，爲著《天學考》《或問[9]》等書而攻破之。因申文瑞之往來其門下，得見其立論若干條，則其辭而闢之也果甚勤至，遂卽奉一書仰贊，以爲功不在孟子下。南友 損翁又作辨稾，以發其眞贓者，尤爲痛切。然罷散一老與遐遠布衣，俱無彈壓氣勢、寂寥文字，未必能遽使止熄。

9 或問 : 《順菴集》에는 "問答".

春府丈明正學論，又極鄭重，其爲世道慮，蓋亦至矣，而若其未易爲力，則亦未始不一般。故尋常隱憂於心者，實不淺鮮。所恃者，時我正考以天縱大聖，日月之明，無幽不燭，雷霆之威，無邪不震。旣已戮其人、火其書，又爲之屢降綵綸，使八域臣民，皆入於教化陶甄之中。故意謂重風所尙，庶草皆偃。設或有不免流入於彼者，必當改心革面，以作於變之俗矣。

及戊午秋，李台季受以輦轂下一脈種子之綿綿不絶，書報我以致其憂歎之意，而不指言其誰某。其後姜文學啓請嚴查，而爲憲長者又爲繼發。然亦以其因置不問，意其必無足爲慮而然矣。豈料其潛滋暗長，包藏禍國之心，乃至於此極哉？今自朝家誅罰大行，凡其窩窟根柢，無不蕩掃而痛鋤之。自今以往，必無毫髮邪氣更有餘痕，何其幸也？

大抵天地間莫强者，是正理。故自古以來，未有兇邪而不敗者，雖使得逞於一時，而其逞也若甚則其亡也益厚。況且開闢以來所未有之異端，有甚於夷狄、禽獸者乎？今雖誅滅之如彼，而聞其所爲，尙令人扼腕裂眥，直欲食其肉而寢其皮，如使預知於朝家未發覺之前，則草野聲討，固是斷然不容已之擧也。奈在於隔絶不相聞之地，全然與聾瞽相似？今則已晩而且後，邪黨不待是而已伏其辜，王法不待是而已究其施，匹似爲無及於事，而不足以攄此憤惋。未知盛意以爲如何？

乃若明正學一款，此誠今日之急務，而較平時尤加惕念者也。顧此昧陋之物，本不足爲人師表，加之昏憒轉甚，屛伏如此，只隣近後生輩，亦無以倡率而敎導之。況於一路多士，尤安敢坐而指揮，使之相率響應，靡然而從之乎？此則座下所以責我者，固出於相期之厚，而實非吾所能。且念吾南自我兩先正暨諸先輩以來，遺風餘敎，愈久不墜，環嶠七十，一不迷向，已入於先大王聖褒之中。雖以目今言之，凡厥經學之士，處處皆有，其所講明，無非聖賢之書，苟能因是而少加之意，使人人皆得而從事焉，則是其魯一變至道，又不須鄙人而足矣。

至如吾商者，近故靜窩 趙丈嘗當皐比之任，致有絃誦之盛。今則其責在於杜陵，自道院總領而奬勸之者，旣不患無人。各面訓長，又皆老成宿望，其於敎導後進，似已有功緖可紀。但以財力之不贍，有未能源源會講於一處。愚意座下所設講學所，旣爲是經紀矣。若復與之合力，使其常行而不輟，則久久講習之餘，安知一鄕之正學，不由此益明，而風聲所及，莫不興起爭相慕效？惟恐不及，則又安知一路之正學，不由此益明也耶？誠如是也，將見吾道本旨，如日中天。

凡所謂“異端”者，雖其近理之言，亦如魍魎之遁其形矣。矧玆滅天常、絶人紀，萬古所無之邪逆，已伏邦典而無遺類者？尤安足更汚齒牙而瀆紙筆哉？鄙見如是，而不自知其是否。惟熟思而更敎之幸甚。

答鄭輝祖【煒[10]】

邂逅漆溪，不記在何年，而伊時顔範與辭氣，常娟娟於心目間。雖此病蟄之蹤，終無進拜之勢，而有時引領，不禁瞻溯之懷。每見楊、柳諸益，輒問執事動靜，以自開瀉。顧荒廢甚，迄未能以數字仰候，徒切不敏之訟。不謂玆者，辱先惠書，垂問甚勤。且伏審冬令，德履起居對時增重，旣感且慰。不翅如更接音容，十回披翫，不忍釋手。

第其稱道假借之辭，太不近似，令人欲走避而不可得。何高明之謬褒人至此哉？僕之虛名無實，衆所共知。今又年齡衰邁，精力消亡，設有些見解，盡歸烏有，便作枵然一虛殼，眞是韓子所謂"木居士"也。望勿復過爲推奬，自今以後，頻加箴警，俾得有一半分進益之道，乃爲眞相愛之意。玆豈非千萬幸甚者耶？

答金斐仲【是瓚○己巳】

謂外承嵩翰，如復對晤。但審經履起居不無添損之節，仰憫無已。幸望十分善攝，期速復常如何？某昏憒依昨，而薄此歲暮，感緖自多。損翁山變，又極驚惋，不知吾黨是何運

10 煒：저본에는 "煒." 本書《成均進士雲溪鄭公墓碣銘》에 근거하여 수정.《壺谷集·溫陵參奉芝厓鄭公行狀》에 "初諱煒，字士集；後改諱煒，字輝祖."로 되어 있음.

氣，而使此老身後事又如是耶？坐念其家景色，第切於邑而已。示意謹悉盛論誠然。無論公私廟祭，以尊統卑，宜矣。以卑及尊，罕有其例。又況河西陞廡時，只得告奉安文於當位而止者，足爲明證。

愚意依此行之，恐合事理，而此是重大儀節，幸須博詢而審處之，俾無未盡之端如何？二十景瓊韻，乍看已好，久閱當愈佳。方擬珍藏，以侈勝區，幸荷可言？南白安過否？知欲更枉，故懸企殊切，爲致此意。儀天亦何如？竝不能忘耳。

答權大甫【樸】、**相后**【樱○己未】

卽拜僉下疏，謹審比來新涼，僉候動止，對時增重，伏慰之至。宗魯頑狀依舊，只爲兒子過慮，致令遠近疑其有疾，哀悶奈何？鄭奉事之不次作宰，固意其早晚或當如此，而倘微聖渥之曠絶，亦豈於數年乃爾耶？從此文簡公官享，遂得早一日以奉，其爲感頌，又奚但本孫而已耶？

第御詩揭版一節，果如來教，則誠爲難處。竊伏念此等事，古無所考，而今無其例，未論誰某，只得手分世界之外，恐無他道理。切望參量事體，從長指揮如何？鄙見則祠宇旣不可猝建，移奉夾室，亦似未安，蓋不但於神道爲然，莫重宸章，揭奉於生人所居之私室，揆以事體，尤未穩當。爲今之計，莫如汲汲焉別立一間虛閣於見今龕室之前，以爲揭奉之地。則此不過數日間事，而別無難容之端。徐待異日建祠後移揭亦未晩。未知僉意果如何?

與權大甫、相后

日前謝疏, 荒迷中又緣客擾, 語無倫脊, 且未該悉, 追思愧悚, 豈敢望下恕耶? 卽玆秋晴, 伏惟僉候動止萬重, 哀慰且祝。鄭陽川家致祭之令又下云, 百年寂寞之餘, 是何等異數殊榮也? 但其祗受一節, 泮中諸議, 皆欲於本家行之, 使吾嶺章甫, 皆得瞻望, 則比之祗受於官衙, 尤爲赫耀云。其言極是, 政合士林之願, 未知陽川果欲如何云耶?

改題一節, 須當於致祭之前, 而嶧陽公神主, 已爲親盡, 則勢當埋安。然竊聞令族氏之言, 其家先意, 有不然者云。若爾則將爲別廟計耶? 乃若文簡公神主, 以嶺中通行禮言之, 當爲不遷之位, 而不遷之位, 元無別廟之例。沙溪則以五世爲未安, 而云當移奉高祖於別廟, 然木齋議論, 大以爲不然。其說見本集中, 試爲考閱如何? 此是莫重禮節, 恐不可不十分審處。

又有謂今此御詩, 只爲桐老而賜下, 則揭之他神主竝享之廟, 似爲未安, 然此與書院賜額一般。雖只爲一先輩而賜額, 他先輩之從享者, 似爲傍照之端。且念自上令揭家廟時, 其有他神主在於廟內, 似亦已下燭之矣。若又爲御詩揭版, 奉安別廟, 則亦未知其果合於宜。然謏聞淺見, 不敢質言。望須博采衆論, 務令歸於至當之地如何?

與趙學孫【丁巳】

春後音信更漠然。卽玆秋陰，奉晨餘棣履起居甚似，舍妹及甥兒輩，皆無恙否？仰溯且念。某閱歲待罪之餘，近邑換補。除朝辭之命，出於特眷，感泣之私，已無可言。其在往役之義、奉檄之喜，更無可辭之說。已於前念間，奉板輿到官，而邑小政繁，便同滕、薛大夫。日以公事惱撓度了，是悶曷旣？加以精力衰耗，白首吏役，實非本分可堪。故初欲暫出承膺，以答恩顧，卽爲投紱之計矣。不意一脚才動，百務來絆，有令人轉身不得者。顧念素志，實深愧負。然亦安能久縻於此，以取前頭無限狼狽耶？早夜所思，惟在於早尋得一箇好機會，以遂初服，而世間敗意事，十常八九，是爲慮耳。久欲致伻，而自爾多掣，今始起送，萬萬非書可旣。

與趙學孫【乙丑】

一年將盡，消息杳如各天，此豈人情之所宜有者耶？某今老且病矣，起動行役，轉無其勢，兄亦渡江未易。每念及此，未嘗不黯然以悲。況如吾妹，非我往見，則其來望斷，從此死別必矣。尤何傷如之？而春夏以來，祠役痘憂，鱗次無間，兼有掣肘之端，不止一二。兒輩進候，旣拘於路梗，一伻探信，亦且晚後。此在平時，猶不成情理，況今年是舍妹甲年，而感懷尤自別者乎？遠地人事，種種可歎，奈何奈何？即玆窮沍，兄履起居連勝，庇下均宜否？某自昨冬病眩以來，便作廢蟄一物。有時精神，茫若墮煙，委臥度日者居半。衰年如是亦例也，無足言。所幸家廟新成，得以奉安於積年未遑之餘。兒孫九箇，今皆作經疫之人，渠曹則無復餘憂。此吾家所無之慶。卯君偶以丹漸少苦，今已累日，尚未完復可悶耳。

答蔡筵範

比於岑寂中，瞻溯一念，不啻倍切。顧彼此俱衰謝，無相往來勢，有時引領，徒深悵惘之懷。匪意惠翰忽至，忙手開緘，恍[11]奉顔範。且伏審靜履起居，連獲康衛，欣聳慰瀉，曷可勝喩？

宗魯素患風眩，間嘗大發。雖以刀圭之力，得免危死，而自後精神，益覺消亡，些少記存，盡歸烏有。枵然虛殼，喘喘焉寄在人世，靜循初心，豈料其如此遂已乎？惟是一片靈臺，猶有不全昧者存，時以舊所鑽故紙，遮眼消日，而義理精微，無由窮究到極處。管窺咫聞，亦只爲霎時光景而止，旋卽思之，茫不知何謂。則古所謂"畫脂鏤氷"及"漏器盛水"者，政此物今日之謂也。用是撫躬自悼，無復向朋友說道，而今老兄之所期望料揣者，甚不近似。乃至於此眷念之

11 恍 : 저본에는 "況". 문맥을 살펴 수정.

厚，雖極感荷，而奈此舊忘新昧，承當無路，只益愧死何？

別紙下詢，厚意不敢虛辱，謹以淺見，略此仰復，而其言之中理未必。於此亦可見空疏已極，無足與語。然倘賜駁敎，俾知其誤則爲幸大矣。如何如何？

別紙

> 朱子曰"七情橫貫四端云云"，四端，是理之發；七情，是氣之發，而理氣二者，不相離、不相雜也。若以不相離言則雖謂"七情之橫貫四端"可也，而若以不相雜言，橫貫二字，得無逕庭否？

"七情於四端橫貫過了"這一句，此間朋友，亦未能曉然知之，何敢妄爲之說？然若以旅軒"理經氣緯"之說推之，以四端之理發爲經，七情之氣發爲緯，則緯之於經，果是橫貫過了者。而又須知七情之於四端，緣何能如此，然後方得曉然。

今且以見孺子入井言之，此時惻隱之心，不覺地出來者，固理之發也。然若己之手勢，遠未及救，而適有人在傍救之則必喜矣，其人不救之則必怒矣。救之而赤子得生則必樂矣，不救而赤子遂死則必哀矣。是何故？己之於赤子，本愛之而欲其生故也。

又以見人之將爲不善言之，此時羞惡之心，亦不覺地出來者，固理之發也。然彼若聞人之言，而遂輟不爲則必喜矣，聞人之言而猶必爲之則必怒矣。輟焉而遂爲善人則必樂矣，不輟焉而遂爲不善人則必哀矣。是何故？己之於不善，本惡之而欲其不爲故也。以此推之，於凡辭讓、是非之發，七情之間見迭出，無不皆然。且道此間見迭出於四端之間者，非所謂"橫貫過了"而何？

來諭所謂"不離、不雜"，朱子之意本專就太極而言，是單說"理"字者，至於所謂"四端"，已是此理之墮在氣中，而從本然性發出來者，則所言之地頭，微有不同。第觀程子所謂"人生而靜以上不容說"【此專指"理"字】及"纔說性時便已不是性"【此指理墮在氣中者】等語，可知矣。且四端固是理之發，而此是主理而言之，故以爲理之發者此也。其實四端亦未嘗無氣而自發，今乃以是專歸之不相雜之理，而有若無氣而自發者然，得無未安矣乎？又況所謂"不相雜"者亦理也？雖曰"不相離"，初非雜氣而言者，而今便就此不相離處，謂七情之橫貫，以是故耳。則是亦於地頭上看得，殊欠明白之致如何？

"太極動而生陽，靜而生陰"，先輩論說多矣，而或專主理言，或兼指氣言，將何所適從歟？

朱子論理有動靜者，凡六條，論理無動靜者，凡七條，而大山先生各爲之類聚，因著一說曰："天地之間，只有理氣之動靜。理也者，所主以動靜之妙也；氣也者，所資以動靜之具也。故據其所主之妙而言，則其所以能動而能靜與動靜之不失其序者，皆此理本然之妙也。以其所資之勢而言，則其動者卽陽之闢，其靜者卽陰之闔。二者皆形而下者，而理特乘載於其上，以主其發揮運用之妙耳。”以此言之，理之動靜，雖無形跡，而通天下、亘萬古，凡氣之所以動靜者，皆此理之所爲也。如何如何？

“五行各一其性云云”，此所謂“性”，指本然之性歟？指氣質之性歟？

朱子曰“五行之生，隨其氣質而所稟不同，所謂‘各一其性’也”，據此則此“性”字，固是氣質之性。而又曰“各一其性則渾然太極之全體，無不各具於一物之中，而性之無所不在，又可見矣”，據此則此“性”字，又是本然之性矣。夫豈是二箇性哉？試更繹思之如何？

答姜子惠問目

程子曰“人與物本性同，及其稟賦則異”，朱子曰“性者人物所同得於天[12]”，橫渠曰“凡物莫不有是[13]性，而由通蔽開塞，所以有人物之別”，南軒曰“性無二致，而人得氣之正，故性亦正；物得氣之偏，故性亦偏”，《中

12 於天：《朱子語類·張子書之一》에는 이 두 글자가 없음.

13 有是：저본에는 “具其”.《張子全書·性理拾遺》와 《近思錄·道體篇》에 근거하여 수정.

庸》二十二章章句曰“物之性，亦我之性。但以所賦形氣不同而有異。”

大抵性者，均是天命之性，墮在氣質中，一本而萬殊。則人物之性，有所謂“同”者，有所謂“異”者，知其所以同則亦知其所以異。然後可以論性云云。

說得儘條暢。大概固如是，然又須知所謂“氣質之性”，亦不外於本然之性。彼氣質之所以異者，其實卽本然之同使之然，然後方見理爲之主，而氣之千變萬化，皆非外理而自能如彼。故雖於各異之中，其本同者故在。苟不如此看，則何處見得理爲之主？而所謂“理”者，無端在氣上，却與死人之馱馬背相似，而與氣不相關，得無未安矣乎？且如來諭中許多取譬，亦古人之所已說了。然理之於氣，非若水與椀之各自爲一物而偶爾相合。此旣如是則他可類推。試更商量而回敎之如何？

《近思錄》曰“功用之謂鬼神，妙用謂之[14]神”，“鬼神”之此“神”字，“謂之神”此“神”字，有異同之義乎？

功用之用，兼精粗而言，妙用之用，專言精乎？

妙用只在於功用之中，則神亦不在鬼神之外。然鬼神之神，以氣之能伸者而言。謂之神之神，竝與其能屈者而言。彼其

14 謂之：저본에는 “之謂”.《近思錄·道體篇》에 근거하여 수정.

能伸之中，又有能屈之理，能屈之中，又有能伸之理者，其妙用之神，爲如何哉？周子曰"物則不通，神妙萬物"，以此言之，鬼之有靜而無動，神之有動而無靜者，便是物則不通，方動而有靜之理，其動也不可便謂之動；方靜而有動之理，其靜也不可便謂之靜者，卽是神妙萬物。然則妙用之神，謂之專言精者固是，而亦何得謂粗處便無之云乎？

邵[15]子曰"心爲太極"，朱子[16]曰"心比性則微有跡，太極旣無形跡"，則微有跡之義，何以形容？

心之所具，無非天理，故朱子云然。然又不曰"性猶太極，心猶陰陽"矣乎？心之所具，雖無非天理，而心者終是氣之精爽，故雖其虛靈不昧、神明不測，而寂感、動靜之際，自不免乎微有跡，不似太極都無形跡者此耳。蓋陰陽比理，亦顯有跡者，故雖其精爽之具天[17]理，而只所謂虛靈、神明，已是微有跡。第觀於寂感、動靜之際則可知。如何如何？

眞西山曰"北辰常不移，故能爲列宿之宗；人心常不動，故能應萬物之變"，朱子曰"心通貫動靜"，所謂"不動"者，非無運用之謂，而雖動猶靜否？

15 邵：저본에는 "朱". 邵雍의《皇極經世書·觀物外篇下》에 근거하여 수정.
16 朱子：저본에는 "又".《朱子語類·性理二》에 근거하여 수정.
17 天：저본에는 "夫". 문맥을 살펴 수정.

見得是。北辰亦非不動，天轉則亦隨而轉，以常居其所。故謂之不動者此耳。今謂人心之不動，與此何別？若一主於敬而常在神明舍裏，不放出軀殼外者，亦可以不動言。若此者雖酬酢萬變，其動猶靜，而亦一北辰之居所耳。

> 邵子曰"性者，道之形體"，朱子曰"性者，道之骨子"，夫道費而隱則惟求之於性而後見其所以爲道之形體骨子之謂乎？

說得是。然又須知所謂"形體"者，如何而謂之形體；所謂"骨子"者，如何而謂之骨子，然後方得。試更爲說以示之如何？

> 朱子曰"繼之者善，是已發"，自其天理流行者而言，故謂已發乎？"成之者性，是未發"，自其降衷成性而言，故謂未發乎？

只就元亨利貞上見得誠之通、誠之復，則此理已躍如矣。來諭見得，亦良是耳。

> 《詩》云"鳶飛戾天，魚躍于淵"，天地間事事物物，莫非實理所在，而子思引之以譬道體之無所不在乎？佛書所謂"青青綠竹，莫非眞如；燦燦黃花，無非般若"，亦如鳶魚之比。故朱子引之於《語類》乎？

只擧此二物，可見天地間萬物皆與此一般矣。是故《章句》亦曰“子思引此詩，以明化育流行，上下昭著，莫非此理之用云云”，而小註其因弟子問，默然微誦語，政以補子思之意，深味之則可見。至於佛書數句之引，亦是此意。然彼佛但見此理之無不在而已。至於喫緊爲人處，活潑潑地，渠何曾夢寐見得耶？朱子之引之，不過斷章取義耳。

> 朱子曰“寂感者，此心之體用。此心存則寂然時未發之中，感通時中節之和。心有不存則寂然木石而已，感通馳騖而已”，勉齋曰“敬是束得箇虛靈知覺住”，心之存不存，惟在持敬與否，而寂感之“寂”字，含活底義乎？

持敬則心存而活，寂非灰木，感非馳騖。然必也致其中然後常得以立大本；致其和然後常得以行達道，而未可猝然能之者。如其不然，雖有霎時光景，亦何足恃此而遽有望於悠久得如是耶？此惟在持敬之工，無時無處不用而已。今日吾輩，於此果何如？“寂”字含“活”字義云者，亦甚善。

> 喜、怒、哀、樂、愛、惡、欲自是七情，而“樂”字喚做“懼”何義？樂者懼之所由生，懼者樂之所由生，故改以懼乎？

“懼”“樂”二字，迭居於喜、怒、哀”三者之下，未嘗一喚做“懼”字，而遂不復用“樂”字，則今必曰“改以懼”恐未安。至於其所以迭居之義，則愚亦嘗如是看，以爲是互藏其宅之義。然未知其果是。此外又有可取象者，如以喜怒哀樂配四時，則喜屬春、怒屬秋、哀屬冬、樂屬夏，而夏爲長養萬物之時，故謂之樂者此也。配五行則喜屬木、怒屬金、哀屬水、樂屬火，而火爲旗幟劍戟之象，故謂之懼者此也。【《周禮·六官》，亦以夏官爲司馬而掌兵，兵固可懼者也。】如是看亦一道，而亦未知其果是。爲今之計，但當於七情之發，克致節約之工，未論懼與樂，咸使中節而後已，乃爲第一要務。至於其或曰"樂"、或曰"懼"，不必苦苦分別，如何如何？

> 《心經》云"司馬子微[18]作《坐忘論》，是所謂'坐馳'也"，朱子曰："身在於此而心馳於彼，其不爲'仰面貪看鳥，回頭錯應人'幾希矣。"此之謂坐馳乎？

人有思慮，如何都忘得？且是合思慮者，便當隨分而思慮之，得其理乃已，其不合思慮者，便卽掃除之，使心得虛閑可也。今乃苦思慮之紛擾而欲絶去之，作《坐忘論》，則只此一"忘"字，又橫在肚裏，心常繫着於此，而雖欲暫時休息，亦不可得矣。是卽所謂"坐馳"者也。至於"身在此心馳彼"云者，是直以心不存之病言之，"馳"字雖同，而與其有意坐忘者不同，試更細思之如何？

18 微：저본에는 "徽". 《心經》卷三《孟子牛山之木章》註에 근거하여 수정.

答姜子惠別紙

所詢疑節旣以父在母喪成服，而旋遭父喪，合葬時以顯妣題主者，乃不得已變通之事，則因以此爲重而厭尊之義、象生之道，全然擔閣，直行三年之喪，恐非人子不忍死其親之意。蓋題主雖不得已而以顯妣，成服旣以父在母喪爲之，則只得依成服禮次第行練祥之意，具由以告於考位及妣位而後行之，似或合宜。

至於禫事，方持斬衰中，初無行之之例。練祥服，亦以各服其服之義，服之於當位行祭之時，亦似合宜。故世之幷有喪，遭此變禮者，多如是處之云。而似此昏謬之見，不敢臆斷，更須博詢於知禮之家如何？

立齋集

卷十二

書

書

答姜淸之【壬子】

日前從兄之行，不謂其前造高軒，未克付數字候。玆承先施之翰，忙手披讀，怳若更接淸範。信后有日，省餘棣履起居更如何？想惟益勝，不任慰仰。宗魯侍事粗保，而陶山往返之後，病暑至今，道院一行，坐是蹉跎，何歎如之？今番疏事，奚但吾嶺生色而已？直可有辭於天下，而江左右齋郎之出，又與尋常除命自別。前後異數之稠疊，俱是曠百年所無。太平聖代得見此等光景者，庸非吾儕萬幸耶？

軒記重違勤敎，忘拙構草，而非經盛評則不可正寫。故姑置之以俟面話之日耳。吾輩會面苦未易，向後僕如作道南之行，幸復臨院，以做數日團圝如何？來望則江月正圓，相與爲泛舟之遊，尤豈非浮世勝事耶？

答姜淸之【戊辰】

送孫女日，午得盛詩，暮拜惠書，政切瞻溯之餘，奚啻珍感已也？十回披玩，無異對晤，而忽經數宵。卽辰靜履起居一安否？ 宗魯方與卯君同處山樓，日有吟賞之樂，此際懷仰益倍。昨又梅雨新晴，松溪添響，不但滿庭梧影爲可愛。何由得壺公縮地法，致吾兄於此間而共爲賦詠也？家內兒少，雖多不健，別無深慮。僕之所居，便是淸涼世界，而日氣又未甚熱，倘或一鞭命駕，以續淸遊否？

答姜淸之【丙子】

江院勝遊，在僕是平生初得，至今夢想猶在彼。但於歸路，不得歷入仙莊，以與諸老伴更做一場良晤，以此爲恨。惠札卽至，審所懷一般，尤覺悵然。日間愆度，已復常否？僕乳脇間牽痛，尙未已，顧能日巾櫛以坐，亦何足慮也？詩社之移於此中，未知在何間？巖花猶未盡落，山月漸欲滿輪，趁此時一會政好，定期以示如何？

答金公穆【熙周】

曏者特蒙左顧，使鄙人得遂識荊之願。今又遠惠珍墨，意寄去益深厚，不知無似何以獲此？感荷之心，迨切于中，顧坐沒便尙稽修復，恨歎可喩？卽玆孟春，令侍履起居何似？仰溯區區。宗魯老昏日甚，無足煩者，七情亦有理發之說，愚豈敢創立新說哉？蓋我退陶老先生於《心統性情·中圖》，已爲之明白揭示。其書本然性下，直與四端合而書之，又爲著說，以明其爲理發者，不啻如日星之昭然。顧世之學者，何故置此《中圖》而不深考，每就《下圖》兼氣質言者，以七情專作氣發看，而反有疑於理發之說？今座下亦不免如是矣。

或者又有謂:《中圖》七情，是《下圖》七情之善一邊。然《下圖》七情，旣是氣發，則雖其善矣，依舊是氣發，何得與《中圖》七情之發於本然性者，比并而論之耶？是故《中》與《下》之七情，其名雖無異同，然《中》七情之爲情也，直與四端幷行，其善可以達之天下。而《下》七情之爲情也，不過爲形氣之私，雖其善者，只可屬之一己而已。朱夫子不云乎？“人莫不有是形，故雖上智不能無人心。”觀此一“形”字，是非下七情之所由生而何？

夫旣是形氣之所生，則於凡聲色、臭味、安逸上，其喜、怒、哀、樂、愛、惡、欲，元自不外於是，但上智之人，氣質淸粹，故此等七情，亦皆發而中節，未嘗有不善者，然若求其苗脈則終是形氣之發，若此者謂之氣發固也。

乃若原於性命之七情，仁義禮智各具此七情。試言之。如見孺子入井而有怵惕、惻隱之心者，此固是仁之端也。而當此時己能救之而得其生則喜，人能救之而不救則怒。己與人俱不及救而死則哀，及救而生，見其宛轉活動於前則樂。彼其不救者，以其無人心，不特怒之，而又惡之；其救之者，以其有人心，不特喜之，而又愛之。元來孺子雖是他人之子，仁人之心，固欲其生而不欲其死，故由其所欲之本如是，而喜怒哀樂與愛、惡，亦皆隨之，有不期然而然者，此七情是仁之所兼也。

見人之爲不善而有憎惡之心者，此固是義之端也。而當此時，彼能聽己之言而改之，則不特喜之，而又愛之矣；不聽己之言而終爲不義之事，則不特怒之，而又惡之矣。是何也？吾於其人，本欲其爲義，而不欲其爲不義故也。由其所欲之本如是，而喜、怒、愛、惡，亦皆隨之，而有不期然而然者，此七情是義之所兼也。

辭讓、是非之心，其發也所兼亦然，豈有仁義禮智之所兼，而乃爲氣發之理乎？執事不信，試就聖人七情之發於理者觀之。

堯、舜之以不得舜、禹爲憂及以人之逸居無教而近於禽獸爲憂，舜之以不得於父母爲憂，象憂亦憂、象喜亦喜與夫誅四匈之怒，"予欲左右有民"等之欲，俾予從欲以治之欲，成湯慄慄危懼之懼，文王之聞王季安乃喜之喜及其有疾而色憂之憂與夫討密人之怒，孔子哭顔淵之慟，見四子列侍而樂，聞絃歌莞爾而喜，見漆雕開自謂吾斯之未能信而悅與夫不悅於魯、衛，子思之不悅於穆公之言，憂道學之失其傳之憂，懼夫愈久而愈失眞之懼，孟子之以樂正子爲政而喜，以天未欲平治天下而不豫與夫吾爲此懼之懼。此等七情，何莫非粹然天理之發乎？

且凡仁義禮智信五性，於五倫各有所領屬：仁則父子有親屬焉；義則君臣有義屬焉；禮則長幼有序屬焉；智則夫婦有別屬焉；信則朋友有信屬焉。然仔細觀之，則每一性又各兼五倫；每一倫又各兼五性。故發於五性之七情，及其中節則爲天下之達道；見於萬事之五倫，原其本體則亦爲天下之達道。第觀《中庸·首章》所言及《二十章》所言，可知其如此矣。

蓋七情之中於節之節，卽五倫上當然之理故也。不然則何以均謂之天下之達道耶？且若七情是氣發而非理發，則朱子之釋《中庸》，必不曰"其未發則性也"。夫所謂"性"，非天命之性乎？旣是天命之性發而爲七情，則此七情便是道心。故序亦曰"天命、率性則[19]道心之謂"，而今以喜怒哀樂，必專作氣發看，未知何見而然耶？或者以爲喜怒哀樂，必皆中節，然後方可謂是性之發。然旣說"發"字在上，以明其爲性之發，則設令發而後或不免爲氣所揜，而有不能中節之患，是乃發而後事也。豈可以是而幷發處謂非是性之發乎？

且也發而後爲氣所揜而不能中節，四端亦然。先儒之如此說，不啻明白，何獨於七情而謂其不然乎？

今若曰"四端發而皆中節"，則必無所疑，而惟其以七情常專作氣發看，便成鐵定見解。故雖退陶之《中圖》如彼，朱子之《章句》又如此，而一切不反而求之，良可歎也。又執事以爲喜怒哀樂，若是理發，則是聖人全無氣發之可言。未論盛見之得失，信如執事之言，子思所謂"喜怒哀樂"，若專是氣發，則是聖人全無理發之可言云爾耶？

四端之說，至孟子始有之，前此則無之。故《大學》亦只

19 則：저본에는 없음. 《中庸章句·序文》에 근거하여 보충.

言喜、怒、憂、懼,《樂記》亦只言喜、怒、哀、懼、愛、惡、欲。此等若全是氣發, 子思、曾子何爲於理發上全然闕却, 而爲若無仁義禮智之發耶? 不惟此也, 程子《好學論》, 旣言五性於上, 而不言四端於下, 但以七情繼之者, 誠見理發, 有此等情, 故就上面論之, 使知夫道體之見於用, 亦有此七情, 而下夫致和之工夫。所謂和與中, 雖有發未發之異, 而中之發卽是和, 則是天命之發卽是七情也, 尤見其必然矣。但於發焉之後, 氣易用事而人欲將萌, 故君子之體夫道者, 旣已戒懼於未發之時, 以存天理之本然, 而下得致中之工, 又必於發處而尤加謹焉, 不使人欲少有萌於其間。

蓋恐形氣之或用事而害夫本然之理, 有此致和之工者也。抑以序所謂"天命、率性則[20]道心之謂"及"必使道心常爲之主而人心每聽命"者觀之, 則夫人心之生於形氣者, 雖曰是形氣之發, 若其聲色、臭味、安逸上本來當然之理, 是亦原於天命之性者也。以理言之, 理乘之理, 何嘗有異於理發之理乎? 特其所乘之氣, 不過是聲色、臭味等而已。故見乘之理, 亦隨而無多, 不如理發之理, 可以放之而彌六合云爾。由此觀之, 子思所謂"喜怒哀樂", 雖專以發於性者言之, 而旣使道心常爲之主矣。彼其發於氣而爲人心者, 常常聽命於道心之下, 自當與此箇喜怒哀樂脗然同歸, 而無待於別言矣。第觀序文, 始雖以人心、道心幷言於上, 而及其言天命、率性, 則只說"道心之謂"四字, 亦可見其如此。

20 則 : 저본에는 없음. 《中庸章句·序文》에 근거하여 보충.

今執事反有疑於聖人之無氣發，其無乃未之思耶？但聖人純是道心，故恰[21]似無人心一般，其實雖上智不能無人心，何得謂無人心哉？繼此而所欲言者甚多，方苦精力之短乏，艱得草此。又未知盛見果以爲如何？

與兪鄭卿【漢人○己酉】

不避曠直之嫌，出見十年前一面之人，是何等高風厚意也！當日市隱堂鼎坐討懷，眞是不易得之事。而回首依依，與一夢相似，悵惘難狀。未審日間所愼怏祛，仕履起居，益膺休祉否？宗魯來此已多日，別無奉浼之事。只是鄕山杳然，不堪陟屺之思，愁悶可喩？九月歸期，屈指尙遠。遷園前旣未呈故，則擅歸未安之論，又忽入耳，更覺亂心。然鄙意已決，勢不暇他顧。未知高明以爲如何？

答崔士敎【興璧○戊辰】

吾儕阻晤，不知爲幾歲月。而相去落落，會面旣未易，數字寄聲，亦坐無便，引領馳神，徒有耿結之懷而已。卽於料外，忽拜惠翰，驚喜披讀，怳接顔範。且審年來，靜養起居，

21 恰 : 저본에는 "洽". 문맥을 살펴 수정.

一味燕相，區區感慰，曷可勝喩？第所以稱道此物者，太不近似。弟之顔狀，固不甚銷落，而髮禿眼昏，齒牙皆動撓欲脫。最是精神日漸昏亡，俄者所自言，亦不能記得。有何天光之內腴，而毫分髣髴於來喩者耶？目今所願，惟得甘食安寢，以終餘日，而遠近知舊，猶不見諒，責望之端，左右交至，令人應接不暇，愧窘之極，實不知何以致此也。從此以往，切欲杜門謝客，不復作文字。惟與如吾兄者，從容晤語於寂寞之濱，討盡平素之所蘊，則衰景樂事，宜無過於此者而不可得。喟然奈何？

清彦之不祿，思之氣短。向見其子來問我者再，而其容止見識頗不凡，有克紹家聲之望。而執事旣遠居，士矩亦衰病，誘掖奬進，似不能如意，是可歎也。《百弗集》校正事，弟於此豈敢有一分歇後之意耶？元來所知蔑如，且見編次之間，高明所以用意者，擧皆有合於古義，無容鄙人之雌黃，但於字句間，似不無商量處，故外孫來時，與之檢閱得數卷。其餘待日涼神蘇後，可以斷手。然掃塵之役，豈敢如是而得無憾耶？至於闡揮文字，初非所敢，而亦嘗有妄記一二者，故逑孫謄去。想或入覽，未知或可用否耶？惟希心照。

與李通彦【廈運】

近來一切不聞聲息，但記兄曾於楓嶽之行，與季氏幷轡過我，而後又委訪者再焉。彼時懽喜之情，兩相莫逆，至今如昨日事。顧自一別之後，流水光陰，又不知爲幾日月矣，有時瞻溯之極。惟冀老境享福無窮，娛樂以終餘年，則此爲可慰於心者。

卽因令族弟聞，於其間不惟季氏已作泉下人，而慘遭無限毒慽，至於髭鬚盡白，見方移居一家村中，而身世窮獨，意緒悲涼，無一分好況云。天之於兄，其所以報施之者，又胡若是之乖舛耶？想來景色，宛如目擊，太息長吁之外，不知所以仰慰。然人生萬事，皆有前定，凡其莫之爲而爲，莫之致而至者，無非命也。雖復摧腸碎心飮泣度日，亦將如之何哉？願兄以理自遣，泊然以忘其情，豁然以散其哀，而坦然若常在順境。惟以得保我天和，而無損我眞性爲意，則前頭歲月，皆將爲兄之安樂用矣。奈何使桑楡餘景，又從悽苦中銷過乎？

抑兄之新居，爰得其所，每日親戚之團圞，琴書之交錯，固足以消遣世慮。而至如滌蕩千古之愁、陶寫百年之興，莫如曠覽遐眺於江山之間。須以一馬一僮，翩然離發，更爲惠顧於弊廬，則謹當招呼同志，相與作伴，如陽山、仙洞、離嶽、冷泉等許多勝景，恣意探討。兄又喜吟詩，佳山秀水，隨意賦古近各體，牢籠百態，摸寫萬象，以與朋友相唱和，亦一寓懷暢情之道也。未知兄得無意乎？

大抵修短不齊，倚伏或異，而凡寄形度世於天地間者，只與蜉蝣等，其實彭、殤同歸，悲歡皆夢耳，擧無足有介於胸次者。惟是脫略自在，得樂於名教之中，蕭散無累，放懷於塵埃之外，以爲乘化歸盡之地，爲第一上策。兄聞此亦必犁然以肯之也。

答李牧之【楨國】

每與同志，歷數今日吾嶺長德，語未嘗不及於執事，區區嚮仰，豈尋常比哉？而山河間阻，無由得從容承誨。昔年客地邂逅及歷路參尋，徒增悵仰之懷而已。匪意獲伏承先施下翰，謹審德履起居，一味燕相，仰感且慰，無以形謝。第其稱道無似，太不着題，未論此物不敢當，其於君子語默之節，亦豈不大失其宜者耶？千萬勿復以此等語見施，向後如或與書，必須痛賜規警，使此愚昧，得少開益，是乃眞相愛之厚也。如何如何？

宗魯衰朽轉甚，思欲與意中知舊，合席討懷，不啻有倍於前日，而畏瘂之蹤，一向蟄伏，竊恐終未能遂計。瞻望仙莊，尤不勝悵恨。然早晏英山之行，畢竟不容已者，此行倘諧會，有穩敍之日。區區惟是之俟耳。

答李性安[22]【樹仁】

頃年人海中奉拜，追思如夢。卽於匪意，獲承下狀，謹審春

22 性安 : 저본에는 "□□". 李樹仁의 《懼庵集》에 근거하여 보충.

和，德履起居沖裕，仰慰無已。第其稱道之辭，太不近似，擎讀以還，不覺面頸發赤。顧此空空，有何所取？而執事者乃爲遊談所誤，辱先垂問，至此之勤也。恨相去遠，無由暴此蔑實之狀，又不得夤緣承晤，以聞箴警之益，區區恨歎，又何可勝喩耶？

至於講會一款，自是鄙鄕故事，而中間不免廢却。今玆紹述，亦出於多士之見，非以此物爲有一知半解能資益於人而然也。況不過通讀一兩日而罷。雖云"存羊之義"，只是虛名而已。何執事之俯羨乃爾也？令族姪誤爲相從於此幾一月，攻苦喫淡而無悔色，其誠可嘉。推是心以往，豈無進就之望？但患啓發者似不得其人，是可歎也。

與李仲綏【經祿○己亥】

前冬公山之行，謂或有承拜之便，而未之得焉。悵失之意，煩令胤歸告，其果否？卽日炎暑，伏惟雅履有相，道味無窮，仰慰且羨之至。宗魯春初盡室移寓於邑治近地，前月間又避時氣，方來此湖齋。幸老親姑無大段愆節。自離故山，山中痘警連發，不得往來。比來過從絶稀，岑寂益甚，而病懶不能刻意看字。偶記奉拜時老兄問鬼神歆格之理，而云"奉祀之人尤不可不知此"。且曰："上蔡所謂'子孫精神，便是祖考精神'者，固爲至論。"然亦不可但將此句吟詠一餉，遽自謂已知此說極是而意亦深切。故間嘗反復紬繹而得一說，不可不奉質於老兄，以正其是非也。

蓋盈天地之間而往來屈伸者，無非鬼神。然天神、地祇與六宗、五祀之屬，其氣常存。故誠之所感，來格孔昭。惟人之鬼，其氣已散，來格之理，宜若虛無，此上蔡精神之說，所以爲喫緊曉人處。而但就精神上論，不就一原上看，則雖於祭先說得通，而於祭外神却似說不去。然自貫一原者觀之，則精神之說，於祭外神，又未嘗不通何者？人與天地萬物，其分雖殊，而理則一。理旣一矣，氣亦未嘗不與之一。一氣流行，爲天地爲人爲萬物，是則人之精神，奚但其祖考之精神哉？實與天地之精神與萬物之精神，亦一般而已矣。是故自天子以至於庶人，苟其理所當祭之神，則氣無不與之相關。特患吾誠之不至，不患彼神之不格。

然天地山川之屬，雖曰"其氣常存"，而往而屈者，亦未嘗不消散。且如冬至祭天，爲其一陽之初生，而一陽未生之前，陽固往而屈也。夏至祭地，爲其一陰之初生，而一陰未生之前，陰固往而屈也。往而屈則便須消散，與人鬼無異。特其根於理而生者，循環不窮。故於其氣之方來而將伸也，各以其日祭之，而原其所以祭之之意，又不是公然致吾之誠而已。

天子之於天地，亦如人子之於父母。蓋有悽愴於前之消散而怵惕於今之來復。故欲以之感召他氣，扶助得一分來耳。是其精神不與天地一般而能然乎？推此以觀，餘皆可知。而水、旱、匈、荒，所以祈晴、祈雨、祈雪、祈穀者，意尤懇惻，而理益明白，初未嘗無此感應，而强設虛文也。然亦必盡吾之誠，然後方得其歆佑。

范[23]氏所謂“有其誠則有其神；無其誠則無其神”者，蓋不但於祭先爲然也。雖於天地之一陽一陰顯然方生者，苟吾之無其誠則亦與無其神一般。夫子所謂“吾不與祭如不祭”者，豈謂他人之攝行，其誠不如己乎？只爲在己之誠，不得自致，故他人雖致誠以祭，而此心缺然如未嘗祭，則只此缺然處，便見誠爲實而禮爲虛。有神無神，只決於此。此君子之祭，所以必齋必敬，求其交於神明而猶懼其不格者也。夫以祭外神而猶尙如此，則況於祭其先乎？

嗟！夫人死之後，魂氣飄散，其所謂鬼，固與外神之常存者不同。然謂人鬼已消則精神之在子孫者，未始不常存；謂外神常存則其氣之往而屈者，亦未始不消盡。是固不可以二視之也。然則祖考之神與外神之所寓，固各有其處，而吾以一氣脈傳來，與一原中流出之身，致己之誠而得彼之格，洋洋乎如在其上，如在其左右者，其精神所孚，亦一理而已矣。未知此說，果如何？切望細察，如未中理，辱賜鐫誨。俾歸至當幸甚。

與李士輝[24]【東璧】

山門枉顧與尺素相往復，不知爲幾歲月矣。中間又經無限

23 范：저본에는 “楊”. 朱熹의 《論語集註》권3과 明 丘濬의 《大學衍義補》권55에 근거하여 수정.

24 士輝：저본에는 “□□”. 《立齋集·和贈李眠雲翁 東璧》《城山八景 眠雲翁所居》과 《蠹窩集·城山八景 幷序》 등에 근거하여 보충.

刼界，朋舊全安者蓋少。未知仙區能獨保清淨而起居亦一味康衛否？似聞令季氏意外不祿。區區爲逝者驚愕外，以執事常日眠雲之懷，當暮景割半之痛，其情地必有倍於恒品，而山河間阻，動靜莫聞，泄鬱當如何？宗魯亦於前歲哭一弟，白首相依之餘，至今悲緖觸心。見人昆季并行則輒爲之撫躬自悼。以此益知兄苦抱如是耳。

前日俯問諸條，奉置丌上已久，而每當把玩，茫然不記出自誰手。近因兒輩提醒，方始覺得，其耄荒可知。以若精神，其何能有所仰對？但勤敎之下，厚意不敢虛辱，略草別幅以呈。計必百無一中，或可曲諒而回敎，俾得少開發蒙蔀耶？

別紙

問："心、性、情云云。"

此段似大體是。然以心直謂渾淪太極之全體，則論其本然之體，古人亦有如此言之者，而語意似失於太快。苟非聖人之心，誰得以當此？蓋《大學》所謂"明德"，卽心之表德，而其曰"虛靈不昧"，是以心言；其曰"具衆理"，是以性言；其曰"應萬事"，是以情言。而總之爲明德一段物，此蓋通聖凡皆然者。然這虛靈不昧之體，必須氣質之極於淸粹者，方得如鏡明水止。而今遽言之於此，未知如何？

又七情有與四端同者，有與四端異者。所謂同者，以其爲性命之發也；所謂異者，以其爲形氣之發也。性命之發，固純善無惡，而發以後或爲氣所揜，則亦有未能中節。不可謂這箇必發皆中節，而不下戒愼之工。形氣之發，兼善惡而有之，那上面皆有當然之理，乘載出來。故氣之順乎此者爲善，拂乎此者爲惡。今一例歸之於惡，無乃過乎？

且所謂心，專言之則當曰“合理氣、統性情”。若與性字而對言之，則性是理，心是氣。故朱子曰“性猶太極也；心猶陰陽也”，又曰“心者氣之精爽”，又曰“心比性[25]則微有迹；比氣自然又[26]靈”，是亦以氣之精爽而言者也。

蓋必得氣之正且通，然後其性爲最貴，而其心爲最靈。夫所謂“虛靈不昧，以具衆理而應萬事”者，亦是之故耳。以此言之，雖以心專屬於氣，亦未爲不可，而此特對性而言，然後方不做病，而無認氣爲理、認理爲氣之患。是顧可輕言之者耶？又感於物而動，非但七情爲然，四端亦然，豈有不感於物而自動之理哉？至於其中節不中節，惟在乎心之宰不宰云者，却甚的確，可見用工於此，已不淺鮮。

又謂七情之善者拈出爲四端，非孟子之本旨。天命之謂性，亦只是主理而言。然纔說命則氣亦在其間云者，幷皆出於深思之餘，仰服仰服。

問：“格、致云云。”

格、致上做工夫，以程、朱之言爲準的，固十分是當。然凡

25 性 : 저본에는 “理”. 《朱子語類·性理二》에 근거하여 수정.
26 自然又 : 저본에는 “又自然”. 《朱子語類·性理二》에 근거하여 수정.

係義理之書，乍看雖若無不曉，而苟下夫沈潛玩索之工，則其中必有無限疑端，節節而生，非卒然之頃，可以解得者。故必須經歷得極辛苦、不快活境界，不知其數，然後方始漸漸有解，以至於豁然貫通之域，斯亦豈易言者哉？

蓋所謂"博學"者，是謂於凡義理書，無一之或遺，莫不循序致精爲宜。然至於審問、愼思、明辨三者，逐篇逐章，逐句逐字，無所不如是，然後方爲格、致之極工，而其收效可期。又一己之聰明有限，衆人之知識無窮，故朋友講習，以資麗澤之益，亦是不可已者。蓋關門獨學之士，雖其勤苦倍常，然終是不免於孤陋，以是故也。此實自己飽經歷者，故敢言之，未知高明以爲如何？此段盛論皆好。但"至于格"之"格"字，似未安。若曰"至于極"，則或無妨耳。

問："誠、敬云云。"

大抵誠、敬上用工之方，固如來示，而又須有立志在乎其先，卓然以聖賢自期待，然後方能進步向前，俛焉以終其身，而不厭不怠，以求至乎彼。蓋所以發此志者是誠；而所以持此志者是敬也。誠、敬相須而志立乎其間，一息尙存，此志不容少懈，則夫所謂誠、敬亦何時而可少弛其工乎？是故敬有未至，卽誠有未至，而求其所以然則乃志有未篤故耳。未知曾如此看得否？

與崔毅仲【字鎭○丙申】

神交數年，始遂識面之願。晝巖追送，尤荷惜別之意。歸來夢想，何嘗不依依於論襟摻袂之地耶？即日窮陰，伏惟侍履起居淸裕，仰慰區區。宗魯侍事依遣，而比來塵務稍閑，淡坐寒窓，頗覺靈源少澄。看書應物之際，乍若有得力處，只是宿功全無，根基不固，些少意味，深懼滲淡而因消歇。不知高明積眞已久，能無間斷之患否？此事固難靠於他人，而朋友切磋之益，終不可無。如愚晩學，尤是有待於此者，幸以近日所得示及，俾爲觀感自勉之地如何？

與崔仲賓【興之】

執事早謝公車，不流於他岐，亦不溺於冗務。一意服行函丈之敎，尋常方冊中硏究，心性上存養者，爲日蓋久，則其於見理宜精，持志宜專。凡自得於平居者，宜必多且新矣。而頃於忙裏得奉，都未能細叩而詳聞，此又耿結不自已者也。如愚昏滯，雖未嘗溺於俗務，而許多年暴棄之餘，全然生澁如此。縱使刻苦做去，豈能有窮得盡、體得到之日乎？加以宿習纏繞，痛革未易，每自反省，只切兢惕。執事倘不遐棄，幸望傾倒說與，使知君子用力之方，而得少自勉焉如何？

答崔仲賓

卽拜下狀，伏審春風，起居冲裕。溢紙縷綣，又無異合席細討，仰慰且荷。第前上鄙狀，歸於洪喬，此自昧陋無分於賢朋友相與之義而然也。不然則以其中求教之切，如使得徹於高明，其所反復而指諭者，何止若此而已乎？宗魯奉親依昨，而逢新喜懼罙切。月初又全家移居於州治之北，城市囂塵，夫豈所好？只爲愚山太深險，終非永久地，故決欲移出，而姑取粗可基址，卜得玆處。終是人客煩多，隨分應接，雖不無舒暢之意，而半生習靜者，亦是有難耐處。至如看字之工則尤覺相妨，異時塵俗漸苦，雲林入思，則還山弄月，亦豈難事耶？

承以近日所業爲問，尤感不遺，而顧此昏惰之質，旣無積累之宿工，些少意思，每苦漫漶。以故一部《心經》，讀自前冬，而尙未了得，舊誦文字，亦多遺忘。日間玩索，全未有得力處，見解旣矇，行得亦隨而不篤，自量心界，殊無灑然氣像。如此度日，終何所益？

來書以當此學廢之時，而有云云，聲稱爲差强事。愚則以爲徒名而無實，反不如不學之爲愈。蓋天下事可愧，莫過於學而無成也。況乎年齡晩暮，精力凋殘，把玩之歲月無多，而可窮之義理無限，新工之猛加不易，而舊習之漸染猶在？時自循省，不覺凜然而寒心，不知此身將作何狀。

因想高明資稟旣美，充養且久，其於格·致之方、誠·正之工，必已見之明而守之固，有非外物所能奪者。萬望以近日所得之緖餘，更惠德音，委曲指導，使此迷途初旋之瞽，得以不惑於所趨幸甚。

答李學先【獻淳○丙子】

記憶丁卯秋觀德堂中望見顔色，直與一夢相似，且以未接緖論爲恨。顧相去落落，謂無復際晤之期，不意尙爾記存，辱惠手牋。辭旨款曲，有踰尋常。自顧無似，何以獲此先施於賢史之下也？反復莊誦，感愧交幷，且審尊履起居若序萬衛，區區尤不勝仰慰之至。宗魯年迫八旬，衰癃已甚，精神筋力，殆若下山之日。只緣道院洞主爲講會，固要出見，遠近多士之望，亦難孤負。故不得已强爲扶曳，以作老妄之行。然亦不過通讀數日，略說大義而罷，了無實效之可言。所謂“愛禮存羊”，卽此是已。因念伊時若得如座下在席，其叩疑發難，以開後生之知覺者，必不等閑，而亦莫之致也。悵歎又曷可勝言耶？

答金炳如

吾與足下之居，不過間三舍地，而闊焉莫往來者，殆不知其爲幾歲月。嚮於丙辰秋，獲承手滋，而亦未之奉復，斯已悵恨之甚。而中間人事之變遷，又彼此一般，每念之，尤令人作惡。且以足下之美質好尙，用工於實地有年，近來造詣成就，必有大過人者。而亦無由得聞緖餘，時與同志相會，語未嘗不及吾人。尋常嚮戀之懷，老去轉深，匪意珍墨忽墜，忙手披閱，悅[27]接昔年顔範。且審履玆臘寒，學味益勝，欣倒開瀉，如何可言？僕草土餘喘，僅保形殼。自量精力日漸消亡，年迫桑楡。理當如此，亦且奈何？今則所望者，惟在於凡我後進秀才，各自勉勵，使吾儒家一脈，不至斷絶，則斯爲至幸。卽因朴君扣聞動靜凡節，令季之秀拔於倫輩，又極可喜。何由得幷接聲容，慰此惓惓之心耶？

承欲以開春枉顧，炳如信士，必無食言之理。故惟是預切翹企，千萬勿孤如何？朴君見其儀度，已自可意，信乎其從君子遊者矣。望須益加指導，使其大有所長進也。《松堂重修記》，素是不嫺於辭者，近又荒落益甚，實無堪承之勢，良可憫然。餘俟面晤。不宣。

答申文瑞

意外令胤袖珍緘至。傾倒披玩，悅如更接顔範。且審初寒，靜履起居連獲晏衛，尤庸仰慰之至。第護軍公埋安，已至卜日，感痛之懷，烏得不爾耶？爲外裔者亦不勝愴然。方擬進參於伊時，而病魔之不沮戲未必，是爲慮耳。

27 悅 : 저본에는 "況". 문맥을 살펴 수정.

俯詢儀節，此間所有禮書，俱未見其有及於此。但言“淨潔處”三字則世俗之必於墓所者，似出於魂魄同歸之意，然旣無明文可據，而世葬世居之地。吏參公塋域又是親山，則於焉藏主，實合於神理相依之道。盛見誠得矣。但兩代同坎未安，各坎似宜。祝辭重違勤敎，忘拙構呈，改而用之何如？若其庶羞之品，此是終天永訣，則盛備而用三獻之禮，恐不可已。然力不及則稱家有無，而令儀、物相稱，亦奈何不得處？量爲之。到彼後旣不免暫爲同安於別廟，則恐當先告由於大位。大位設祭之時，略以酒果傍及，亦合情文，蓋神道與生人無異故也。至於主獻之人，雖親盡已久之後，傍題旣是宗孫，則斷當以宗孫爲之，豈可與墓祭時用門長比耶？凡此皆出迷見，更須博詢知禮者而處之，俾得十分是當幸甚。順菴褒贈誠曠恩也。於此亦可見天下莫强者是正理，何快如之？冬內一枉之示，預切欣企耳。

與南幼誠【必健】

頃書未見答，子皜歸時，又以必來之意傳語矣。其後幾一望，尙寂跫音，苦企之餘，紆鬱可勝？即玆霜秋，閑履如何？從[28]昏忘日甚，少有起動則腰痛膝酸而氣息又喘急，自是癃老者常事，無足言。最是外家立后一節，不啻緊急，而

28 從 : 문맥을 살펴볼 때 “宗”의 오자인 듯 함.

吾衰至此，君亦衰矣，若不趁此時相對爛商，早爲區處，則必將追悔莫及。此箇事理，豈待言而後知之耶？目今所可以爲地者，大抵有三件。非面議則有難斷決，故玆以走伻，望須卽卽馳到，無孤此意如何？達之俄忽來到，鼎坐相議尤好，但晦根遠居，不得與共，是可恨也。上舍君頗有相從之意，因復寂然，亦其無勇決之致。此意言及如何？

答金士兢【采東○乙巳】

頃年一拜，可謂草草之甚，而每想風儀，傾嚮自別。及與令胤相從，又知其庭訓所染，迥異流俗，區區益不勝欽仰。非特爲世誼姻好之秉。而顧以地步稍濶，際晤無期，引領東望，第切馳神。不意辱先以書，意寄勤厚。至其末端所以見屬之意，又非昧陋無似所能承當，且感且愧，不知攸謝。加以素患華子之病，比來轉甚，遇便輒忘，尙闕仰復，伏想賜訝多矣。卽日秋暑未闌，謹問靜履起居，以時晏重否？

宗魯侍事粗遣，而私家不幸，夢外失一賢從，至今慘裂如新。重之憂患連仍，惱撓不一。本來頹懦之資，益無警動振作之勢，深恐此生只得如是而止。自憐奈何？胤友似聞近棲龍寺，想其鍊玉必得專精，且不獨於科文已有手眼。曩相數次與語，其志趣甚好，於經傳奧義，儘能思索，眞是可畏後生。而今日中才之養，又自足於家庭之內，誘掖成就，不患其無道，則其欲來此者，正所謂“貴野鶩”之見而謬計甚矣。此物空疎無比，只是門內子姪，亦不能收拾勸獎，一任其遊惰，有何分寸資益可以及人者乎？望勿使之虛爲往來如何？早晏一臨之敎，趁楓菊命駕，逍遙於巖洞，使下交得遂穩拜之願，千萬切企耳。

答黃子厚【載休○庚申】

迺者冒風雪臨弔絶峽，尤是衰境難事。仰認厚誼，迨切哀感。卽於匪意，獲承耑价惠書，就審靜履起居一味晏衛，哀慰無已。俯詢墓祭，因山卒哭已過，固無拘碍之端。而但念一陽已生之後，則便屬來歲節候。古者子、丑之建正，正以此也。今雖行夏之時，恐不無分別於其間。且墓祭之必行於十月上旬者，本是秋享之退定者。“霜露旣降”之語，又奚用於氷雪交積之時乎？愚意似當以過時不祭處之。未知如何？

答黃子厚別紙

鄙家別廟中，奉安五代祖於正龕，而又奉高祖及從高祖兩位於班祔。今於大位親盡埋安時，未知祝辭以宗孫爲之耶？以長房者爲之耶？又大位旣虛則高祖神主當卽移安。從高祖於宗孫及長房，俱爲傍親，此位祝，誰當主之耶？

祧遷後埋安時儀節，《家禮》及《備要》既無明文，則似此昧陋，尤何敢妄爲之說？而但念執事家別廟奉安三位，既皆祧遷之主，則逐位主祭各異。恐未可以一人爲主而稱號之。然愚意無論某位，既以宗孫傍題，則長房雖權奉祀事，而不敢輒改者，重宗統也。今一邊之禮，雖以長房改題，而及其埋安之際，必還書宗孫之名者，亦以重宗統故也。以此言之，代盡之宗孫，前於遷奉長房時，雖有告辭之祝，而當此埋安之日，不得不又爲之主其事，於禮似較然耳。至於其下二位，自其平日行祀時主祭者各異，則今於告由移奉之時，亦以各其奉祭者主之似當。如何如何？

答趙子希【辛未】

年來奉晤既未易，書札往復，亦難如意，徒有瞻想之懷，耿耿于中。乃蒙終始不遺，頃又辱垂尊問，辭旨款曲，有踰尋常，感荷無已。矧審經履起居一味珍相者乎？知移築近地，得盤旋整暇之所。目下雖不免暫爲勞擾，從此可以燕居閑養，進、修益篤，爲之仰慰萬萬。僕昏耗去益甚焉，下山之勢，自當如此。僻寂中思想惟在於平生知舊，如再從氏、上舍從兄弟，願一敍晤，而彼此皆衰癃，逢着無路。

嚮者所謂講會，只是存羊之義，有名無實，莫過於此。然猶得多士坌集，絃誦洋洋，亦可謂勝事。顧座上無吾賢儼臨，以開發群蒙，此物亦未能獲受警益，眞是缺界中少圓滿處，種種悵恨，又曷可勝耶？彼時被忙擾，未得修謝。玆因南子皜歸，書此要傳。萬萬非書可旣。

答趙天必【恒復○戊申】

自見足下來，於心常不忘，意外芳墨，宛帶淸儀。且審春風，侍餘學履，以時珍重，欣慰不可言。第其推借之言，太不近似。講道二字，是何等重稱，而乃以加之於無狀之身乎？奉讀未半，直欲走避而不可得。切望諒此，更莫如此。必若不遺，只以親朋之誼，相與往復如何？若爾則設於寒暄之外，或不無交勉之辭，可以安於私分而不駭人聽，豈不幸甚矣乎？宗魯奉老粗遣，而近來忌疾匝纖，不敢出門外一步地。只爲消日無策，或以古書遮眼，精力已亡，隨看隨失，旣無舊得，又乏新知。向若少加眞工，完養有素，則未老先衰，豈至於此？願左右以我爲戒，及此盛年，刻意做去，而尤用力於保嗇精神，愼勿枉費，則所以受用於晩來者，愈益强健，定不至如此物矣。如何如何？

蓋治心修身，爲學之方，古人言之不啻其詳，家門賢父兄之訓，又自已足。足下篤信而力行之，則學業之進、德器之成，亶可指日而待矣。又何必遠詢無似，欲借聽於聾耶？荷相與之厚，而自無所得，仰塞末由，不勝愧恨。何當更奉穩討襞積？未間惟冀省履連勝。不宣。

答趙天必【戊午】

每與同志相語，語及老成，輒思吾晩谷丈人；語及少輩，輒思吾天必足下，憧憧一念，何嘗少弛于中？顧相去遠，非此物往，無由得接聲光，悵然惟望日月山而已。卽承珍翰，就審學履連勝，滿紙縷縷，足見意寄之甚厚，何等慰感！宗魯奉老粗遣，而荏苒之間，花甲已周矣。自念衰朽之物，無復可言，所望者凡我後進秀才，相與篤工於實地，大有所成就，則雖死無恨。今看足下之書，且聞甥兒之言，則進修之業，蓋有日新而不已者。

晩谷門下固宜如天必者出，實令人喜而不寐。但朋友麗澤之益，亦不可無焉，此有某某向上人，皆堪與之講磨道理。山河雖邈，未可一番命駕，以博其胸中意趣，且使此眷眷者得少慰其抱耶？是企是企。

答柳生【汶龍】

座下之於僕，非有平日之雅，而辱先存問。又其稱許之辭，太不近情，至以鄙說爲發前人所未發。夫道理之在天地間者，固甚精微而無窮盡，愈探愈有，愈說愈妙。故從上聖賢相繼爲之闡發，其載於簡冊，已如彼焉，過此以往，似無復餘蘊。然苟能默究極意細研，從容游泳，以聽其自得，則箇中又有說未盡者出來，不待求之於別處，而元自在於包涵底裏面。

竊意夫子所謂“溫故知新”及朱子所謂“時習舊聞而每有新得”者，其是之謂。然此果甚麽樣精神功力所能致之者耶? 今鄙人直一昏憒空疎之物也。縱有一知半解，都是管窺蠡測。今此所論，又未必是密切體認洞見大原而出於心得之言，則深恐有人效尤。相率爲妄談性命之習，其流弊政不可以小小言，用是愧懼實深。方且自訟之不暇，而今座下乃如是大加推奬，有若眞有所發未發者然。何座下假借之至此耶? 承欲左顧於早晩，遠地雖未可必，然如使奉接眉宇，面討多少，則豈非孤陋之幸耶?

答金仲紹【海進○甲戌】

每因叔璜上舍，得聞那邊聲息，而顧奉晤無便，第有嚮溯之懷而已。卽蒙委送賢胤，兼垂寵翰，意寄之勤，至於如此。斯已感荷之極。且審靜履起居，一向珍衛，尤何等仰慰耶! 宗魯衰癃轉甚，近又悲惱多端，餘無足浼聞。濟彦得其重訪，每見而每有加愛者。雖此昏耄，自來無及人之益，後生中有此向上意。又似能擔荷邁往者，實未易得，甚欲趁今來時，與之講討多少，而巧値閭落不淨，只得信宿，草草作別。雖有後期，悵缺可勝?

答朴養吾【頤浩】

自足下有病以來，竊聞其前後症情，則萬無涉危之慮。玆承長牋惠墨，觀其文彩筆畫，傾倒得滿腹和順來。卽此紙面，可卜吾所料之果驗，而顧乃復以貞疾自處，何也？且以足下資質，從來留意於古人之業，必不淺鮮，而政當盛壯之年，又有邁往之氣，則一時偶然之疾，決不足以戲之，而畢竟得成就後已。

僕雖見足下止於一再，而早已得之於眉睫之間矣。大抵足下之病，不在於他，而只在於心。心苟得靜則病自良已。古人心和、氣和之語，政好受用於此時。足下但能掃却萬慮，虛而澄之，則復有何物事可以滯碍爲病之理乎？蓋此一箇"靜"字，實是萬金良藥。幸試喫服而試可乃已，如何如何？

立齋集

卷十三

書

書

與崔士矩【華鎭○丁未】

前者兒還，承拜復疏，滿紙縷縷，無異合席細討。且審朝夕展省之暇，看書玩理，眞切、體驗之工，有不自掩於撝謙之中者。固知哀進、修之篤如此，令人傾慰不可勝。居然秋序已屆，孝履何似？攀栢悲號之聲、欒柴欲仆之容，恒在吾心目，雖欲忘之而不可得也。

示諭"未發時存養、體認之難"，若非用功之切，未易覺得如此。若愚之元不曾下工者，尤安敢妄爲之說？而但以所聞於先儒者。其言以爲未發之前，不可尋覓，已發之後，不容安排，惟平日莊敬涵養之工至，則其未發也鏡明水止，而其發也無不中節矣。此是日用本領工夫。至於隨事省察，卽物推明，亦必以是爲本。而於已發之際觀之，則其具於未發之前者，固可默識。今請毋多談，只依此下工，則久久用力之餘，自當漸見分明，而於吾致中和之工，亦思過半矣。如何如何？

苟爲不然，而徒區區於辨論，終使說得極明白，終無親切意味，恐與不識者不大相遠矣。且不獨此一段而已。凡係義理，無不皆然。未論他人，只以自家驗之，則此亦嘗有意於發明，隨意弄筆，不無一二形於文字者。顧無體驗之實，而徒事口耳之間，故其言雖或近理，而別無深味。自閱一過，亦覺沒緊不切，況可仰塵於高明之覽乎？以此俯索雖勤，而不敢副教。望勿以秘諱見疑，惟憐其晚暮無成，繼自今每惠規警，俾少開益則幸莫大焉耳。

與崔士矩【甲寅】

昨春以後，非無往來之便，而每緣忽卒，未能以一字奉候，徒有傾嚮之私，結在心曲。或遇閑寂之時，則輒出前後手墨而反復披玩，以自慰釋。然跡與心違，悵與恨幷。每與同志相遇，未嘗不語及座下，未知見念亦然否？即日春候乖常，謹問學履際玆如何？

時氣大亂，便作彌天之網。頃得清彥書，知渠方寓廣峽，大都不得安寧，想亦一般。果能無事經過，而已爲撤還否？

近來所讀是何書？而透了夢覺一關，自量知見已到，無少凝滯，日間體驗之工，比前省力，着處有精彩，更快活否？前承得《敬齋箴集說》，早晚閑看，此實聖學始終之要。提綱挈維，開示後人，無復餘蘊。苟使一遵其訓，毋或少違，則其於進、修之方，當見其日新又新，而一直上達。以座下之誠篤，吾知其必如是無疑也。顧安得更奉清範，穩聽緖論，以豁此想像期望之懷耶？

大抵此學固當以踐履爲重，而若於義理上未能十分講究，則終無以洞見道體，而孝悌忠信，便成死底物事。縱使行得甚高，卒不免爲鄕曲之細行、婦人之檢押。故從上聖賢，必以博文、明善等語，先之於約禮、誠身之前，而朱子亦曰“力行而不學文，則所行或出於私意”，此誠至切之誨也。顧今人力行者旣鮮，而力行而又能知其如是者爲尤鮮。一向致力於尊德性而闕却道問學一段工夫，何嘗見隻輪之能行而隻翼之能飛乎？

蓋自孟子以來千五百年之間，言行無瑕纇、事業驚天地者，不可勝數，而都緣其人不解做格、致工學，無以與聞於聖賢之道。此則無先覺倡之者故也。及至近世則又有一種特立之人，憤人之徒能於口舌上騰道理，顧欲專廢講論。其於經傳文字，亦謂註釋已明，更無可疑，而遂不下刻意硏究之工，是亦不免爲矯枉過直之歸而去道遠矣。倘微資質之美、見解之高如吾座下，而平日用工於此，又極親切，則其孰能幡然有悟，自以爲困於所長，而思益勉於惟精之學，要令行解相資，足目俱到，而無偏重局滯之患乎？千萬勉之。

若僕者昏弱旣甚，覺悟且晩，雖使辦死力做將去，猶不能及人之萬一。而加之所居窮僻，傍無師友警發之益，自作自輟，一任悠泛。秖今半百已過，而環顧平生，了無片長可取，良爲寒心。然夷考所以致此，則只是一箇敬字終未能喫緊着力，其始無牢固根基者此也；其終無絲髮功效者亦此也。

今雖欲勉强收拾，以爲收之桑榆之計，而奈精神已耗、筋骨已衰何？以此益知人生有志，會當趁盛年惜取光陰，孜孜兀兀，期必成就於未甚老之前，方是勇決耳。然而一息尙存，亦豈敢遂有自棄之心乎？方且炳寒更之殘燭、鍊壞鼎之餘丹。雖旋看旋忘，徒費鏤氷之功，若存若亡，無望皦日之如，而區區一念，直以蓋棺爲期。倘於未死之間，或不無賴天之靈，而分寸有進於前日，則亦可謂幸矣。不知座下果以爲如何也？ 感吾人相與之厚，旣以贅說奉勸，又以鄙悃悉陳，幸望曲採而默諒之。近日所得，無惜投示，兼垂規誨之語，發此蒙蔀，至祝至祝。

宗魯老親姑無大段愆節，而末兒之已授室者，以叔父遺命，許於從弟。雖繼絶立后，自是至親間不容已之事，而天倫變移之際，人情有不能堪者，奈何奈何？ 渠於兄弟中稍有志尙，期望甚不淺，終是言敎不如身敎，姑未見以繩墨律己。讀書講義之際，苦難於耐煩理會，此爲大病。當俟秋涼路淨之後，使之往見其姊，兼拜床下。望須細察其眉睫，而痛下頂門之針如何？

答崔士矩

前冬兒子行，草草付數字，其還無復字，甚悵然。匪意珍緘遠投，德音孔嘉。且審學履起居連獲沖裕，欣倒慰瀉，豈尋常比也？ 宗魯侍事依昨，惟是頭風恒苦。日間精神，如在雲霧中，雖或能收斂身心，不至大段放倒，豈應復有惺惺時節與灑灑境界耶？

嘗試思之，天生此人，便擧其全體大用而付之，元無一毫欠闕、一刻間斷之處與時。苟能眞知而實體之，使夫萬理融貫、一原昭晣，則雖其發於用者，有未能及於其遠，而存於體者，當下便具。實不以大行而加，窮居而損。故歷觀古昔聖賢之處於貧賤者，雖或簞瓢、屢空；未嘗以此而少改其樂。常自浩然而泰然，擧天下萬物，無足以易之。方其兀然端居，怡然順應，自他人觀之，直似尋常而別無奇特，殊不知箇中有無窮意趣非可以言語形容者。則此乃博、約之至，上達旣到後事耳。豈如我空疎者之所敢語其萬一？而今者吾友之見推，乃如是過當，無乃以己之所得，而謂人之亦然，想象髣髴之間，自不覺其言之及於此耶？

前書所言，不記如何，而大意似云："遠地相從旣未易，所可與論襟懷者只是書札而已。而往復之際，要須質所疑、辨所難爲主，期於講明得十分而後，方有益於彼此。而措辭、遣事之間，必不明白說出。故常恐賢史或未能領會而爲之採施。"今見來示，其照破回敎乃如是，亦一幸也。雖然以高明之文辭，凡所欲言，何所不沛然？而終不肯一語說及於經傳中旨義，以爲相叩發之地。雖曰"心之微妙，書不能文"，而此自不嫺辭者言之耳。豈如座下之謂哉？切望今後則必爲示其一二，俾此昧陋得聞妙契之言如何？抑或道理無窮，盛見萬一有未盡，則亦當與近地深於理者如宗伯、子皜輩，細加磨礱，以歸至當，亦麗澤相資之道也。如何如何？

子皜近頗用工於《傳疑》，識解比前益精。至於璣衡之制，亦爲之反復講究，雖未到十分了悟，而大抵心力過人，無論甚麽物事，便能隨事透去，尺寸所得，皆爲己有。其隣柳上舍栻亦有志此事，思索儘精，此皆可與遊者。以吾敬賢者之心，則惟當自就高軒，以爲求益之地。而如欲爲賢者謀，道里雖遠，乘暇更臨，與此間諸益，做得一句團圝，亦不害爲博取衆善之歸，倘可留意而圖之否？惓惓之至，不覺傾倒及此。餘萬匪面難悉，惟希心亮。

與鄭復汝

覊於草土中，蒙臨問甚勤，至今感結於心。顧阻濶復依舊，引領馳神，何日不憧憧於那邊耶？卽日霖炎，學履起居如何？僕自念齒髮已近七旬，外而形骸雖不覺頓衰，而內之精神日漸消亡，尋常酬酢，亦患於失後忘前，況如故紙上工夫乎？以此雖不敢全然廢闕，而畫脂鏤氷，隨卽無痕。其新如此，其故可知。枵然虛殼，寄在人世，目今所願，但能甘食安寢，以終餘日，則此爲大幸。而近地知舊猶謂有一分可語者在，期望太過，愈令人不堪。最是文字之責，相屬不絶。雖或不得已抗顔有作，自不滿眼。至於質疑問難之左右交至，尤是求道於盲者，而名爲一日之長，不容不答。則胡說亂道，誤人不少，爲是之慮，而思所以不甚悖理，則茫如墮烟霧中，收拾不上。古人所謂“敎然後知困”，政此物之謂也。都緣平日不善自處，必有虛夸浮矜者存，故人不知其實，而遂欲弄假成眞，不恤其狼狽也。

因念從者以本來好資質，辨得眞實心，以做了刻苦工者已有年所。曏於奉晤時，略聞緖論，則以爲是天下至樂云。人欲爲學，會須到此境界，然後方爲究竟法。而如我浪得虛名，元不曾喫緊用工，秖今垂死之年，見解與行事，依舊是蒙昧。而徒以其老大之故，坐占地步，傲然若可列於先進者，世間孟浪，無過是者。拊躬反己，只自愧赧而已。如得致身於從者之傍，日聞其嘉言格論，日見其實踐力行，則雖此昏愚之極，庶或有分寸進益之道。而途旣云遠，痘又作梗，齎計莫遂，良爲太息。然却念近地强輔如南損翁在焉，與之相往來相往復，已數十年矣。終無以觀感慕效，以少躋攀於萬一，則此等言語，亦屬虛僞。未知將何以善其後，得有所一分塞責而死也耶？徒有好德之念，未灰於心，向從者不覺其傾倒如是。幸俯諒而深憫之，因風惠音，施以良規如何？

答鄭復汝

前秋吾兩人相問書，其發巧與同時。聲氣相合，自有不期而然者，信如來諭所云。但伊后從者之與我書又再矣，而吾之書無一焉，是則又何其不相應如是也！歲新後忽已易月。卽玆春寒，學履起居神相否？僕垂老居鰥，理無所怪。亡人亦享盡百福而歸，無足深悲。惟是在世之間，得與同志相從，料理幾卷殘書，而少悟其所未曉者，此爲至願。承欲早晏枉顧，果爾則其何幸如之耶？

與黃次野、叔璜【戊午】

臘晦書草草奉復，未究所欲言，迨以爲恨。新蓂已抽四葉，卽日彩歡曁棣樂，果如何？想膺多祉，遙切馳賀。僕奉老喜懼，與歲俱深外，不謂朽棄之物，尙爲明主之所記念，持憲召命，又下於夢寐之外，惶隕之極，若無所容。方拜章乞遞計，而如不蒙許則其無端爲樊籠物，恐復如前日奈何？每念次野見識，非不迢邁，而涵養處或似不足，叔璜才氣，非不俊爽，而沈潛處或似不足。頃得示墨，其反躬自省之意，溢於言外，推是心以往，其將何德之不可進？何業之不可修哉？幸願益加勉勵，副此至望，大善大善。

杜陵去別紙昨始送之，而今見其答吾書，則於左右所論太極之言，殊未有首肯意思。從當面叩或書叩計，而元來太極圖之所以團圓無缺者，特以動靜無端、陰陽無始。有若循環之不窮，故周子之圖之也如此，則只此團圓㨾子，已具動靜、陰陽之妙。雖挑出在上，而爲一空虛底物事，亦離却他不得。且所謂陰陽者亦已含五行在中，只是於團圓㨾子，其理已自有昭著。而惜乎損翁偶未及看破！其爲說乃若以太極爲無名稱、無住着，先形立、離氣存之物。如左右之所謂，若果如是，其於各具處，又安得洞見全體之渾然自在，而說得無窒碍、解得極灑落乎？雖然此老所見亦甚，高明想於潛玩之餘，或有同歸之日，惟是顒俟耳。

祖·憲、律·襲之義，　朱子旣曰“皆兼內外、該本末而言”，則先儒之獨詳於律、襲而不詳於祖、憲者，殊未曉其意。且其所謂“道只在法之中，法不在道之外”云者，只似道與法自相對爲內外，故頃所以發問者以此。然乃若鄙意之所欲知則所謂“宗其道”者，如何是爲內、爲本，而如何是爲外、爲末；所謂“守其法”者，如何是爲內、爲本，而如何是爲外、爲末耳？其間或已思量有得否耶？

“誠者自成”之誠，固是兼理與心而言。然畢竟先有理而後有心。故下文“物之終始”，是先以理言者，“不誠無物”與“誠之爲貴”，是方以心言者。此所以於章句先言物之所以自成，以照下文上一句，又曰“以心言”，以照下文次二句也。頃復固已略說此意，而其言猶似未安，故更發之。如何如何？

答黃次野

令伯從袖去書，想卽登照矣。卽玆至寒，不審侍餘棣履更何似？懸溯無已。僕老人粗寧是幸，而身家方苦風眩，有時精神如在雲霧中，要是衰氣使然。愁悶奈何？頃示“虛”字之義，古人亦多如此看。但所謂“虛靈不昧”者，畢竟是有形象物事，則恐不可就其中獨把“虛”字爲理而“靈”字爲氣。故愚嘗幷“虛”字而屬之氣，以爲虛靈不昧，是明德之像，故沖漠無朕爲其體；神明不測爲其用。蓋沖漠無朕者，在於虛靈不昧之中，而發於神明不測之際，未嘗以虛靈不昧者之屬於氣，而有所不具而不周也。

今若以虛而爲理，以靈而爲氣，其所謂“虛”者，旣非理之虛，而所謂“靈”者，似亦外理而自靈。不但爲說破碎而無復渾全之意，亦恐理氣二物，皆失其相須之義，體不達於其用，而用不源於其體矣。無乃未安之甚乎？

來說以爲幷虛而屬之氣，則是所謂“明德”者，只是一塊氣圈子，而理也、性也，乃是從下面逐旋具將去而已。惡，是何言也！自夫太極之生天地萬物，天地萬物未有外太極而能生之理。然旣爲天地萬物，則天地萬物都是氣，而太極却在是氣之中。是氣之能如此，卽太極之所爲也。雖未可雜是氣而言太極，而又安可離是氣而言太極乎？是故以是氣而言之，則天地亦只是一塊氣圈子，萬物亦只是各一塊氣圈子，不知何處更有一片小隙地爲無此氣乎？惟彼兩間之浩浩茫茫，枵然若無物者，人謂之太虛，而其實際天蟠地，亦無非是氣之充塞，則所謂“太虛”亦只是氣而已。故人心之虛，與此無別，亦只是一塊氣圈子。然天地雖是一氣圈子，而太極之體用自在其中；萬物雖是各一氣圈子，而太極之體用亦自在其中。未聞以氣圈子之故，謂太極之從下面逐旋具將去，則何獨於人心之虛，以其爲氣圈子之故，而不信太極之自在其中，以爲體用，乃疑其從下面逐旋具將去耶？

愚則以爲這許多氣圈子，無非太極之所爲，而所謂“太極”者，實無聲臭與兆朕，直是沖漠空虛底物事。故未有這氣圈子之前，則只得懸空說而已，及爲這氣圈子之後，則只是這氣圈子中屈伸消長，卽太極之所爲，而氣圈子外無復有可覓太極處。以此觀之，人心之虛靈不昧，雖都是氣圈子，而所謂理也、性也，初非從下面逐旋具將去，乃本來自有底物事，而氣圈中寂感動靜，卽此理之爲耳。不知何從而疑之乎？

蓋萬物莫不有是理而後有是氣，而及其氣凝聚成形之後，則是理只在是氣之中，然是氣也有偏正、通塞之不同。若其偏且塞者，則雖曰“理亦在焉”，而初未有虛靈之可言。如草木之生，惟其全塞也，故雖欲其一點虛而不可得，禽獸之生，惟其稍通也，故非無一點虛，而其虛也僅有血氣之知覺而已。其中能靈云者，不過萬億之一二而已。若必以虛而爲理，則是所謂“理”者，禽獸獨有而草木全無也，何得曰“萬物各具一太極”乎？是知太極者，固無不在，而無所不沖漠。以此而謂之虛則雖於草木上，亦可以虛而言之，而從古以來，未有謂草木虛者何也？以其氣之全塞，而此“虛”字初非以理而言之故耳。

夫旣以其塞而不謂之虛，則以其通而謂之虛者，奚不可之有哉？是故稍通者稍虛，大通者大虛，而其虛也無非是氣之虛也。夫所謂“大通而大虛”者，非人心之謂耶？人之生也，受天地大正之氣，氣之大正者，其大通而大虛，自然如是。至於大正之氣，乃天地大正之理，有以主之而生焉。所謂“大正之理”，卽健順五常之全體，而周子所謂“五行一陰陽，陰陽一太極”者也。是理只在於是氣之中，是氣之凝結流通，乃是理之爲。而所謂“是理”者，依舊是無聲臭、無兆朕，直一沖漠底物事。故自人心觀之，一箇方寸之中，盈盈充滿，都只是大通大虛之氣而已，其外更無可安頓此物事處。譬如百果草木之實，其根榦花葉之理，具在其中。而除了其實之外，更無可安頓此理處。然此物事只是在氣上，根榦花葉之理，只在是實中，又何必別就無氣、無形處以求之耶？是故愚嘗以虛靈之虛，比之於鏡之虛、水之虛。且道是鏡、水之虛，是氣耶？理耶？有形象者耶？無形象者耶？

人之心若以其形言之，則圓外竅中，其方以寸。鄙所謂"大通大虛之氣"者，其精爽實凝聚於斯，而爲是虛靈不昧之物。故古人之言心，亦以鏡、水比之。彼鏡、水之虛，旣是氣也，而非理也，有形象者，而非無形象者也，則此虛靈之虛，獨安可謂之不然也？

特其所以爲是氣之理，具於是氣之中，而無形象者在於有形象之中耳。故曰"虛靈不昧者，明德之象，而沖漠無朕爲其體，神明不測爲其用。"惟如此言之然後，方得渾全而無破碎之病，而今左右之見，亦未嘗不如是，但必以"虛"字爲理，謂是卽沖漠而無朕者；以"靈"字爲氣，謂是卽神明而不測者，則大有所不然。

蓋泛而觀之，理虛之虛，似不異於此"虛"字；神明之神，固不外於此"靈"字。然此"虛"字只是空洞無物之謂，而盈其中者是氣；彼"虛"字乃是沖漠無朕之謂，而元無極者是理。則指氣謂理，便同指有爲無，旣是未安之甚，而乃若所謂"靈"字則又與此有別。方其存主於內也，以其具沖漠者而在於其中，故可知其虛靈如是；及其發見於外也，亦以其沖漠者在於其中，故可知其神明又如是。

今自"靈"字而已專謂之氣，則是爲無理之氣，自止自行。方其未發，旣與理隔絶，則必無從而靈；及其已發，又與理隔絶，則必無從而神。神明與虛靈，元不相貫，故吾所以謂大不然者此也。幸望細思之如何？

答黃孟耕、次野、叔璜【己未】

頃於金生便，雖付一疏，而伊后阻信已四箇月矣。區區哀溯，政自難聊。玆者僉昆季惠墨竝至，其一文辭字墨，是新面目，而從來所存，又自發見於言外，令人開瀉有不可勝。第伏審萱堂患候，當寒越添，貢慮之極，不敢以僉履安迪爲奉慰也。僕苟延依昨，而流光易邁，歲律奄窮，屈指初祥，只隔旬望，賷絶之痛，曷以形言？前日鄙書，蓋出於惓惓之至意，而不知左右之於舊業，已自溫理如此。所言又太多，却恐以漫衍視之，今蒙虛受若是，此則拙者之幸。

又其發問諸條，類皆親切，可見玩索之益精。而至於"發"【《魯論》"亦足以發"】字之義，如是看出，極爲未易。蓋朱子說，以見於事爲者言；左右說，以見於容貌者言，而鳥頭力淺深之喩，又能發前人之所未發。無論某書，每每窮研到極處如是，則其將何理之不洞然乎？況塤篪相和，日征月邁，古所謂"兄弟具在，以成厥德"者，眞僉史之謂矣。

且以孟耕之資稟篤厚，一味用心於內而不懈，則得寸得尺，皆爲己有，早晏三昆季之蔚然爲成材。愚可拭目而見之，其何幸如之？於以倡率後進，興起此學，又是分內事也。雖於敎授之際，不無勞苦之時，而似亦有相長之理，獨不聞惟斆學半，而橫渠之言，又以四益稱之乎？ 近來吾道寢微，隱憂不少，而得僉史修己及物如此，每向那邊隱然若有恃。幸望勉卒大業，以副相愛者之心。

孟耕所詢《大學》"自欺"之訓，《章句》、《或問》非不詳之，而人每看"自欺"字輕，以爲是自欺其心而已。故左右亦有是疑。然既欲爲善去惡，而心之所發，若有一毫之未實，則卽此一毫未實處，其所云爲善去惡者，都歸虛地。坐成一虛無孟浪人，非受欺於人之比也。"自欺"字須看得如是重，然後方得其義。如何如何？

答黃次野

昨於匪意，忽承遞來珍墨，忙手披讀，如復對晤。且審冬令，侍餘棣履勝迪，哀慰不可言。靜窩丈喪事，係是吾黨運氣，慟怛可勝？想左右相紼之行，或趁此時，能踐前日迤訪之約，則因緣款敍，不無其便，抑家秉諸務，值玆稔歲，區畫措置，當易於他年。挈昆弟更爲委來，與子皜、敬甫輩講究多少義理，因有以發我蒙蔀，庶於桑楡之景，猶得有一分進益，亦非細事也。

因念左右齒髮亦已向晚暮， 記性之減未必不由於此，則望七如無似者，尤當如何？古人云"聰明不及於前[29]時，道德日負於初心"，每誦此語，未嘗不喟然以歎，而既往者已不可追。爲今之計，惟當以蘧伯玉、衛 武公爲法，無論彼此，只得向前用力，求以補復於方來而已。《詩》不云乎？“高山仰止，景行行止。”子曰“詩之好仁也如此。鄉道而行，中道而廢。忘身之老也，不知年數之不足也，俛焉日有孳孳，斃而後已”，如是之外，尙復何求之有哉？但精力旣衰之人，其於生面工夫，實無可望，左右恐亦不免有如此之患。須將前日已熟底文字，更加溫理，而亦必少讀深思，切實體認，則其中自有無限新意自然出來，覺得理義之悅我心，不啻如芻豢之悅我口。雖或掩卷不讀，此意味常在肚裏，浹洽充滿，發諸言語、見諸行事者，亦當左右逢原，無所往而不沛然有裕矣。苟到此境界，設有些兒未理會文字，恐亦不足爲大病。厥或有餘力可及，則此理之頭腦、本根。旣已看破之後，彼其榮衛枝葉上小小節目，又豈不隨所遇而刃迎縷解，一以貫之耶？

左右明爽過人，見解超越，而又加以沈潛之工、玩索之力，其於宏綱、大體則似已洞然而無疑。目今所少者，特三百三千蠶絲牛毛上未能一一盡爲曉解，然斯亦早晚事耳。

區區更願益用力於“敬”之一字，使吾存養省察之功，無須臾毫釐之間斷欠闕，則凡前日之所已明者，方始爲吾之所眞有，而動靜交養，足目俱到，尊性、道學遂極於光大高遠之域矣。夫以左右之識趣，豈不知此？但於收斂凝定、專一悠久氣象，或似不足。故相愛之至，輒以瞽說仰陳，冀

29 前：저본에는 “盛”. 《昌黎先生集·五箴序》에 근거하여 수정.

有萬一之助, 幸勿以此物之不能竝其言廢之如何?

顏子退而夫子省其私者, 固不知何術以能之。然省私與窺密不同, 密者, 人所隱諱陰秘之所, 故君子不窺; 私者, 人所燕閑進修之地, 故聖人省之。以此言之, 則雖使聖人親窺顏子, 如程子之於堯夫、與叔, 亦未爲不可, 抑或使之覘之, 又豈無其道耶? 乃若所當知者則有焉。夫以夫子之大聖, 對顏子之亞聖, 其終日與言, 何所不至。計於天下之理, 說盡無餘, 而顏子之燕居獨坐, 兀然乎其只有一身而已, 不知何所爲, 而夫子乃以"亦足以發"稱之, 朱子又釋之曰"發, 謂發明所言之理", 此道浩浩, 固無涯際, 而其實不離乎日用動靜語默之間。燕居獨處, 又與進見請問之時有異, 乃常情之所易忽者也。苟於此而亦致其敬, 使其一動一靜一語一默, 無所間斷, 而一循乎天理, 則其爲發明夫子之道, 孰有過於是? 而夫子所言雖千言萬語, 其旨趣要歸, 亦孰有過於是耶? 是故朱子又嘗曰"聖人作止語默, 無非妙道精義之發", 而《大學》、《中庸》之所以言"謹其獨"者, 爲是故也。此固左右之所已知, 而因來問有感, 不覺信筆及此。如何如何?

答黃次野

前承長牋惠疏, 頃又垂問甚勤, 令人感荷實深。第伏審色憂添越，豈勝貢慮之至？想惟誠孝所格，神明必佑，復常已有日。棣履亦增重，是慰且祝。宗薄此歲暮，隕痛罙極，加之所苦轉甚，方服丸劑，亦難以時月責效，是憫柰何？《魯論》范氏說及《曾傳》析、合之義，盛論乍看似好。又緣病中未及細思，草草奉答矣。

竊恐左右以鄙見爲與高見相合，故玆復略陳，以聽可否。蓋凡讀書之法，惟將本文熟玩潛究，先得其立言命意，然後方始敷衍爲說，則横竪短長，無所不宜，庶幾有以發明聖人之旨。如其不然，而參入已見，多揷外來義理，則却使本意反晦，而別成一說。

今且以《魯論》本章之義觀之，則"爲政"之"政"，與下章"道之以政"之"政"不同，只是言"政"之本意也。故朱子釋之，亦但曰"政者，正也，所以正人之不正"而已，未嘗以法制禁令言之，則今此來諭至擧綱紀規模如二典所載許多設施以爲說者，不無蔓延汎及之病。"以德"之"德"，又與所謂"得於天"之"德"不同，只是言己之下工而有得者。故朱子釋之亦但曰"德者，得也，行道而有得於心"而已，未嘗以獨得於天者言之，則今此來諭至擧大舜之濬哲文明、溫恭允塞以爲說者，亦不無推演太過之病。豈其於本旨或未及細加尋繹而然耶？

以愚觀之，夫子之意：猶曰正人之不正，惟以夫行道而有得於心者，則德之所化，亦不待正人而人自正。此所以無爲而天下歸向之，亦如"北辰之居其所而衆星拱之"者也。大意不過如此，故朱子所以釋之者，亦不過如此，而其言明白簡當，有不容添入他說。

至若《曾傳》析、合之義，從來左右之於此，見得本疏，而又於前去鄙說不曾仔細記存，直據自己所見，一向立論將去，故其病依舊不些。每以析之極其精爲專由於吾心之用無不貫，合之盡其大爲專由於吾心之體無不該。泛而觀之，雖似然矣，而殊不知朱子此說本爲發明大文首二句所以分言及此一句所以合言之意，故設爲或問而答之如是。

蓋明德之體卽吾心之體，明德之用卽吾心之用，而無所不該貫者也。然而上文之言明德，乃與新民爲對，則是固析而言之者，而由其析而言之，所謂明德者，有若但爲自明，而無以見吾心之體無不該；其言新民，乃與明德相對，則所謂新民者，又若別爲一事，而無以見吾心之用無不貫。故至此後段，然後始極其體用之全，而一言以擧之曰“明明德於天下”，則是新民亦不過爲明明德之事，而夫所謂明德者，民與己一也，其體果何所不該？夫所謂明之者，卽所以新之也，其用果何所不貫耶？

大抵析之者，析明德、新民而二之之謂也；合之者，合新民於明德而一之之謂也，而其所以必極其精、必盡其大者，一則恐人之於下工，不知其孰爲本孰爲末，而失其先後之序故也；一則恐人之見其分本末，且將認爲本止於明德，末別爲新民，而無以知體用之無不該貫故也。乃若體用所以無不該貫者，以吾心之具衆理而應萬事故也。然而不先有以析之，則亦未有以合之。故首言明德、新民，而後方言明明德於天下。朱子所謂“此又言之序”者，又豈不以此也耶？

足下又以析之極其精爲道問學，合之盡其大爲尊德性者，尤爲害理之甚。審如此說則是所謂析之者，但爲格物、致知之事，而於誠意、正心、修身，又有所未及焉。其於明德，不免爲得其半而失其半。此旣然矣，則夫所謂合之者，又只成但明己德之亦未能，而於新民一款，全然遺却，大失明明德於天下之本意，斯豈非害理之甚乎？

蓋此二句，眞西山固嘗贊歎以爲"小德川流、大德敦化"之意，而竊謂西山此語，亦就體無不該、用無不貫上認取。至於析之、合之之處，恐未及致思，而如左右者，又就小、大二字上別生意見，乃以尊德性、道問學言之，而不覺其漸遠於本旨，殆同望燕而歸越。此愚所以欲於讀書之際，務得見本文立言命意，不要多揷外來義理杜撰說去者也。幸須虛心游泳，無主先入之見，濯舊來新，以求十分眞知而後已。如何如何？

答黃次野

季上舍歸後更未嗣音，歲色垂盡，懷想徒切。卽披珍翰，審色憂乃爾，猶幸依前調過，棣履俱安，是庸慰瀉耳。僕近苦善病，無惺快時，漸衰致然柰何？

《天命圖》妙、凝之異於《太極圖》，元來主意各異。《太極圖》就造化源頭處說下，故自太極而陰陽，自陰陽而五行，必無極、二五妙合而凝，然後方有男女·萬物、氣化·

形化之次序焉。 此所以於妙、凝二字之間, 着箇“合而”二字, 以明其所以然儘有如此者也。 至於《天命圖》, 就形器已定處言之。故形器之已定, 已是眞精之妙凝, 而不暇言合而爲是也。 第觀圖中所畫天圓·地方、逆生·橫生等許多般㨾, 可知其就形器而言, 試以此思之如何?

其論精粗本末無彼此。 趙說本於栗谷說, 而愚則未見其長。 審如此說則大文“陰陽一太極”, 當以“陰陽广[30]一太極”讀之爲是耶? 理亦有精粗本末, 氣亦有精粗本末。然此精粗本末, 分明以太極爲精爲本, 陰陽爲粗爲末, 以明其混然一體, 無彼此之可言耳。熊氏之註, 其說如是, 故先祖嘗取之, 已有定論。誠能熟複而細繹之, 當得其意, 豈有惑於彼之理耶?

夫子之哂由, 特以其對之率爾而哂之耳, 豈爲他日將不能如其言而哂之耶? 子路所言乃其所優爲者, 只爲不達爲國以禮道理, 故言志之際, 無謙遜之意, 而有輕遽之失。此所以見哂於夫子也。又豈可以“率爾”之釋以輕遽貌, 而疑夫子之哂在言而不在貌耶? 大抵動靜之際, 從容與不從容, 雖若目前之小節, 而其胸中之所存, 已自不可掩於此。故如曾點見處之高, 不徒在於言志之後, 而已形於將言之際, 只鼓瑟希, 鏗爾舍瑟而作處。朱子已就這上面便說“其學之有見於天理流行, 隨處充滿”等三四句出者, 亦以此也。見其

30 广 : 저본에는 “乂”. 문맥에 근거할 때 조사 “에”를 표시하는 구결로 생각하여 수정.

從容而知其如此，則見其輕遽而知不達爲國以禮道理者，何疑之有哉？

大抵讀書窮理，固要精密，而若看得太深或太過，則反傷本體。須從平易明白處，領從大義與主意，然後方下得細研工夫，令其周徧該浹，而無一毫未盡可也。如何如何？

與黃次野

夏初得書，知所愼終未快，可爲之奉念殊切，而以爲是一時偶然之發，近聞症候一向沈綿云，憧憧之思，何可勝旣耶？卽日秋霖乍霽，涼氣快生，奉晨餘調履有欲蘇之意否？僕伎倆依昨，而居然之頃，國祥已終，忌疫之身，又未克一番奔赴，只得於近嶺之地，闋制而歸，隕越罔極，如何可言？

四端理發、七情氣發之說，已有先輩定論，不必多辨，而愚獨於七情氣發之說，尋常致疑，以爲七情亦有自性命而發者。是故老先生《心統性情·中圖》，乃就氣稟中指其本體不雜乎氣質者而圖之，以明其此性情之純粹至善，而仁義禮智圈之下，卽書四端，又以七情合之於四端而書其左右，是其七情非發於性命者乎？

至於《下圖》，始以本然氣質，合以圖之。故仁義禮智之圈，竝書淸濁粹駁於其下邊，其下書四端而謂"理發而氣隨之"，又其下書七情而謂"氣發而理乘之"，以明本然之性則發而爲四端，氣質之性則發而爲七情。此七情乃所謂"發於形氣”者，而非可與發於性命之七情，對而言之者也。或者不察，乃以《中圖》之七情，卽此《下圖》七情之善者則其誤甚矣。此七情之善者，不過是氣之不拂乎理者而已。則雖其善矣，依舊是發於氣，而是特形氣之私也。烏可與發於理而爲性命之公者，比而同之哉？

或者又疑先輩之論，有以爲四端就七情中剔發善一邊出來者，與今玆之說，若相矛盾。然殊不知此所謂七情，本是渾淪言之者，【如《樂記》、《中庸》及程子《好學論》所說】初不與四端相對立說，又不將理氣分別爲說，而只是指發於性處名之。故如欲就上面看得四、七與理氣，則不得不如是剔發出，然後方是分明。雖謂四端是其中善一邊可也，何嘗於氣發之七情上，乃如是剔發，以爲氣之不違於理，卽是四端云爾乎？凡此曲折精微處，惟我老先生洞見其然。故爲著中下二圖，以揭示天下後世，若是其明白切當，其爲惠大矣。

蓋就天地上仔細看，則天地亦有本然、氣質之異。本然之性，卽濂溪所指本體，而初不雜乎陰陽，亘萬古常然者也；氣質之性，卽濂溪所謂“陰陽五行變合生化”者，而斯則或順乎本體，或拂乎本體者也。是故自本體而言則卽所謂元亨利貞，而其發也爲溫暑涼寒，以之而能生長收藏，以之而爲春夏秋冬者，無非實理之流行，而純粹至善，初無毫髮不善之雜。不寧惟是，其發也又有陰晴雨雷霜雪風等間見迭出於溫暑涼寒之間，以佐其生長收藏之功於春夏秋冬之時者，亦無非實理之流行，而其純粹至善也，亦無毫髮不善之雜焉。此卽所謂理化，而惟其有本然之性，故無論溫暑涼寒與陰晴雨雷霜雪風等，隨其所發而動皆如此。

自氣質而言，卽濂溪所謂“陰陽五行變合生化”者，而其發也順乎理，則其於溫暑涼寒，無所違逆，而以順夫生長收藏，以成夫春夏秋冬者，泯然乎不見其爲氣質之爲也。如其不順乎理，則當溫而不溫，當暑而不暑，當涼而不涼，當寒而不寒，使夫實理之流行者，爲其所拘而不得遂焉。於是乎其爲氣質之所爲也，已不啻分明，而所謂陰晴雨雷霜雪風等，其發也不能順理，亦如是焉。苟其不順則凡其發見於生長收藏、春夏秋冬之間者，一切反常，或當雨而不雨，或當雷而不雷，或當霜而不霜，或當雪而不雪，以至陰也晴也風也，無不失其當，而其爲氣質之所爲也，尤不啻分明焉。此卽所謂氣化，而惟其有氣質之性，故其發而不順理處，便至於如此。以此言之，天地之化，果無理化、氣化之異乎？

惟其如是，故在人之仁義禮智，卽天地之元亨利貞。仁義禮智之發而爲愛、恭、宜、別及喜怒哀懼愛惡欲，卽元亨利貞之發而爲溫暑涼寒及雨露霜雪陰晴風等，而其以之敦厚於親戚、節文於倫序、斷制於義利、是非於善惡者，又與夫生長收藏，以成春夏秋冬，同一實理之流行，而純粹至善，初無毫髮不善之雜，此非所謂理發而何？在人之淸濁粹駁，卽天地之陰陽五行，而其至淸至粹者，於仁義禮智之性，初無些子隔蔽，而與之爲一，使夫愛恭宜別及喜怒哀懼愛惡欲，皆得呈露其本來面目，而純然爲赤骨立底天理，泯然不見其爲氣質之爲也。

如其或濁或駁而不順乎理者，則當愛而不愛，當恭而不恭，當宜而不宜，當別而不別。使此四者旣不得呈露其本來面目，而其爲喜怒哀懼愛惡欲之發，亦皆乖戾顚錯。雖有甚不甚之不同，而其爲不順乎理則一焉。此卽所謂氣發而與天地之陰晴雨雷霜雪風之皆失其常者，亦豈有異同之可言乎？

蓋人與天地，元無二理，故由天地之有理化而人亦有理發，由天地之有氣化而人亦有氣發。固未有天地所無而人獨有者，然亦未有人之所有而天地獨無者，則今此理發之說。不惟退溪言之，朱子已言之，其爲人之所必有，至明白矣，而謂天地獨無此理化可乎？

大抵理與氣，雖不相雜，而亦未嘗相離。未有無理之氣，亦未有無氣之理，則理發中固自有氣而隨之矣，氣發中亦自有理而乘之矣。然必如是分開，以明其理爲主而不雜於氣，然後此理之本善，方可發揮，而其或有不善處，皆此氣之所爲，而非此理之所爲。故從來朱、退之訓，旣丁寧如彼，眞所謂"八字打開"者也。

顧其人心之有理發氣發，原其所以則實本於天地之化，亦有理化氣化之異焉。倘不於此而看得破說得精，則人將謂天地旣無理化氣化之異，而人心亦無理發氣發之異矣，烏乎其可哉！用是本天地分理氣上而就爲立說如此，蓋就濂溪《太極圖》而推明之，亦非敢犯不韙之罪，而爲無證之言者也。幸竝入思量而細繹之如何？

與黃次野別紙

左右理有偏全之說，果如何究竟，而衆論之不一者，亦有瀾漫同歸之望耶？ 大抵今日吾輩之病， 類多偏主先入之說，以作鐵定義理，曾不知道體無窮，而聖賢之言，亦隨而無窮。如此說時則固如此， 而如彼說時則又如彼， 且不知此說之於彼說、彼說之於此說， 固有不相通者， 而亦有自相通不相害者存焉。故如子皜、敬甫輩，其見到處儘多確實，而往往滯泥於尋常言句之間，局趣艱苦，殊未有脫灑氣象，所以於此理分明決是無疑處，猶以異於所聞而不之信。

左右則儘能超詣儘能善辨，前後講解類多逈出常情，而於大原頭、大節目， 其亦可謂幾十分領會矣。 終是深潛縝密，猶有所未盡，間不免疏漏輕遽之失。蓋其見得容易處，恒有此患，切望自今以後，惕念加意於精研細究之工，雖有所解， 勿遽自足， 直須窮而益窮， 使所窮底義理， 玲瓏透徹，無復毫髮之未盡。其與朋友講辨之際，又將一我字痛掃無痕， 而虛心以聽於彼， 惟其是之從焉， 則又豈不公平廣大，足以來天下之善乎？

今日諸君之病，第一是執德不弘。率未能寬而居之，而間或有覓疵務勝之意，此其爲心術之害，似不淺鮮。故已爲諸君有所言及，而於此又及之，非謂左右有是。然亦不妨預以爲戒而絶之於未萌也。

答黃叔璜

近乍阻信，不審卽寒，侍餘學履何似？日前令伯歸便，草草付數字，而此則只是道暄涼而已。至於頃惠長牋，未之奉復，故玆復偸閑口占，略布一二，幸垂察焉。蓋僕之愛左右，其來久矣，見其筆法之非凡則愛之，見其詩篇之絶等則愛之，見其處己之異衆則愛之。以至骨格之俊爽、才性之英敏與夫言論知識之豪邁博洽，何所往而不使我愛之？

假令左右生於等閑知舊之家，猶不勝其奇且幸焉，況爲吾家之外孫，而又爲吾審幾堂之胤子乎？《詩》云"心乎愛矣，遐[31]不謂矣？中心藏之，何日忘之？"者，正吾之於左右之謂也。只爲向來似不免馳志於功名，留情於詞翰，向外之念多而近裏之意少。故深恐其枉費心力，虛度歲月，致令目下合做底工夫，歸於擔閣，難得底時節，任其蹉過，因循荏苒之間，志氣或以之摧頽，猶豫等待之際，年齡或以之晼晚，則其於向上一節，必有日暮道遠之歎。故愛之之極，又爲之憂之深而望之切矣。日者之來，竊覸其意趣氣象，頓異於前，繡句絺章，似以沒緊要視之。至道精義，將欲盡心力求之，此吾之日夜所期待於左右者。於是焉蹶然聳喜，又曷可勝道哉？

夫以左右之傑出，一朝而慨然發憤如此，卓然立志如此，奮然用力又將如此，則譬如騏驥之足，展之於天衢，鴻

31 遐 : 저본에는 "瑕". 《詩經·隰桑》에 근거하여 수정. "遐"는 "何"와 통가자임.

鵠之翮，縱之於雲路，其一日千萬里，有不足言。然此理精微而無窮盡，此道悠久而無停息，倘微極深研幾而不遺絲毛，固執力守而無間須臾，則亦未易於洞見而實體之，而左右之年已踰三十矣。正使忘寢食做將去，一向專意於此，惟恐日力之不足，而學力之不及。又未可恃其才之如彼，而謂能一蹴而便到也。顧乃於古作者聲口，猶有餘戀而不能舍，又欲覔見崔集而有所云云。故頃日所以奉規者也。

今左右不以其言爲不可，而辱垂數百餘言，以自道其從來志業與向後進就之意，若是其勤懇，吾知左右之眞可與共學也。自今以往，吾黨益不孤，實令人喜極而不能寐。但其所以稱道無似，太不相近，讀未及半，不覺面頸發赤。藉使此物眞有其實，政爲浮名所困之際。苟有相愛之心，則惟當共爲之憫然，而不當形諸言語，以助游聲之馳。況其空空如此？而左右又是少年後生也，僕既有一日之長，則此等品藻，尤非道理所宜。

切望今後則勿復作如許口氣，只以親戚耆舊處我。如欲相從於此，早晩乘暇，便須翩然命駕，或與之講討經傳，或與之論辨古今，又或與徜徉泉石，吟咏性情，凡世間所謂榮辱得喪是非毁譽，一切付之雲外，惟以"居敬窮理"四字爲安身、立命之地，而我所未及，子爲之助，子所未達，我爲之思，肝膽洞照，理義相灌，則天下之至樂，宜無過於是者，而不知不覺之頃，其相長之益，似有不可量矣。雖或世故多牽，不能常聚，而又有尺牘之可相往復，不患無叩疑發難，以求至當之道。

大抵左右之於文詞，其庀材已博而游刃又恢，苟欲寫胸中之言，則心之微妙，何所不形容之？所貴乎立言者，以其文之能載道耳。如是積累之久，識解旣精，則將見言言之幾乎道，而其文方爲第一家數，不必更求於專攻一藝，如簡易輩，而自當平步以出其上頭矣。他日見用於世，其所以鋪張鴻藻，潤色皇猷，又豈徒有文章者之比哉？

答黃孟耕、次野、叔璜

示來善惡之說，說得極親切。蓋天下之理，不是陽便是陰，而無那中間溫呑暖處，則況此一心中幾微萌動之初？所謂善惡，只分於毫釐之間，而不啻其可懼者耶？是故欲自修者，政要於此猛加省察，務決去而求必得焉。盛見之及此，可見用工之甚密。幸願終始體驗，毋徒爲一場說話如何？

至於"全體大用無不明"之說，古人亦嘗有如是言之者，蓋於大寐如醒之日，亦會有靈丹換骨之時，而匪比其前之爲。故朱夫子封箚中亦有似此等論議。然今此《補忘》一章，其大旨專就格、致上立言，所謂"衆物之表裏精粗無不到"是主物格而爲說，"全體大用無不明"是主知至而爲說。雖其不曰知而曰心者，不無可疑，然所謂知者，不過是心之神明妙衆理而宰萬物者，則以心替知，亦自當然。又所謂物與心，雖有主物、主知之別，然其實"衆物之裏與精"卽吾心之全體，"衆物之表與粗"卽吾心之大用。故物格之日，知亦從而至焉。

其以格致爲主而說得到此者，分明是專就知一邊之極其至而爲言者也。何乃以全體大用四字之故，意其參入夫行一邊分界，而欲爲之拖泥帶水於其間，以亂一章之大意耶？

今不須多言，若如盛論則經文"知止"之下，何不卽言"能得"，而朱子又何謂"自知止至能得之間，其歲月恰如自志學至而立之頃"，下文"知至"之下，又何不直言意卽誠，而朱子又何謂"知旣盡則意可得以實矣"云爾乎？

不寧惟是。六十而耳順，旣曰"不思而得"，而至七十不踰矩，然後方以"不勉而中"言之，據此一款，知止之在於意誠之前，而別爲一段工夫與功效，已可知矣。乃若曾子之一貫曰唯、顏子之所見卓爾，其立言地頭，又與此自別。雖其知至處，固無不同，而曾子則從精察力行上眞積力久而後得聞一貫之旨，顏子則從博文約禮上欲罷不能而後得見卓爾之地。故此則可以知行之竝造其極言之，而非所竝論於此章之義者也。所引《中庸》惟天下至誠一章，尤不相近，彼是自誠明之聖人事也，

所謂"知天地之化育"乃其極誠無妄者，自有所默契焉，則又烏可以是而下，比於自明誠者之必須先明乎善，然後方能誠其身，其先後之序，不啻有截然者耶？此等引喩，皆未免鶻圇呑之病焉。願更虛心細意，濯舊來新，惟以看得出立言本意爲主，如何如何？

答申質夫【匡殷】

自聞翼之云亡，悼惜已深，忠彦喪配，又爲驚愕。久欲以一書相問訊，懶廢未能，徒切耿恨。卽披珍翰，又知其間過行先府君緬禮，念君情事，益不勝懸懸。但侍餘做履淸迪，此爲可慰耳。每以君契活甚艱，不得專意於此邊爲悶，見示又一喟然，然此在人篤志如何。望須銘心刻意，少有餘暇，卽不廢看讀之工，又於其日用間，照管心身，勿令毫忽放倒，期有成就而後已，至佳至佳。

答蔡德休【弘韻】

卽於貴隣李哀便，獲承惠翰，披讀以還，宛對夢中顏範。滿紙縷縷，又與聯裾細討無異，積有溯鬱之餘，慰豁不可勝。況審無前險歲，仕履起居一味珍衛者乎？第功制連疊，鄕思采切，是庸奉慮無已。示意謹悉，而吾儕窮矣，只有看書攝心，以作冷淡活計之外，無復可爲者。願座下益勵進修之志，以副歲晏相期之意，如何如何？所恨道里逶濶，寂濱更晤，姑無其期。如僕又朝暮人也，每念之未嘗不悵然以傷。或因風寄音，以慰此懷否耶？

立齋集

卷十四

書

書

答鄭際勳【僑○己未】

前月惠疏，至今披慰，而沒便稽謝，恨鬱可勝？卽問寒令，侍餘學履更如何？屛北結廬，想必斷手矣。從此相去爲稍近，追從之路似易，預切欣企。僕頑忍只依舊，有何可慮之端，而書末惓念至此耶？惟是精神昏憒，健忘轉甚，些少記得，盡歸烏有，秪切自憐而已。來諭縷縷，足以見賢者進修之篤、玩索之切，極令人慰滿。須益加勉勵，以副此期待之心如何？

南子皜八月間，爲問賤疾而來，適會黃次野三昆季、趙子希諸人俱會，因與講論數日而罷。伊時甚恨吾足下不在座，若異時更會於此，賢亦必來，不使復有少一之歎也。朋友切磋，儘覺有益，故及之。

俯問諸條，略以鄙見奉答，如未中理，回示亦幸。

別紙

“仁字中無愛己之心”云云。

愛之理，無間人己。然言仁之本原而爲有愛己之心則近於爲我，言仁之施用而謂無愛己之心則近於兼愛。伏乞鐫誨。

“仁字中無愛己之心”云者，或說如此，故愚嘗病之，以爲仁旣是愛之理，則其中豈獨無愛己之理乎？特以愛己之心，是人人所有，故聖人不言之。然至其答子貢之問，則曰：“仁者，己欲立而立人，己欲達而達人。”“己欲立、欲達”卽愛己之心也，必有是理於先，然後立人、達人從之矣。今以來諭所云，竊意賢者於“愛己”二字看不破，專以私意認之。然仁者之愛己也，一惟天理之所在，是豈私意而有毫末近似於爲我者乎？雖然，此亦但就施用處言耳。若以本原論之，則所謂“仁”者，固只是一段愛之理，而自其未發之時，親疏、厚薄之分，已粲然於其中，有不容毫釐差者。故其發也，親親、仁民、愛物，各當其宜，而不失其序者此也。豈有未發之時則無間乎人己、物我，發而後方如是之理乎？審如是，與墨子之“愛無差等”、“施由親始”者，不大相遠矣。

朱子答任[32]希夷[33]書曰：“靜中私意橫生，果是學者之通患。”

僑以爲此正南軒所謂“心過尤難防”者也。蓋敬以涵養則本原澄淸，如明鏡止水，無物欲之撓，而或舊習纏

32 任：저본에는 “林”. 《朱子大全·答任伯起 希夷》에 근거하여 수정.
33 夷：저본에는 없음. 《朱子大全·答任伯起 希夷》에 근거하여 보충.

繞，暫萌于中，則君子懼焉痛加省察工夫。蓋朱子以敬爲主之言，卽涵養愈久、省察惟精之意，而當與南軒不貳堂之說參看乎？

恐然。

末端謂"專意[34]就日用處，做存[35]養省察工夫，未必不勝讀書也"。

竊以爲此是就事務講說，而闕於躬行者言之，非謂君子學問之道，只做存養省察工夫，而全廢讀書課程也。豈任氏專務講說，而略於直內、方外之工耶？

看得亦是。

"出門如見大賓，使民如承大祭"。

此是持敬節度，蓋常人之情，雖怠惰放肆於閑居獨處之際，而若見大賓、承大祭則必端莊、齋肅，無少懈怠，而君子則使此心無少間斷，不敢欺不敢慢，而不特於見大賓、承大祭時爲然也。且"君子不重不威"之訓，亦有力於持敬工夫。所謂"重"者，乃正衣冠、尊瞻視之發見者耶？

34 意 : 저본에는 없음. 《朱子大全·答任伯起 希夷》에 근거하여 수정.

35 存 : 《朱子大全·答任伯起 希夷》에는 "涵".

仲弓問仁章章下程子說，其論此不啻詳矣。朱子《敬齋箴》其言“動靜弗違，表裏交正”與主一無適之意，又無復餘蘊，更取而潛玩之，則當益知所以用力之方矣。至於不重則不威，夫子又嘗曰“君子正其衣冠，尊其瞻視，儼然人望而畏之”者，正與此意，互相發。但所謂重是厚重之謂也。直須常常如是，方是厚重耳。豈但發見於一時而已耶？

龜山“人欲非性”之語。

似完樸不破，而朱子以爲自好何歟？這二字有含蓄意思？抑此語則無病，而其學有可議而然耶？

龜山議論多病，而此語則實無病，故朱子云然。蓋自好云者，謂於他說中，此說自好耳。來諭見得亦是。

朱子嘗云“因天理而有人欲”。

竊以爲食色之得正者天理，而不得正者人欲也；事爲之得中者天理，而不得中者人欲也。此是背天理而爲人欲，則今謂因天理而有人欲，似混於賓主之辨。

天理、人欲，原其所自，則一由於性命，一由於形氣，若不可謂因此而有彼。然旣有是形氣，則飮食以生活，夫婦以生育，亦性命之所當然者也。向使天理而本無是，人欲亦何從而萌乎？是故有正而後有偏，有中而後有過不及，偏與過不及，皆有所因而生焉。知此則因天理而有人欲可知，而推之萬事，無不皆然，又何慮夫賓主、內外之混而難辨耶?

右諸條奉答，别無發明之可言，而似皆於本旨不至背戾。但老昏精力加以荒迷如此，猶未能自保其必是也。《中庸》不云乎?"博學之，審問之，愼思之，明辨之，篤行之。"今姑以致知言之，則旣博學矣，旣審問矣，又必愼思之，明辨之，然後其知也方至焉。

至於"思"之一字，必以"愼"字加之者，是曷故焉? 爲思之易於過不及也。天下之理，無論某事，皆有本來眞面，添一毫不得，減一毫不得。故君子愼之，方其致思之際，恐恐然惟懼其或有過不及，而必令到於十分信地，以得其本來眞面而後已焉，此豈麤心大膽卒乍用力之所能乎? 又況聖賢之言，尤爲是理之所在，而其立文命意、大旨歸趣元自有一定不易者存? 尤不可以一毫己意有所添減於其間，則學者之愼其思，尤當如何哉?

左右詳密從容，善於推究，似已得窮理之方。然今玆所說，間多敷衍大過處，亦有尋繹未及處，不失於支蔓則失於淺短。初學固易如此，而恐於愼思之工，或有未盡而然，則其於義理之本來眞面及經書之立文命意、大旨歸趣，觸處見得，甚似有妨。故更此縷縷，望須曲採而加勉焉，必令吾之所思，到於十分信地，而無有過不及之患如何? 誠如是也，則所謂"博學而審問之"者，方得有收功之日，而見得旣精，辨得亦隨而明焉。以之而見於篤行者，亦將無所往而不賴其力矣。

與姜公敍【世揆○壬戌】

昨夏邑邸霎面後，忽已周歲，而一切阻闊，以足下向我之心，夫豈歇後而然哉？一自痘氣梗塞，竝與風傳而不可得，切欲奉數字以致區區，而病懶相仍，迄未之果。未審西行返旆，果在何間？而卽玆秋炎，棣履何似？

居諸易邁，國祥奄終，莫逮之痛，率土惟均，而至如賤臣之拘於忌疾者，三年之內，一未奔哭於闕門之外，隕越罔極，其何能盡旣耶？本來無似之物，又於方喪如此，自知不得齒於人數，尙安敢開口論他事？而但念此身固已矣，所望者，凡我少年諸益，各自勉勵於進修之工，使此學益明而達，有可施之具，則是不特吾道之有賴，而其有補於世敎，又當何如也？用是屬望於足下，又不在他朋友之後，而顧以相去稍間，末由源源奉際。雖於臨訪之時，每緣悤卒，迄未得從容晤語，以聞緖論之萬一，此爲可恨。然以足下天稟之精明、志氣之堅固，旣有意於此事，又得力於實地，則平居暇日及造次顚沛之頃，看書玩理、存心制事之工，豈應有倦怠忘忽之理耶？計於見解上必漸有融會貫通之妙，而於踐履上亦必有親切適當之味。未可以所得，時時見及，以慰此惓惓之心耶？

如僕者枵然虛殼，寄在人世，只是爲吾黨欲其進學之意，則猶炳然如丹，切冀未死之前，得見其大有成就。且念自古號爲有一日之長者，及其老境，則專賴相從之人左右扶持，有以善其終也。況且昏忘庸陋之甚者，尤安得不然乎？實亦望助於僉益，而有此奉勉，幸須諒此至意，益加策勵如何？

答姜公敍【癸亥】

天佑宗祊，兩殿疹候平復，臣民慶抃，曷有其極？曩聞足下以天官郎承命北上，念於新服之初，得此恩命，實非尋常之比，而市朝膠擾之域，又以冷跡孤寄，其意況可想。客臘念二夜，忽奉長牋惠復，呼燈倩讀，則雖意外罷官而旋有敍旨，又能翩然卽還，無少濡滯，行止之間，甚强人意。返稅後棣床湛樂，又自圓滿，尤以爲慰。

歲改有日，卽候學履益膺休祉？僕新年所得，只是滿顚華髮。盡日孤坐，徒有停雲之思，與日俱深。時閱朋友書，以替面晤，知足下欲於是月左顧，果爾則其何幸如之耶？固意吾人爲學甚切，今以來牘觀之，則辭氣之間，發見已如此，望益加勉，以副至望如何？所引公明宣事，足下縱以自況，彼其所遊，是何許門墻，而輕擧以爲話頭耶？千萬勿復作此等語，以取人駭笑，至仰至仰。

俯詢《心經》諸條，別紙奉答，如未中理，一一示破幸甚。

別紙

朱子曰："'惺惺'乃心不昏昧之謂。今人說敬，以整齊嚴肅言之固是。然心若昏昧，燭理未明，雖强把捉，豈得爲敬?”

夫整齊嚴肅則心自一，一則燭理明而無非僻之干。要之惺惺與整齊嚴肅，自是一般工夫。

整齊嚴肅與常惺惺，只是一般工夫。豈有外面能整齊嚴肅而裏面不惺惺之理？朱子此言，蓋恐人徒欲於外面作這模樣，而不能於裏面有這氣象，則是乃所謂“强把捉”而非敬之謂，故有此云云。且道常惺惺時，亦有不整齊嚴肅者乎？不寧惟是，苟能常惺惺，則所謂“主一無適”、所謂“其心收斂，不容一物”者，皆在其中，但從一處而入則其餘皆從之，而不可以二視之也。非特惺惺與整齊嚴肅爲然也。然而愚則謂“常”字爲最緊，若暫然而不能常然，則亦何足與論於敬哉?

范氏女曰：“孟子不識心。心豈有出入?”伊川聞之曰：“雖不識孟子，却能識心。”朱子曰：“此女當是實不勞擾。故云無出入，而不知人有出入，猶無病者不知人之疾痛也。”

夫心之有出入，猶動靜與起滅。其出也何嘗離內而之外？其入也亦非自彼而返此。雖周流變化，神明不測，而本不出自家方寸地，非眞有出入也。故程子曰：“心豈有出入？亦以操舍而言。”此誠切至之論，而推明孟子之意也。朱子以爲“范女自無勞擾，故不知人有出入。”是以人心爲眞有出入，恐非孟子本旨，而其亦異乎程子之說矣。

此段其論人心之實未有出入處，極爲明白，足以發孟、程所言之意，深喜體認之切而辨說之精也。所疑朱子說亦是，然朱子之謂人[36]有出入，亦以操舍言耳，非謂眞有出入也。其謂范女不勞擾者，亦以其不曾有舍亡時而言耳。既不曾有舍亡時，則其不知人之心有操則存而謂之入，舍則亡而謂之出者，又何足異乎？

張思叔詬詈僕夫。程子曰："何不動心忍性？"

僮僕之有罪過，不得不訶責者，每每做將去動忍工夫耶？

僮僕之有罪過者，隨其輕重而責之，則是所謂"可怒在彼而已無與焉"，何不可之有？但觀"詬詈"二字，則思叔之於此必爲血氣所動，有不得其正者，故程子之言如是。不曰"義理之怒，不可無；血氣之怒，不可有"云爾乎？且雖義理之怒，若不能一隨其分數而應之，所謂血氣者，有分毫參錯於其間，則是亦非動心忍性之道，而凡人情每多於手下、輕賤之人，不憚放過。故愚嘗戒兒輩必須於易忽處加謹者此也。

抑思叔之詬詈僕夫，在於程子所見之處，故程子云然。夫尊客之前，尙不敢叱狗，則況於尊師之前乎？師與親，其

36 人：문맥상 뒤에 "心"이 빠진 듯 함.

尊等耳，而曾子之居庭也，叱咤之聲，未嘗至於犬馬，以此言之。設令僕夫有可詈之事而詈之，師方在座，而叱咤如是，尤非動忍之道，如何？

答姜公敍

續得手翰，宛奉顔範，兼有從近惠顧之示，荷幸之極，企望甚切。今幾浹月，尚寂跫音，未知有甚拘牽？春候一向不佳，棣履起居，連獲珍相否？

“誠”、“敬”說，說得儘切當可喜，但須有定見卓爾，然後方有定力隨之。要在燭理明、養氣厚，而平日誠、敬之工，無一息間斷，乃能臨大難不動如是。來諭恐或少此意耳。“舍”、“達”之義，曾見《退陶集》有說及處，而首引朱子“舍、達只是一義”之語，次引羅鶴林“舍是勇、達是智”之語，以答門人之問者，不啻丁寧。老昏甚未免得其意而忘其言，故頃書不敢輒援，有若自以己意有所云云。及見來示，試復取看，則斯爲明證足矣。近來箚錄想日富，望須竝爲投示，或於左顧時携來，發此昏滯幸甚。

答姜公敍【乙丑】

太母賓天，普痛惟均；聖上順痘，歡抃曷極？每念足下長繫史局，令人代悶。今承惠墨，審已脫出，輕快可想。尋常玩繹之工，亦隨處有進，尤不勝開瀉萬萬。近日旱炎太甚，客履更何似？僕杜門僅支，惟是精神昏眩，雖或對卷，未由研究到極處，零星收聚於旣往者，又皆消亡。鼎器之壞漏，一至於此，有時拊躬，只自喟然而已。切望以我爲戒，益加勉勵於盛壯之時，必使根基愈深，志氣愈剛，則雖至晚暮之境，可無摧頹之患，自當有與年而俱卲者矣，豈不幸甚？

別紙所示，漫以鄙見奉答，如有謬誤，駁示爲望。

別紙

《中庸》"未發之謂中"。

"中"是狀性之德而形道之體也。故《章句》曰："未發卽性也。無所偏倚，故謂之中。""中"離性不得，而性中自有箇不偏不倚中之道而已，則雖謂之性，亦不害爲中之義也。

呂藍田常言"中卽性也"。程子曰："中也者，所以狀性之體段，猶天之圓、地之方也。"故謂天圓地方則可，謂方圓卽是天地則不可。今莫用多說，但觀以"中"字爲狀性之德、形道之體，則卽此"狀"字、"形"字，可知"中"字之不可直謂性之德，而性之德特以此狀之；不可直謂道之體，而道之體特以此形之也，無疑矣。且此所謂中，只據未發處言之，以見夫惟其未發也。故無所偏倚，而可謂之中。

今盛論以爲“中離性不得，而性中自有箇不偏不倚中之道而已，則雖謂之性，亦不害爲中之義”矣。其曰“中離性不得”，則猶言圓離天不得、方離地不得，固未爲不可，而其曰“性中自有箇不偏不倚中之道”云云，則是所謂“中”者，乃不以未發言之也。夫旣不以未發言之，則所謂“不偏不倚”，從何處見得耶？

> 朱子曰：“是氣多，則是理多；是氣少，則是理少，又豈不可以偏全論耶？”
>
> 此當兼人、物看。以人言則稟得淸氣多者，是理多而全；稟得淸氣少者，是理少而偏。若以物言則氣之多少與理之多少，又如何分別也？或謂虎、狼、蜂、蟻之屬，亦是氣多而理多者，此甚不然。雖有父子、君臣僅存而不昧者，然其不能全一也。

“是氣”之“氣”，以秀氣言；“是理”之“理”，以本性言，來說解得亦甚當。若不是秀氣則如虎、豹、犀、象之屬，其氣非不多矣，何處可見得是理多乎？且如蜂、蟻是其氣至少，而竝謂之多豈可耶？大抵物之有一點明處，亦其氣之有微近於秀故耳，而何可與斯人竝論也？雖然，物物各具一太極，而太極元無不全之理，則雖其發見之本性，或多或少或全無，而此特氣之有正偏、通塞之致耳。所謂“太極”未始不均賦其全。幸於此處看得透，更示一語爲望。

《太極圖說》第二圈，始分左“陽動”、右“陰靜”，只是一氣。氣爲之機而理便乘載，太極本然之體，未嘗不在於陰陽動靜之中。

氣爲之機而理便乘載，先儒之言亦如此。然但所謂“理”者，是造化之樞紐、品彙之根柢也。這造化、品彙皆由於理之爲樞紐、根柢，而無一之或違越焉，則理之主宰他明矣。雖然，此“乘”字亦有所從來。《圖說解》其不曰“太極者，本然之妙；動靜者，所乘之機”乎？蓋理與氣，雖不相雜，而元不相離。故其曰“本然之妙”，是謂動靜本然之妙也；其曰“所乘之機”，是謂太極所乘之機也。須如此立說，然後方見這機爲太極所乘，而這妙方無所往而不在矣。

答姜公敍喪禮問目

朝祖之必於祖廟，取昭穆班祔之義，與祔事之適于祖，同一例也。仲兄葬時，朝於祖廟，而禰廟稍遠，不能行禮。翌日喪路旣經禰廟之外，故停柩會哭而行。近見柳東巖答人問，以爲喪路經先山，停柩哀哭而行，實合情禮，此可以旁照否？

朝祖之必於祖廟，非特取昭穆班祔之義也，方當大歸之際，永訣於祖廟，實亦情理之當然者。又祖廟竝禰廟通稱之謂，故禰位雖同在其中，亦謂之朝祖，則謂與祔事之適于祖同，恐未安。又祖廟與先山有異，凡朝祖者皆於祖廟，而不於先山，則過先山時，爲亡魂與先靈，亦必有幽冥中相感，而只得停柩哀哭固也。今直過禰廟而亦止於停柩哀哭，未知如何？愚意雖已朝祖於昨日，到此則又必奉魂魄以朝於禰廟似當。此亦情理之不容已者也，夫所謂禮，豈出於情理之外者耶？

受弔時謝賓，主人或有故，而其弟受弔者，欲爲則有冒犯之嫌，不爲則有廢禮之譏，何以則可耶？

主人之拜賓，爲謝其臨弔之儀也。以常情言之，其哀感只一般，顧古禮不許之，此是表明嫡支之義。然隨主人同爲拜謝亦何妨？但主人不在，則恐不得行，先輩之論亦如此耳。

亡姪練祥前一日，遭伯嫂喪。從孫仁永持重齊衰杖朞，斬衰練事，當行於齊衰葬後，而齊衰葬前服何服？斬衰練後服何服？

葬前則似當服齊衰，葬後則似當服斬衰。蓋以新受齊衰，較重於舊服之斬衰，而在葬後則斬衰雖練，較重於齊衰故也。然而未有明文可據，幸更博詢而審處之如何？

答李時應【庚申】

吾東國臣民之無祿，一何至此哉？慟哭之極，聲氣俱盡，不知所以爲喩也。聞爲參哭班，來留那邊，而拘於痘梗，無相握之路，第庸哀鬱而已。

玆承耑价惠疏，就審客履能獲保重於此際。又爲罪生今日處義，博采衆論，詳示如此，而書末所報，亦使我開菀不少。隨事曲盡，每出尋常，其爲慰荷，豈平日譬耶？

君服至重，闔境齊會以受，就中如此物，尤豈容後於他人？而惟是衰痳之身，有異平常，無隨衆參班之勢，此將柰何？自顧庸陋有不敢妄援前輩，而考之往牒，則退陶老先生於乙巳仁廟國恤時，以在削職中，不得入參班次，出溪上望哭。西厓先生亦於削職時，依此出江舍行之。在喪者雖與削職有異，而其不得入參班次一也。以此言之，今雖出前洲成服，猶不爲無據，而未知僉意果如何？俄又送問於杜陵，當俟其答，從長以處之耳。

生逢堯、舜，至得昵侍咫尺，而弓劍遽遺，追攀無路，天地罔極之痛，夫孰不切，而在微臣有若獨遭者然，此何事哉？此何事哉？

答李時應【辛酉】

迺者薇垣召命，適當奔問未及之際，竊想感惶交至。入城後知舊之親切相仗者，未知有誰，爲之奉念殊切。書末縷縷，可見求益之至意，而乃若處世之道，足下已自知之，更須明着眼審着脚，必立於無過之地。尤用力於"弘重"二字，以是爲矯揉變化之方如何？

答李時應【乙丑】

我聖上痘候順經，實萬億年無彊之休，率普歡抃，曷有其極？四月間獲承遞來惠墨，披讀以還，宛對積阻顔範。但上官以後，病涉不輕，醫治未快，驚慮不可勝言。未審比來攝履更如何？調護之節，莫過於養性頤神。此時馬政亦似閒歇，可無撓惱之端，寂寥公堂，除讀書外，必難消遣長日。果能溫理得幾篇謨訓，而日有進益之效，不知不覺之間，所苦亦頓祛否？

自足下管驛以來，竊聞重闈甘旨之供，非復前日之比，令季亦賴而無饑云，此在吾人，亦可以少自慰矣。望須勿視爲薄宦，隨分盡職，以報答其萬一如何？

僕雖無委頓疾痛之患，長此眩暈，尋常數墨之工，尤與鏤氷無異。年迫崦嵫，斯亦例也，無足言。七書及《心》、《近》等冊，竝爲印出，將試點校，此又一好事。如柳象遠作宰時，辦得《文獻通考》以歸，以博其知，見吾儒宦味，豈有大於此者乎？那間當歸覲？相面似未易，臨紙悵惘而已。

答李時應問目

> 坰將過兒昏，而家君在朞喪未葬前，主昏書未安。或曰使近親通書，恐無不可，或曰以不肖代書無妨。愚意則代書尤未安，當何適從？禮曰"大功之末，可以冠子"，末是卒哭之後，則今雖冠子，家君之不自主賓，在所不疑，而不肖代行，亦非道理如何？禮雖緦功之戚，在官爲罷宴樂。然則朞功之家具禮禮賓，大非所宜。或曰"冠吉輕而服親重，從權只冠首爲得"，如何？

父母無期以上喪，方可冠子娶婦，而世俗不能一一遵行。且如鄙人於庚申醮長孫時，以方居憂，初欲免喪後行之。及考《朱子書》，則李孝述以孤子將娶，爲其母方持長子齊衰之服，而難於主昏，問於朱子。朱子引《春秋》隱二年《公羊傳》有"母命其諸父兄，而諸父兄以命其使者"之說曰："爲叔父稱母命以命之否？"此雖非決定之辭，而想孝述必依此行之。故鄙亦使伯兒稱父命，往復昏書，而冠禮則略以酒饌，別設於他所，使從君爲主，未知如此果無害理否？若其未當，不敢援以爲例。惟在博詢以處之如何？

答許德懋【倜○丁卯】

別紙所示，皆切實體驗之語。比來學者問難，多是經傳中微奧，至於心性上省察克治之工，鮮有如足下下工者。三復以還，慰滿可勝？僕猝患風眩，精神常如在雲霧中，年迫桑榆，理當如此，凡諸有志之人，其可不趁少壯肆力，以固根基，而爲晩來受用地耶？

道理無窮，苟能眞實見得，日用間雖進修不怠，當自覺得常有欠闕處。以此言之，足下之於此理，似已眞知，而猶復問"其道何由"者何也？ 又凡吾人之欲祛其病者，只此欲去之心，便是能去之藥。至如三省、四勿及一箇敬字，尤是聖門第一要訣，而今有請事之意乃爾，何藥之能過此？ 而何病之能爲患乎？ 然而毫忽不謹，便有舍亡之患，此古人所以常戰兢自持者也。更在勉之而已。

常常提起，略略收拾，不使昏昧放逸，卽是操心之法，蓋非着意非不着意之間，儘是難處耳。

> 讀書時，到心解意會處，則自然悅豫，至於盤錯肯綮難通處及辨論是非難破處，胸中不快。蓋以有限之知覺，索無窮之義理，豈不難哉？

讀書時，遇盤錯肯綮及是非難破處，胸中有所不快，是學者通患，老先生所謂"極辛苦不快活"，政指此等處而言之。然苟能一意憤悱，期於必通，則此乃爲好消息得聞之端。及到心解意會時，中心便沛然悅豫者是實得也，豈可以不快，遂輟不窮耶？義理固無窮，知覺固有限，而苟能下盡心之工，則有限者可無限，而無窮者可有窮矣。

> 倜性氣躁暴，見人有不快處，便發怒，爲怒所使，或至過責，此有愧於懲忿之戒。

人之易發而難制者，惟怒爲甚，而性涉躁暴，則尤患其然，此固呂東萊之所嘗不免。然程子不云乎？“當其怒時，遽忘其怒，而觀理之是非，則思過半矣”。早晚以此點檢似好耳。

答許德懋【壬申】

近者闊焉未有聞，徒切傾嚮之懷。卽承耑价惠問，概審學履起居一向珍衛，欣慰曷勝？宗家禍孔酷，白首相依者，只是一弟，而不過數月之疾，奄忽不起，摧痛情地，有難以筆舌旣也。只幸形殼僅存，而衰癃已甚，日間凡百，無非崦嵫光景，加以至慽如此，頓無生世之況。惟朝暮符到是俟而已，柰何柰何？所示《大學》疑處，昏忘中略此奉答，豈能保其必是耶？

《序文》沈氏說，其曰“具人事是非之鑑，涵天理動靜之機”者，若謂智者之心如此則可也。今此五常之智，只是箇分別是非底道理而已，豈容如此釋之耶？胡氏之引此以註於此，元不襯貼，蓋不獨“具”字之爲涉於以理具理也。此則只從朱子訓如何？

“不比小學”此不比字，卽不同之謂，盛見良是。

“推盪”二字，是謂這物事只管在胸中，作有所之病，故推盪如是，終不得消釋之意。但觀“不得消釋”四字，可知其義，試於或有所之時，自驗看如何？

饒氏之言，愚亦未知其果是。夫所以正心者，豈有外於一“在”字乎？是故此一節，若反觀之，則由其心之在焉，而視則必見，聽則必聞，食則必知味者，是乃所以正心也。今曰“已具於《誠意章》”者，不亦未瑩之甚乎？固是誠意而後可以正心，爲序不可亂。然若謂之已能誠意而不復言正心云爾，則是於功不可闕者，果爲欠缺。不易看得到此耳。

答許德懋喪祭問目

考妣合葬之禮，僴爲術家所忌，不得已換位而窆。或曰“考妣位次雖換，而祭時獻酌之節，則似當先後有序”，未知如何？鄙鄉鄉俗墓祀時有哭，僴亦從俗爲之，而反而思之，則墓祀行哭，似涉如何？敢稟。

合封之考西妣東禮也，而今旣拘於俗忌，以致易位，則墓祀時獻酌，似當從壙中位次，蓋以陳設各於其前，然後方無妨碍之患。至於哭一節，古禮旣有哀省之文，而鄕俗皆然，則從衆似無不可，此亦但於親墓爲之可耶，如何如何？

僴設妻殯于大廳，蓋古禮殯于正寢之義，而但行祀時有碍，未知如何？

妻殯之設於大廳，盛意固有據，而但前此先代祭祀，旣行於此，則今以設殯之故，而使重祭行於他所，此莫無未安耶。

答崔德彛【錫賢】

一別四朔，音聞杳然，引領南雲，懸溯方切，匪意耑翰忽墜。且審學履連勝，慰瀉不可言。僕衰朽轉甚，自量精力，無復可爲理也柰何？

七情之不但有氣發，而亦有理發，自有退陶老先生《心統性情·中圖》之可據者，如存齋說，乃據其《下圖》而云云者也，立言命意，各自有在，亦安得以《下圖》說而有疑於《上圖》說哉？

來諭謂《中庸》之喜怒哀樂，比他經所指不同，此固是矣，亦須更加精硏，以得其本旨幸甚。首章“道也者”之道，第四章“道之不行”之道，以道字言之，則初無異同，而但首章道字之釋，承上文“率性之道”而言，故先言日用事物當行之理，而後言性之德具於心者此耳，非必專主體而言。四章道字之釋，是本章主意在中字，故指其無過不及者，而特言中而已者此耳，豈必以天理之當然爲體而云云耶？若以天理之當然爲體，則所謂“無過不及之中”者，獨非天理之當然乎？此亦恐不可以先言體、後言用言之，如何？

二氣之本一氣，古人已言之，蓋一氣分爲二氣，而無非是一理之所爲。故朱子之解《太極圖說》，亦以一理二氣言之，此則來喻看得是矣。

大抵窮究道理，只就本文上聖賢所說處，認取立言本意，十分停當爲宜。能如是，則其終也，亦自有互相貫通，而不相窒礙者。然其先後緩急之序，有不可變易者在，吾人今日急務，莫如循序致精之爲得。想不待愚言而已知其如此，然幸更加之意如何？

答權聖吉【佶】

一者枉顧，忽已三年，湖、嶺落落，第切悵想之懷而已。頃因柴里，始得遞便寄來珍札，忙手開緘，怳若復對顔範。兼有俯詢諸條，書在一冊《小學疑義》，叩發無遺，倘微用工之篤，何能如是？披閱以還，喜慰不可勝。但二字稱謂，實非淺弊所敢當，何足下猥施之至此也？後勿爲此，以安愚分，至幸至幸。

宗別後所得，只添滿鬢霜華而已，加以精力日益消亡，枵然形殼，直與木偶相似，年迫桑楡，亦無怪其如此，柰何？

修身大法，足下旣讀《小學》，第深體之，斯已足矣。乃若致知之方，先賢亦說盡無餘，足下必知之。然竊見今人於此，往往或失之浮泛粗疏，又以就質爲美事，而不見其爲憤悱之發者，亦頗有之，此是可切戒處也，是豈所謂"爲己之學"乎？今足下則不然，其於六篇文義，一一理會，欲爲終身服膺之地，是其立志之堅，寔出尋常，吾知足下眞可與共學。然但於其間亦有不必疑而疑，不必問而問者，自人觀之，有若作爲一副當文字，以取求益之名。故奉答中敢指言其一二，而復此貢勉，未知如何？

人性之仁義禮智卽天道之元亨利貞，則其理一也，而其言對立次序之不同何也？

元亨利貞，以流行言，猶春夏秋冬之有次序；仁義禮智，以定體言，猶東西南北之相對待。退溪《心統性情圖》，左仁禮，右義智，其爲對立不啻截然。是四者隨其所感而以發，何嘗惻隱了便辭讓，辭讓了便羞惡，如天道之流行矣乎？仁義禮智之與元亨利貞，其理雖未嘗不一，而對待與流行，有不能同，試思之如何？

子孫之未及逮事祖先者，其居處、笑語、志意、嗜樂，何從以思之耶？

此章只據孝子之思其父母而言。然子孫之於祖先，自是一氣相連，故雖未及逮事，而思慕之至，其聲音顏色，亦有可髣髴於心目者，如商人之祀契也。何嘗有及見之者？而其《詩》曰"綏我思成"，思成卽此章所云云之義也。

董子所謂其利、其功，何所指歟？

利者，正義之利也；功者，明道之功也。然仁人之心，一惟天理之循，正其義時，則只是正其義而已，未嘗謀正其義後，其利爲如何；明其道時，則只是明其道而已，未嘗計明其道後，其功爲如何，夫子所謂"先難後獲"之意也歟。

《四勿箴·視》必言心而《聽》必言性何也？又知幾之幾字，是何義也？

視散而心是應物者，故於《視》言心；聽收而性是在中者，故於《聽》言性耳。幾者，動之微，而善惡於是乎萌焉，故隨卽知之，而便能誠之者，所以爲哲人也。

汪信民謂"咬得菜根，百事可做"。

謂人能喫辛耐苦，不以貧窮爲難堪，而有所動心，則便須富貴不能淫，威武不能屈，此所以云百事可做，然亦是據有學有守者言之耳。

立齋集

卷十五

書

書

答柳象遠

客冬南村小晤，忽焉爲隔年事矣。悵戀之懷，逢新更切，日夕翹首，惟冀左右一訪，或能如約而無遲。此際令堂叔意外臨枉，兼承手墨，披審餘寒，奉晨學履益勝，欣倒慰瀉，如何可言？

宗親年望九，喜懼轉深，攬鏡自照，鬢雪亦添數莖。每當換歲之際，只增惜景之心，柰何柰何？常恨地步稍濶，不得與吾人相從而叩聞緒業。今蒙辱顧之意又如是丁寧，爲幸難勝。但此空疏，何能有益於賢者耶？知與南子皜交契不淺，今日爲足下彊輔，孰有過於此友耶？渠若知尊之臨此，則銳意必來，以爲鼎坐討論之地，以此尤願良會之早一日得諧耳。

與柳象遠

頃於歷訪時，知左右掃萬欲臨，入此月來，無日不苦企。卽聞朝廷方以軍銜促召，左右令名久彰。今日甄拔自是分內，而此心喜悅，有不可勝。

未委玆際啓居甚似，而出處一款，果何以定計耶？方今聖明臨御，賢能馳騖，而尊又世臣，膺此異數，感激之至，固不容不出。然愚意姑勿輕動，待付實職，看如何處之，似合於時措之宜。未知知舊之爲左右謀者，其言亦如是否耶？第一莫如固守東岡，待吾學術益明，然後出而用於世，亦未晚。然此在左右自量以決之，他人何能尼使於其間？只恨地步遠，末由面議凡百耳。

宗侍事粗遣，惟是離索轉甚，左右又爲名韁所絆，自此相從益未易，悵失不可言也。惟冀雅望日隆，副此區區。

答鄭明應【必奎】

吾兩家先誼既別，又幸竝世同道，而相去且不甚遠。顧此屛伏之蹤，未能一到仙庄，迄無面雅於足下。時有華問入耳，益切傾想之懷，不謂辱先與書，意寄勤厚。又其所以自敍平日爲學之始終及悼師門之棄捐、歎先覺之淪喪者，皆是肝肺中流出語，披讀以還，無異接淸範而親聆之。不知左右何所取於無似而傾倒乃爾？又欲爲之左顧於早晚，若將有所求益者然哉！感荷之餘，還不覺反省而自愧也。

世衰道微，士趨靡定，吾黨質美之人，大抵不溺於聲名功利者鮮。其有免於是焉，則又無卓立之志、固執之工，類皆猶豫而未決，散緩而不切。故雖其號爲從事之流，率不免於虛度歲月，而卒無成就之可言。至其堅固而篤實者，則又患無先覺君子爲之指導，以得夫正當門路而用力焉，故動有躐等之病，而未見着實之效，此學者所以不進，而道之所以不明也。

愚陋於此，尋常慨歎久矣。今以足下觀之，則雖嘗隨俗而應擧，已知內外輕重之分，不以科第爲榮，而以學問爲貴；不以詞章爲能，而以德行爲主，則其本來天資之過於人，已可見矣。

當今之時，苟其少異於衆，必羣聚而笑之，故例多畏避而不自居。下手之後，如有不便於己，必反顧而難之，故因逡逡巡而不敢前。乃獨毅然擔當，奮然勇邁，衆訕不得以撓之，私意不得以奪之，則其志與工之堅且篤，又可見矣。

惟我大山 李先生倡明絶學，當日所以敎誨後進者，一惟千古以來端的旨訣，而川沙翁親受諸其門，涵養踐履之工，竊聽輿誦，殆無有及之者。蓋致知將以力行也，不如是，又何貴於學乎？是以吾黨好人多從之遊，而今得如足下者出。其於進修之階級，旣已的見而的知，則又焉有躐等務高之患哉？

意者積累之久，飽飫之深，此箇道理，必當瞭然於心目；此箇意味，必當淪浹於肌髓。無復有疑晦生澁之端，而猶且歉歉若不足，以失所依歸而靡所考問爲痛，以得所髣髴而有所講論爲意。乃至誤加繾綣於似此昧陋之物而云云如是，是非眞知盍簪、麗澤之爲不可已者，決不能爾也。

吾於是又知足下之用工，終必造乎其極，視凡世之安於小成、輕於自大而不求益於人者，又不啻度越百千等矣。若愚者少而不勤，老而無成，雖謬得時名，而其實空空如也。加之衰朽已甚，無復可言，而所望者，惟是後進諸賢各自勉勵，精思力踐，以至於道明德立之地，則斯文有賴，吾黨不孤。愚雖死於朝暮，可以無恨，而顧此無似之身，未有鼓起之勢。

今得足下如是，竊不勝喜幸之心。思欲亟奉英眄，細叩素蘊，則所以發此蒙蔀者，又必不少，而所居僻左，有未敢輒望。謹此仰復，以答厚意，而兼伸區區之私，惟足下有以諒之。

答鄭明應

嚮蒙左顧，兼承辱問，數宵良晤，一幅嘉言，俱切感慰。顧以無便，尙此稽復，何歎如之？

卽惟清和，奉晨學履沖勝。僕精神日漸消亡，不論見聞，隨卽健忘，似此枯朽之物，豈復有寸進可言？每得朋友間期望之語，輒庸愧赧，不自知何以能報塞。今足下雖於一見之間，宜諒其實之如許，而猶欲借聽於聾何也？

左右立志旣堅，用工又篤，略聞緖言，類皆切問而近思。竊覵儀度，亦似實體而力踐，如復加勉而不已，其進未易量，昏憒如此物，又豈有一語可以仰助於邁往之地者耶？目今所願，賢者幸不遺老夫，時因風便，示以所得，俾有所警發，因令獻其瞽說，而一一駁正，使不至無聞而死，乃是吾人之厚賜也。如何如何？

答李仲素[37]【魯璧】

春間惠墨，果得承見，而沒便稽謝，徒有溯鬱之懷。匪意耑札，宛對淸範，且審潦暑，起居珍勝，欣慰無已。

所詢聘家疑禮，此非昧陋可能臆斷，而大抵此等變節，古來論執者有二說焉，一是不忍死其親之意也，一是喪不可無主之意也。以人子情理言之，則服周似當，而但如此則是使大喪無主之者，祝文之難處姑舍，葬時題主，亦何以書之也？喪人旣歿，則書以顯考不可，傍題之以亡人名，尤不可。到此地頭，安得無變通之節乎？此乙論所以如是云云，而退溪先生及沙溪之說，皆足爲援據之端，不特宋敏求所引爲可證而已，則今日朴哀之承重，恐是不得不然處。若其在父葬前，則大有所不忍。

愚意姑以朞年成服，待葬父後葬祖日，方爲受服似當。所以如此者，蓋欲一以存不忍死之義，一以存主重喪之義，其於禮意稍似婉曲，而庶不悖於古人論執之意，未知如何？至於常服之衰，惟當以父斬爲主。然此是人家莫重變禮，望須廣詢博訪，必得其至當而處之幸甚。

37 仲素 : 원문에는 공백이나 족보에 의거하여 보충.

答金儀天【衡教】

一別半載，音問頓阻，徒有戀鬱之懷。卽承惠墨，槪審侍餘學履珍謐，仰慰無已。宗昏憒轉甚，桑榆短景，理當如此，然亦是根本不牢固之致，愧歎柰何？

書中縷縷，可見檢省之密而究索之精，循是以往，其將何業之不可修？何理之不可窮哉？大抵此學，只在日用處熟，苟能使此心常存而不放，斯其爲眞工也至矣。況於行有餘力則又必以之而學文者乎？如左右進修之篤實，不必以間斷奉憂，然其在愈益勉勵之地，惟當加之意可也。

俯詢數條，今便忙撓未復。聞於數日後有便可付云，姑俟之如何？

與金儀天

數昨書其已登照否？日間侍履更如何？寒威比酷，懸溯倍切。宗依度無足煩。

孔、程論心之不同，高明之見亦不爲不是，而此則似但於出入有無上認取。至於出入之所以有無，則恐有未深究者，何也？蓋以心之本體言之，則虛靈洞澈，萬理咸備，直是包括宇宙底物事。故苟能順理而動，順理而靜，靜與動之間，一於理而無違，則依舊是自在於本體之中者，有何出入之可言？惟是此理已墮於氣，氣之至淸至粹如聖人，則其神明不測者，常與理爲一。故了無危動難安之端，此聖人之心，所以無出入者也。

若其淸粹之未至，而有些濁駁雜之，則只此雜之之處，有未能與理爲一，而或順或違。故其順也，則安靜不違而可謂之入，若其違也，則乃其危動難安者有以致之而可謂之出。此自聖人以下者之心，所以有出入者也。然而不待操而常存者，惟聖人之心爲然，乃若凡人之心，必操而後方存。

古今天下，聖人少而凡人多，則又烏可以心之本體，元自包括宇宙，而不加操存之工，任其自動自靜，而便謂是無出入矣乎？以此言之，孔子之云"出入無時"，欲人之皆下操存之工而發也，程子之云"心無出入"，欲人之知夫本體而發也。然而二說未始不相須，蓋方操存之時，以思之一事言之，則若其理之所當思者，雖天之高、地之遠，上而千萬歲之既往，下而千萬歲之方來，皆在於本體之內，而未可謂出。若其理之所不當思者，雖眉睫之近、臟腑之切，卽地卽時之事，已是在於本體之外，而可謂之出。

然則孔子之云"操存"，是欲復得其本體而言，程子之指示本體，是欲常操存而言也，嚮所謂"二說未始不相須"者，果不然乎？是故愚嘗謂"出入"二字，只於此心之順理違理處，認取可矣。操存之法，亦莫如恒使之順理而不違理，然後方得復其本體而無出入之可言。未知愼可、誠伯亦如是看得否？

或者謂："聖人之心若不待操而存，則其所以兢兢業業，常加欽敬之工何哉？"曰：聖人之心固不待操而存，然惟其見夫心之爲物，本是此理之合於氣而成。氣也者，自是危動難安底物事，故常不敢自恃，而加欽敬之工，使其一於理而無違。然觀堯之於“欽”之一字，曰“安安”云爾，則其無所勉强，亦可知矣，豈可與凡人之操存比竝而論之哉？

至於明德之說，朱子《大學章句》所釋，是以本然之心言之也，此則聖凡之所同。惟其氣稟有清濁粹駁之異，故必其至清極粹如聖人本然之心，方無所拘蔽，明德卽是心，心卽是明德。而自聖人以下，類多濁而駁焉，雖其有多寡淺深之不同，而心之與明德，終未能爲一，必下夫明之之工而極其至，然後方與之爲一，而可指爲明德。不然則雖以顔子之亞聖，猶不能無違於三月之後者，以其心尚有麤些子故也。且道此些子麤，是因甚乃爾？非以其氣之至清粹，終不如聖人故耶？又不獨違處是麤，其不免於思勉，亦是麤之致，故橫渠 張子嘗如是言之。顔子之於明德，猶尙如此，則衆人之心又烏可便謂明德乎？蓋明德云者，如仁與義之有定名，心則只如道與德之爲虛位。故或謂之道心，或謂之人心，又或謂之大人心、赤子心、公心、私心，如此等稱謂，不一而足，是何也？氣質有萬不同故也。大抵不論心與明德，必先分別得本然與氣質，然後方可與語於此，橫說竪說，無不曲當，未知盛見以爲如何？

《講錄》知已修正，早晩袖來耶？

答金儀天問目

> 程子謂"纔說靜，便入於釋氏"，而又使學者靜坐，每警求中之病，而又曰"靜中有物"者，何也？且求中於未發之前，則其病爲甚麽病？

"纔說靜"之靜，是以心靜而言，心靜非不好也。所謂"纔說"云者，乃以靜爲好，而偏於靜者之爲，則因遂寂滅必矣，故曰"便入於釋氏"。至如靜坐之靜，是以身靜而言，且須收斂外面，使得安定，豈非善學者事乎？故教學者以此。蓋靜字雖同，而所言之地頭各異。

未發之中，如欲求之，則只此求之，便爲已發，中無可見之路，故所以警之者此耳。然至如靜中有物，方其敬以存養之際，思慮雖未萌動，知覺炯然不昧故云。然此時有何求中之可言乎？此亦所言之地頭各異。幸更逐處循其本意而理會，切毋相牽引爲說如何？

> 有言"未發時，知何所寓？"程子曰"云云"。未發之前，不可尋覓所寓，然旣曰有操，則此心便寓於操之之處。

操之之道，只是敬以直內而已。然所謂"敬"字，亦不當着在心頭，故又有以敬直內，反不直之訓。蓋於非着意非不着意之間，平平存在，略略提醒，要得不昏昧、不走作，是乃操之之道，而卽所謂"敬以直內"者也。夫如是則此心尙安有所寓之可言耶? 這處工夫極細密, 試依此下得如何?

事不豫思, 則臨時而困, 先事而迎, 又却不是, 然則如何而無二者之患? 東萊云"方對客而他有所思, 雖思之善, 亦不敬也", 如有所當思者來到面前, 自家但守此一隅, 心心念念, 都在對客上, 而一切排去, 又恐非居敬之活法, 未知如何?

但得此心卓然有主宰, 而前此窮理之工, 已得明徹, 則日用之間, 隨其所遇, 莫不各有條理, 先後次第, 緩急輕重, 自然發見於眼前, 不待計較論量, 而左酬右應, 動合其宜矣。設或前此窮理之工未盡明徹, 而到此箇地位, 但得此心卓然有主宰, 則隨其分量, 而這許多道理, 亦已發見於眼前, 可以處得其當。程子所謂"或應事接物而處其當否"者此也。但於應事接物時, 此心若不在於此, 而他有所思, 則不能處其當否者有之。故東萊爲是而有此言, 此亦主一無適之意。然豈謂所當思者來到面前, 而以方對客之故, 一切排去云爾耶? 此等處活看爲宜耳。

程子曰"'聖人以此齋戒, 以神明其德', 所謂'此'者, 指敬字, 而齋戒亦是敬也", 則無乃此言重疊說了乎? 程子嘗有"以敬直內, 便不直矣"之云, 而今又曰"以此齋戒"何也?

敬者，整齊嚴肅、主一無適之謂也。故苟能使外面整齊嚴肅，裏面主一無適，則其必自然收斂，自然常惺惺。只此收斂、常惺惺，卽所謂齋戒，而程子之云，良以此耳。是其收斂、常惺惺，非整齊嚴肅、主一無適而能然乎？"以此齋戒"之意，於是乎可知矣，豈可謂重疊說乎？以此齋戒與以敬直內，其意大不同。但聖人之如此，惟明道知之，實能默契其妙而爲是言，學者恐未可猝然議到，有所考校同異於其間也。

　　未發之前，心、性之別如何？

未發之前，虛靈不昧是心，其中所具之理是性。

　　程子曰："'天地設位而易行乎其中'，只是敬。"此條以下，蓋擧其敬兼動靜，而反復思之，未見其靜處。且天地亦敬之妙，未能分曉，伏乞明誨。

"天地設位而易行乎其中"，只從吾一身之天地看却易見。今夫整齊嚴肅，上自頭面，下至手足，各得其容，非天地之設位乎？由是而靜則有以立天下之大本，動則有以行天下之大道，寂感循環，存省無間者，非易行乎其中乎？以此言之，彼天地之設位而易行乎其中者，亦不過如此而已矣，而程子之謂"只是敬"者，蓋亦默契妙詣之言也歟。至於其靜處，第觀於秋冬之休息，亦可以見矣，如何如何？

又曰“敬以直內，有主於內則虛”註，退陶曰“‘敬以直內’，貫動靜、一顯微、徹內外看”，動靜以時分而言，內外以地頭而言也，所謂顯微，抑統時分、兼地頭乎？

“體用一源，顯微無間”，則顯微二字，須從體用處言，方見分明。朱子不曰“卽體而用在其中，故曰‘一源’，卽顯而微不能外，故曰‘無間’矣”乎？以此觀之，微者，卽所謂體，而方其靜也，在乎內者也；顯者，卽所謂用，而方其動也，發乎外者也。夫敬旣貫動靜、徹內外，則其所以一顯微，亦卽此動靜內外而可知矣。是於時分、地頭，何所不在？來諭良是，然但統字未安，改以竝字如何？

朱子曰“敬，心之貞也”，貞字與四德之貞有異同否？

周子不云乎？“元亨，誠之通；利貞，誠之復”。蓋誠者，實理也，而方其元亨之時，只是“繼之者善”而已，及乎利貞之時，方爲“成之者性”，則是自天道之流行而賦於物，其性之成而爲實理之具者，已在於貞。貞又是靜之極，故朱子之解《圖說》主靜處，又曰：“靜者，誠之復而性之眞[38]也。”然則其說心之貞，只一靜字足矣，今必以敬而爲心之貞何哉？蓋主靜之工，惟敬爲能之，敬則斯靜而貞在是故耳。又貞者，元之所由生也，此心之寂然無欲而靜者，卽感而遂通之

38 眞 : 저본에는 “貞”. 주희(朱熹)의 《太極圖說解》에 의거하여 수정.

動所由生。然其能使之寂然而靜者敬，使之感通而動者敬，則實理之具於此心也。 於是乎益以堅固， 而與四德之貞脗然無間，是雖有天與人之別，其所以爲貞者，又何同異之可論乎？

> 南軒《敬齋銘》云“魚躍鳶飛，仁在其中”，此銘之旨，大抵主敬，而於此又說仁字，以及知至知終、成己成物，其義浩博，不若《敬齋箴》之精密也。

二義合看似得。銘旨雖主於敬，敬則心存理得而無私欲，此豈非仁在其中者乎？ 又敬者，聖學之所以成始而成終，“修己以安百姓”，“篤恭而天下平”，皆敬之爲也。故南軒於此竝及其效而極言之，恐未可以是而病之也。

> 又曰：“忘敬而後無不敬，更說甚涵養？” 敬固不可執持太過。然若曰“忘敬而後無不敬”，則所謂“忘”者，是果何所敬乎？ 且容止事物，皆所以涵養吾心，則又曰“更說甚涵養”何耶？

所謂“忘敬”云者，只是不以敬直內之謂也。蓋以敬直內，則心中多一敬字，所以有反不直之患。故雖從事於敬，而欲其忘者此耳， 豈可與助忘之忘一例看乎？ 其曰“更說甚涵養”者，亦謂敬而至於忘敬，則自當無所往而不敬，不待更說了涵養，而涵養已至云爾。切願深體認以得其意如何？

第七章云云"思無邪，無不敬，循而行之，安得有差"循字，作循序之循看否？如是則先毋邪而後毋不敬否？

"循而行之"，謂循此二句而行之也，豈循其序之謂耶？又況思無邪者誠也，是豈一蹴可到，而必此之先，乃後方下毋不敬之工哉？愚意二者當齊頭用力，然使思而得無邪，惟敬爲能之，故曰"敬勝百邪"，又曰："敬則無己可克。"雖曰"二句皆循而行之"，毋不敬，似尤切而爲所當先者乎。

又曰"居敬則心中無物，故所行自簡"註，南軒曰"云云，動雖微而吾固經緯乎吉之先"，吉字未曉。本集作古，而古字亦未瑩。

南軒所謂"動雖微"，是以機而言也，不曰"幾者，動之微而吉之先見"矣乎？吉凶固先見乎幾，然此時纔有其幾，而未著於事，故所以經緯乎其先者此也。其不竝言凶，本文脫凶字，故但言"經緯乎吉之先"。以此觀之，其意曉然，本集作古字恐誤矣。

第九章戒懼謹獨，或云"上節兼動靜說，下節專就動說"，或云"亦兼動靜"，論說紛紜，未有究竟，伏乞下教。

戒愼恐懼與謹獨相對，則其爲靜工夫明矣。夫旣將動工夫，歸之於謹獨，則於此又將動工夫說下來者，不幾於重疊矣乎？但朱子以"道也者"以下數句，體勢甚大，故下得"君子之心常存敬畏"一句以承之。然其實歸重，在"雖不見聞，亦不敢忽"，是亦本子思主意而言者也。由戒懼以致中，則未始不一般，若曰"戒懼兼動靜"，則亦可曰致中兼動靜乎？朱子之意，蓋以爲必"常存敬畏"，然後方能於不見聞處，亦不敢忽。故謹獨章句，亦曰"旣常戒懼，而於此尤加謹焉"，大體固如是矣。至於分動靜以相對處，恐不可不一從子思立言本意，故尋常見得如此。然今日吾輩所患，不在於說得之未能，而在於體得之未能。環顧自己，戒懼以存養，果爲幾何？謹獨以省察，又果爲幾何？到今白髮亦疏，朝暮且死，而終未有以立大本、行達道，以幾及其萬一，此爲絶可愧處。願足下以我爲戒，趁此盛壯之年，而痛下切實工夫，以無負古聖賢垂訓之至意，如何如何？

居敬致知先後云云。

以《大》《小學》之序言之，居敬先而致知後，然就《大學》言之，未有致知而不在敬者。蓋敬者，聖學之所以成始而成終者也。朱子兩說雖不同，而所以云須先致知而涵養及先致其知然後敬有所施者，特恐事物之理有所未明，則人之於敬字，將不知其所施之處，故有此云云耳。其實居敬窮理四字，是不可易之定論，卽《中庸》所謂"尊德性、道問學"是也。爲今之計，莫問二說之有初晩，只得認取所以然之故，而以此四字爲要訣恐宜耳。

爲人後者，於本生喪大祥後，居然爲平人服色，於情似未安。曾有人問於大山，答以素纓素帶，終其月數，金九思則以仍服緇笠緇帶，待其月爲可，未知何說適從？

以禮宜從厚之意推之，則九思之說實合人情。先祖之論亦嘗如此，故兒子遭其母喪時，令以緇笠帶至禫月。然此等禮節，不無隨其家從來有所受而各異，雖遵大山說以素纓帶終其月數，亦豈爲不可耶？

答朴南吉【慶家】《心經》問目

《贊》。○"惟欲易流"條。

朱子旣以人心爲非人欲，則此直謂"惟欲易流"者何也？或曰"所謂'欲'是《禮記》'愛惡欲'之'欲'、《孟子》'寡欲'之'欲'同"，未知如何？

第觀"易流"二字，則是以人心之危言之，而非直謂人欲可知，或說恐是。

《人心道心章》。○虛靈知覺條。

《講錄》曰"惟理故虛，惟氣故靈"云云。謹按《大學章句》有曰"虛靈不昧，具衆理，應萬事"，則竊疑此心本有虛之理，而又別有具衆理之理否？理似有兩箇，當如何看得？

又《講錄》曰“虛者，心之寂；靈者，心之感”，則疑虛是體，靈是用，而又曰“虛靈，心之體；知覺，心之用”何也？

以虛靈分屬理氣，尋常未曉其義，此蓋以理本是虛底物事，故謂其由是而虛。然其實理之虛與氣之虛，元不相侔，理之虛，初無聲臭可言；氣之虛，略有形像可指。今以此心言之，其所謂虛者，直與鑑之虛、水之虛相似，是蓋五行之秀氣，凝聚於方寸而致得如此者也。彼鑑之虛、水之虛，雖曰虛矣，而獨非有形像可指者耶？惟其如是，故理之無聲臭者，具於其中，以爲應萬事之本，而今必謂“惟理故虛”，則恐不免爲倒說之歸，何也？

今夫鑑水之所以具照萬象之理者，以其虛耳。若曰“惟其具照萬象之理，故其虛如是”則可乎？且也氣之虛，旣如是矣，則其靈亦卽此而在，虛與靈元自合一，而有不可分而二之者。故《大學章句》竝擧虛靈二字而爲說曰：“虛靈不昧，以具衆理，應萬事。”其以“不昧”足之者，以見夫虛靈之有如是，而爲尤切於“明德”之“明”字也。且看其下得一“以”字，則由其虛靈不昧，以之具衆理、應萬事之義，本不啻明白。蓋“虛靈”二字，必如是竝擧而爲說，然後方得渾全圓活，不惟於具衆理處，可見虛靈之爲體，而於應萬事處，亦可見虛靈之爲用。是則不論體與用，無所往而非虛靈之爲也。

但以意像推之，則方其寂然不動時，靈非不在於其中，而虛底意像主焉；及其感而遂通時，虛非不在於其中，而靈底意像主焉。故後之說者，因此遂太分之，致有虛體靈用之說。若以上所論意義活看，則固未必便至於爲病，而不然必將破碎離違，適足以毁傷大體，而無復渾全圓活之味矣，豈小故也哉？又況以虛爲理，則下云"具衆理"者，是爲以理具理而尤不成說，未知《講錄》所言，果如何決定？【此無《講錄》可檢看故云】而姑據鄙見如是。

至於虛靈爲體、知覺爲用之說，古來若是云云者多矣，然此亦不可以一槪論，蓋以大體言之，固如是矣。然知覺運用之時，所謂"虛靈"者，何嘗不與於其間？而虛靈自在之時，所謂"知覺"者，又何嘗不與於其間乎？是故思慮未萌而知覺不昧，思慮旣萌而虛靈便具，虛靈與知覺，其亦元自合一，而有不可分而二之者也。特其寂感之際，意像之各如有主者，與上所論虛與靈一般，故認得如彼。【卽虛爲體靈爲用之說】然此則猶不至於爲病者，以皆以心而言，而不將一虛字屬之理故耳。試以此思之如何？

《閑邪存誠章》。附註程子條。

東西與彼此，有何分別，而中與內，亦不同乎？

閑邪於外，則誠存於內，而其工夫專在主一。故主一，則以其外而言，不之東，不之西而只是中，此中字似以主一之在動處而言；以其內而言，不之此，不之彼而只是內，此內字似以主一之在靜處而言。蓋之東、之西、之此、之彼者皆邪也。下得“不”字，便見其閑，而無論主一之在動在靜，其只是中與內者，卽所謂“誠斯存矣”，未知如此看如何？東西、彼此，不過形容其爲中爲內而已，恐別無他義。然東西較彼此，却顯有方所，豈以其在動者之比在靜者，占地勢稍濶而然耶？

朱子曰條“無斁亦保”。

《講錄》：“猶言忌憚，常人之情，若有人點檢其所爲，則其心必有所忌憚而保其所守，聖人則非有所忌憚，而亦克自保也。”或曰：“《中庸》註‘斁謂厭怠而不敬’，言文王純亦不已，雖無厭怠不敬之時，而亦常自保守也。”按二說不同。

或說恐是。蓋斁與忌憚，其義自別，豈容以忌憚釋斁字乎？今以好讀書人譬之，方其讀書，雖無厭倦不悅之時，而其心亦常自保此好之之意者，是亦所謂“無斁亦保”也。但詳朱子所言，則以爲“常言旣信，常行旣謹，但用閑邪，怕他入來，此正是無斁亦保之意”。竊謂《講錄》所謂忌憚，似從這一“怕”字生出來，而終柰於斁字本義殊似不穩貼？如何如何？

《懲忿窒慾章》。伊川先生條。

“思而已矣”者，果何思歟？莫是“見得思義”之思否？且曾子三省，何以爲窒慾之道也？

所謂"思而已"者，謂當忿慾之來，思所以懲窒之道也。上論"其害至於滅天理而不反"，則思其害之至此，懲窒之道，惟怛然震悚，而思以反夫天理而已矣。曾子三省，所謂"不忠、不信、不習"，在曾子必至微細矣，而究其所以則亦是有慾而致之。故曾子以此自省，如其有之，隨卽痛改焉，此三省所以爲窒慾之道也。

伊川謂張思叔條。

伊川以此語思叔者，或有意而發歟？

果似有意而發。其曰"吾以忘生徇慾爲深恥"，雖若自道，而未必不切中思叔之病矣。又其辭氣渾厚不迫，至今千載之下，猶可以想像欽歎，而世之論此段者，將"忘生徇慾"四字，惟就伊川身上，而其以爲深恥之意告思叔，則每每放過而不之及。今左右能知其有意而發，可尙可尙。

《不遠復章》。附註程子條。

曾子三省是約束於未差失之前乎？約束於差失之後乎？

朱子曰："曾子以此三者日省其身，有則改之，無則加勉。"有則改之，是約束於才差失之後也；無則加勉，是約束於未差失之前也。但此一"緊"字最有精神，約束果緊，顏子之不遠復，亦豈外於此乎？

《絶四章》。程子曰條。

克復是顔子事，絶四是夫子事，則克復當爲絶四之始，而今按此條，言克復事，而曰"始則須絶四"者何也？

退陶門人亦嘗以此爲疑問於退陶。答曰"本爲聖人事，轉下來作學者事言，此意有不可曉"，退陶言尙如是，則今何敢妄爲之說耶？但程子旣曰"敬卽是禮，無己可克"，故便從無己可克處，見得其始須將意、必、固、我盡絶之。蓋意、必、固、我皆所謂己也，故西山亦曰："絶四者，克己之事。"愚意此等處，不必苦苦分別聖人、學者，但隨所言，切己受用可矣。又《論語》絶四註，其曰"四者相爲終始"云云，亦有引下來以戒學者意，則豈容以"絶"字之爲屬於聖人，而遂不得把作克己事乎？若然者，從無己可克處，見得其始須絶四，而如是言之者，亦自至當而不必疑也，如何？

《顔淵問仁章》。復禮。

復禮之"復"字與約禮之"約"字，工夫有先後異同乎？抑復禮卽約禮乎？

《論語》此章集註侯氏曰"約我以禮，克己復禮也"，以此觀之，約與復似無異同。然顔子問仁前，孔子未嘗不敎以約禮，而至此又特告以復禮，則約之與復又不無淺深之別，詳味之可見，其先後亦卽此而可見，如何？

張子條。

"天體物，猶仁體事"云云，天與仁爲一之理，敢請其說。

第觀小註朱子兩說，則天與仁爲一之理，自當躍如矣。其曰"體物，猶言爲物之體也，蓋物物有箇天理，體事，謂事事是仁做出來"云者，豈不是天與仁爲一之理歟？又曰"凡言體，便是做他那骨子"，以此言之，天體物，是天做那萬物骨子；仁體事，是仁做那萬事骨子。若無這骨子，物與事都做不得，故謂天仁一理者此也。然分而言之，天與仁，若有二焉，合而言之，天便是仁，仁便是天，而更無別焉。此其至極之妙，非克己復禮眞切體認之君子，其孰能知之哉？

喜怒哀樂。

《記》曰"喜、怒、哀、懼、愛、惡、欲"，《大學》曰"忿懥、好樂、恐懼、憂患"，此曰"喜怒哀樂"，其多寡之不齊、先後之不同者何歟？且此章變"懼"爲"樂"者何也？且"樂"與"喜"有別乎？敢稟。

就七情而言則一也，而所言之義，各有攸當，擧其槪則其全亦在其中矣。乃若或言懼、或言樂，嘗試思之，懼與樂，雖若相反，而懼者，樂之所由生；樂者，懼之所由生，故可以互藏其宅。至於樂與喜，則固相近矣，而以樂之與哀對、喜之與怒對觀之，則其別又分明。然此等講究，猶屬餘事。惟是於《記》之七情，則慮其熾蕩而必約之；於《大學》之四者，則察其一有而必去之；於《中庸》之四者，則各隨其節而必中之者，方是學問工夫，而爲第一件道理，未知以爲如何？

或問條。

"靜中須有物"之物，果以何物看得？

寂然不動之中，思慮未萌而知覺不昧，肅然炯然者，是敬使之然也，則所謂"有物"卽此是已。不然，烏得免於昏且亂乎？故曰："靜中須有物，始得。"

呂子約條。

"後來學者以未發轉向不見、不聞去"者，蓋因《中庸》有所不睹、所不聞之語也。然則以未有見聞爲未發，似或然矣，而朱子大非之者何歟？

喜怒哀樂未發，萬事皆未萌芽，無聲色之可睹聞，故曰："所不聞、所不睹。"然至若外物之聲色入耳過目者，無時不然，未有不睹聞時節。必若以此爲睹聞，而求其不睹聞時節，則是未發處，戒懼以立大本，亦無其時節矣。以故呂氏之說，朱子大非之。蓋所謂"戒愼乎其所不睹，恐懼乎其所不聞"云者，猶言聽於無聲、視於無形及不見是圖。當喜怒哀樂未發，雖萬事皆未萌芽，而無聲色之可睹聞，自家便先恁地戒愼恐懼，此卽未發時立大本工夫也。此其說朱子於或問言之不啻其詳，幸取而玩繹之如何？

延平李氏條。體認。

《講錄》曰："體卽所謂'做他那骨子'，認，辨識也。"或曰："朱子論延平體驗字曰'是有箇思量些子'，亦當以思量看。"按此二義不同，敢稟。又楊、羅、李靜坐求中之說，或曰"無病"，或曰"有病"，伏乞批誨。

體認義，《講錄》之言恐得之。若其有病、無病，各就所爲言處看之似好。蓋爲三先生而言，則以爲無病者得矣；爲世之學者而言，則以爲有病者得矣。何者？三先生性本沈靜，固以不求求之，不見見之，而得無病，後之學者，烏能人人而皆如是乎？此未發境界，少涉思量，則便爲已發而有病，故有時直言之者此耳。

小註潛室陳氏條。

才說"惺惺主人"字，已是戒懼底心，而存得此心，只在吾腔子裏，便是着落處。今曰"在冥漠中"，則所謂"冥漠"者，果指何處耶？學者以此語求之，則不幾歸於玄妙虛遠之病乎？只着"冥漠"二字，似近於寂滅，故特着"照管"字，而所謂"照管"已有應事意，得無侵逼於已發境界乎？

惺惺主人是戒懼心者，見得是。"冥漠"二字，指寂然不動處而言；“照管”二字，以知覺不昧者而言，所謂“靜中有物”，此之謂也。敬以存養於未發時，其親切意像，此數語盡之，可謂善形容出者，有何遽歸於玄妙虛遠之病耶？又所謂“照管”，固以知覺不昧者而言。然此時只有能知覺者，而未有所知覺，則依舊是未發境界，而今以侵逼於已發境界爲慮者過矣。幸更細思之如何？

> 小註按所摭條。
>
> 學者持之太過而致心病者，意有所未誠而然歟？或過於誠而然歟？

持之太過而致心疾，是助長之病，不與揠苗相似乎？此所以戒其持之太過，而令勿忘其所有事，優游涵泳，從容以有得，則其何善如之？

> 朱子條。“一有之”。
>
> 李艮齋曰“一卽四者之一也”，趙月川曰“一有，猶言一切有之也”，或曰“‘一有之’，少有之也”，按此三說不同，未知何說爲直截？

三說雖不同，而愚意欲各取所長，以爲四者之中，一有之而不能察，則雖令少有之，已是欲動情勝，而與一切有之者同歸。其用之所行，或有不得其正焉，是一有之而不能察者，卽爲有所之病云爾則如何？

"問人患多懼"條。

程子答驚懼之問，言燭理而兼言敬，朱子答多懼之問，亦言理明而獨不言敬何也？

言理明，則雖不言敬，而敬在其中。

《禮樂不可斯須去身章》。李端伯條。

旣曰"理義以養心"，又曰"敬是涵養意"，敬之涵養卽理義之涵養否？《記》曰"中心不和不樂，則鄙詐之心入之"，而今變其文曰"不莊不敬，則鄙詐之心生"，心與貌固可莊敬，而今於言亦曰"莊敬"何耶？

理義之養心，非敬則何以能之耶？蓋理義非自來養心，人將理義來以養心，故旣曰"存此涵養意，久則自熟矣"，又曰"敬以直內是涵養意"，其指示涵養理義之在於敬明矣。《樂記》雖言"中心不和不樂，則鄙詐之心入之"，然竊意中心所以不和不樂者，亦是不莊不敬者有以致之。故於此直變其文而言曰"言不莊不敬，則鄙詐之心生矣"，言語雖與貌不同，而少或放肆，便是不莊不敬，於言語亦曰"莊敬"，不其宜乎？

答成而得【永魯】

五月念四日遞便書，六月望日始得承見，老眼驚喜，與隔年顔範相上下。但伏諦色憂彌留，不勝奉悶之至。卽日秋氣已高，謹問堂上鼎茵，因收勿藥之慶，侍餘學履，一味珍重否？

宗今年已七十矣，凡百都是晻𣻢光景，其中昏眩之症，日甚一日，朝暮待盡之外，無復可言。目今所望，惟是後進諸益，共發眞實心腸，做得刻苦工夫，則必皆隨分有所成就，庶幾斯文不至寂寞。而如足下雖只得一面與數書，所存已可想得，用是期望甚不淺鮮。但此物之不近似如是，未必其長有槪於盛念矣，今乃知惓惓尙如初，至以更不得枉顧爲恨，未知何取於我，而謬欲相從乃爾也。感歎之餘，不覺撫躬而自愧也。書末所示半千外相往復，莫切於此，雖此愚昧之見，無足以仰副至意，而第得好文字入手，則其慰此心，不啻百朋之錫。幸因便投惠如何？

答鄭際應【昌運○辛酉】

僕豈是能相士者？而泛泛見足下又無幾，於心常竊愛之，每數後進之秀，指不覺自屈，是足下使僕而然也。顧相去不甚近，屛伏者奉際無路，徒切悵望而已。匪意獲承珍翰，喜審侍履淸迪外，滿紙縷縷，皆出悃愊。求道向學之誠，不啻其切，固意足下之如是。但所以稱道此物，太不近似，僕何德以堪之？年來衰朽轉甚，未論新知不繼，些少舊得，亦盡歸烏有，枵然虛殼，寄在人世，自量已矣，無復可言。所望者惟我少年諸益，各自勉勵，以克大有所成就，則雖死無恨。

今得足下如是，豈勝幸甚？

士生斯世，其隨俗應擧，固亦事理當然，而其不免分工之患，亦其勢無怪。但能隨處警省，隨時體究，使吾向上之志，無間容息，則到頭自當有至處，惟是之拭目以待耳。望更惠德音，慰此惓惓之心也。

答宋敬一【相天】

前日鄙書中多少說話，恐不足以有當於盛意，乃蒙不以爲不可，又惠長牋，道盡素懷，而亦頗有望助求益之意。奉讀以還，還愧知足下淺，而虛受樂聞之量，果有所不可及也。但此昏昧之物，何能有一半分仰副之望耶？

因審彼時撤寓，屬耳奉晨增福。又方結茅於靜僻之地，爲頤神養性之所，其雅尚之超然，於此而益可卜焉。厥後又多日月，卽玆霜令，侍餘節宣更如何？宗伎倆依昨，但於前月間，携近地諸名勝，入陽山、仙洞諸處，飽賞絶景而歸。雖其本地風光，有未必相與暎發，以得古人所謂二樂之趣，而覺得暢懷則多矣。此爲可奉聞者耶，每恨地步濶遠，風便亦未易得。今知與岐山有結親事，從此書札往復，不患無其路，深以爲喜。

足下工夫已篤，見解已精，果能益有所進步於眞實高遠之域，此正區區所常望於朋友者。設未能源源奉際，其爲慰滿，亦何異於合堂同席而處耶？千萬勉之。別紙俯問，厚意不可虛辱，玆以瞽說仰對，如未當理，曲賜鐫諭如何？

別紙

補忘章心之體用，固不可謂知之體用，而乃若吾心之全體大用，所以無不明，卽其神明之妙衆理而宰萬物者，有以致之耳。故必兼此意而觀之，然後下文所謂“知之至”三字，方更分明，此所以於向對時相與有所云云。然曰心曰知，終自有間，謂之心體用，則固該得知體用，而謂之知體用，則終該心體用不得。且朱子旣曰“吾心之全體大用”云云，則無容他說於其間矣，盛見良是。

《或問》中“心之爲物”此“物”字，小註以“有物有則”之“物”言之，朱子蓋曰：“凡有聲色貌象而盈天地之間者皆物也。”心者，固無貌象聲色之可言，而其體之虛靈不昧，猶似有涉於象故耶。凡所謂“物”，皆指形而下之器而言，則固難以心爲形而下之器，而若以其盛貯此理及發用此理言之，則心亦不害爲形而下之器。但與他物事有形可見者有別，要在默而識之爲得耳。

治國章朱韋齋說，論者雖人人殊，朱子所以引之於此者，正以大文“有諸己、無諸己及所藏乎身不恕”等，專欲人於忠字上用力，方做得恕出，而韋齋之說，於此義發明得最切故耳。豈謂治國者，不當求諸人、非諸人而引此說耶？

答宋明徵【奎喆○乙丑】

音塵久阻，懸溯倍切，卽承耑人惠疏，槪審春寒，哀履支相，仰慰無已。

所詢疑節，因山前不許私家之練祥，已見於《儀》注。江左一處，亦是識禮之家，而遵行之，則恐當與之無異，如何如何？但近世一相臣獻議，以爲練祥是有限之祭，則不可使之退行，而大山先生深是之，著爲《私議》而在集中，此亦爲可據明文。然却恐有違於時王之制，惟在從違之如何耳。設行之盛備未安，略設似當，故減湯果，去侑食，行三獻，不告禮成，亦在相臣議中，如是處之，恐或得宜，而終是《儀》注所無，何敢妄以己意決之耶？更爲博詢而審處之如何？

立齋集

卷十六

書

書

答南子皜【戊戌】

頃自達城還，則惠牘在案，披慰如對。顧緣多擾，稽復至今，得無訝鬱否耶？卽惟至寒，侍學珍勝，懸溯不已。

宗奉老粗遣，惟是人事侵尋，偸閑復幾時？及此晩暮，方略窺世間有眞樂界在，益知少日暴棄之可惜，與前日所謂工夫之不啻大脫空。思欲親切下手，庶幾不至無聞而死，而自量精力已消亡，徒有志勤道遠之歎。年富資美如左右，幸以我爲戒，及時勉勵也。

承必欲相從於此間，期會何處？可見懇到之意，柰此物不是有益於人者？兼有小冗，故難擺脫。無已，則齋舍亦無不可。然政使得靜界成閑討，恐徒費往來光陰。

願且益堅此志，益懋此業，隨時、隨處，不少放過，而使吾之居敬窮理，交資互進，則喫緊用工之餘，自當有得。蓋此事誠不可獨學無師友之益，而至自家身心，只須自家檢省，難靠他人。

讀書講義亦必切己體認，方能進益，如所謂“切問近思”，如所謂“因所發而遂明之”者，蓋皆謂此。雖曰“先知而後行”，然其輕重所在，亦不可不知也。如何如何？

愛望之深，聊誦所聞，以答厚意。幸不以人廢言，至可至可。

答南子皜【己亥】

自聞美疹，憂慮日深。頃得手翰，披審腫漸纔佳，旋以別症阽危獲差，旣驚且喜。信后多日，未委際玆，神韻漸復，無復餘憊，而侍餘做工，一味珍勝否？戀溯一念，無時不切。

宗侍事依昨，而新寓生受自多，固所已料，柰何奈何？示來孜孜向學之意，溢於言外。推是心也，何往不濟？況左右年富而質美，覺蚤而志勤，一時雖以病故暫廢，方進之業，豈可以量乎？

《小學》了後，想讀《曾傳》，而比恐時文分工，不得專精。此亦道理中事，但識得內外輕重分明，日用間每自有別用心處，亦何患工夫之妨奪耶？

《或問》初不敢定限奉借，何以久未還鴟爲慮也？熟讀成誦後，且將所疑、所得，相與論難而曉解，則此在拙者，勝似自讀一番。愼勿生忙迫之心，從容翫味，期於融會如何？天下可讀書雖多，亦難一口嘬炙。循序漸進，磨以歲月，自當積累而淹貫。

用工節度，恐無過於"勿忘、勿助"四字。蘇湖之書"此事不可少忽而緩，亦不可以欲速而急"云者，於讀書亦然也。

心田之荒，似是過語，而亦在吾友自點檢、自鋤治之如何。令從氏又兼一嚴師，日被警責而薰炙，則其於收斂存省之工，必有不期密而密者矣。顧此野鶩，何及於家鷄？而誤欲相從乃爾也。只爲敍離闊、慰幽寂，則在我固幸，而做工中，亦不敢準待耳。

答南子皜【庚子】

不見吾玉人，幾日月矣？每一懷想，輒出前後手滋披翫，以當面晤，今承惠墨，又是一番良覿也。況審淸和侍學連勝，尤何慰如之？

前日面論書諭，每以輕躁爲患，比更如何？此固氣質之病。然以吾所見，無乃主敬未至，心不能宰物之致耶？今以一事言之。左右之於科文，其不欲專攻，固是美意，而有父兄在，則有不得自專者。又時王之制，國俗所重，而我東先輩，多由此出身，烏可已於居今之世？而亦何妨於行古之道乎？旣知事理如此，則惟宜俛首下工，專精做去，是乃日用面前當行底道理，而竊瞯賢者，常若有不肯意思。只此不肯意思，不能除却，便是心不能宰物。

夫如是，其强所不肯之際，不輕躁難矣。又凡己之所欲，或長者不聽，或他人不從，則輒發此症。此皆見道不精，主敬未至，不知惟義之比，而爲物所宰故也。請試思之，倘以爲然，只須加勉於二者之工，居常隨事順理而應之，則氣像自然凝重，心地自然安靜，而無復向來之患矣。如何如何？

此物萬不猶人，只是百種病痛，備在一身。今此“輕躁”二字，亦其經歷來者，故能略知根委之所在，而妄意賢者之亦如我也。敢以所欲喫服而未能者，爲左右獻，此實萬金良藥。以子皜之好學，想已喫服而收效。然變化氣質，儘是難事，良藥之進，定不厭其多也。

至於相從之不得源源勢耳，此物有何分益於人，而左右恨歎乃爾耶？感愧感愧。

答南子皜別紙【壬寅】

《補亡章》“竊取程子之意”云者，與《序文》所謂“竊附己意”者，語意雖若相左，而程子之意，竊取以補者，已是己意也。竊取以補，而其言不盡出於程子，則所言亦己意也。再從氏所謂“其意則某竊取之意同”者固是。而傳十章亦曾子之意，門人記之，則是自門人已竊取師意而成此書矣。今此《補亡》雖曰“竊取程意”，而實則己意，則又不可謂之非己意。然此等處，恐不必極力究索也。

讀書之法如所示，甚善甚善。先覺點頭，豈出過獎？洛、閩旨訣，本自如是。但於蠶絲牛毛上，若一向尋討太着精神，則深恐不知不覺轉致枝蔓，或不免有枉費心力之時。亦恐意緒汨沒，氣像局趣，於疏暢明白、從容舒泰之趣，不能無所損。

此是拙者之過慮，然樂聞之地，或視爲一得之見。望更留意於考亭所論讀書之法，須令疏密得中，寬嚴相濟。而時時用《夙夜箴》，節度諷誦之餘，間以游泳，則一番休養，一番收效，所謂"油然"者，當益油然；而"悅豫"者，當益悅豫矣。

蓋天命之性體段，賢者則似已見得大意。工夫到此，自是住不得，而年力又富强，他日所進，將不可量。然過於刻苦，則意味反淺，而太銳之末亦不無易衰之慮。故獻愚如是，諒之如何？

答南子皜

日前齋僧還，獲奉手滋，就審春煦侍餘學履連勝，慰瀉無已。宗奉老依昨。而政此三月之暮，風日暄姸，物態舒暢，滿目韶光，便與沂、雩無異。顧此嘯詠於其間者，獨未有古人胸襟，緬懷千載，徒切慨然之心也。

前惠別紙，可見析理之密、用工之深，而但於鄙意，終不曉然，故又此縷縷，還近於强辨自是。望更指示其病處如何？

別紙

《求放心齋銘》"非誠曷有"。此一句，來諭謂"以理言而工夫在其中"者固是，而抑此亦似以工夫言，何者？

夫誠若語其極，則非聖人不足以當之。然言其義，亦只是實心實理之謂，而在學者求放之時，亦舍這“誠”字不得。故子程子嘗以忠信把作說“誠”字話頭。其言有曰：“人道惟在忠信，不誠則無物。且出入無時，莫知其鄕者，人心也，若無忠信，豈復有物乎？”又答或人“忠信可勉，致知爲難”之問，亦曰“誠敬固不可不勉”云云。觀是數說，亦可見求放之工，不外於誠。而今此一句，又承上文“晷刻放，千里奔”之語，則只以文勢語脈推之，恐亦不當遽舍求放工夫，而只得泛論其理而已。若然則似當曰“以工夫言而理實如此”可矣。

乃若意誠之先於敬，此亦無他。竊想此銘立言之意，則於其起頭，旣先言“天地變化，其心孔仁”，而後方說“成之在我，則主乎身”云云。而誠者元是天之道，敬者乃是人事之本，則於此自不得不先言誠而後言敬者，亦文勢語脈相承之勢當然也。

且古人之說誠、敬，先誠而後敬者，非止一二。而大抵先言之誠，皆以實心而言，如程子之論格物，亦曰：“立誠意以格之。”而或問“意誠之前，先言立誠意之可疑”，朱子曰“此只是確定其志，朴實去做工夫”者是也。

然而所謂“立誠意”者，盧玉溪以爲卽立敬之謂，蓋非立敬則亦無以立誠。故誠、敬二字，分而言之，雖若有先後，而合而言之，則是亦無先後之可論。以其始而言，謂之誠然後能敬，亦可；以其終而言，謂之敬然後能誠，亦可。但有淺深之別於其間，未知盛見以爲如何？

答南子皜【乙巳】

曩得惠書而因循未復，今又承問字，辭意繾綣。不惟不較其疏慢，而又以"好德不誠"之語，加之於不近似之人。足下若非昧僕之實者，則恐於"德"之一字，猶有所未盡講究者也。不然，足下妄施而僕妄受，其爲犯人之笑怒，當如何哉？愧縮愧縮。

仍審色憂美疢，一向連綿，棣床婚娶，次第當前，而門外徵租，又是窮家此時之通患。念來凡節，令人代憫。然人生世間，懽日常少。此等處，亦奈何不得，只須隨分應接，盡其在我之道而已，則政使憂患恐懼，日至乎前，箇中自有眞樂，不以是而有損也。

示諭躁迫之病，前此蓋嘗獻愚一二，以爲對症之藥無過是者。而旋念自未能喫服見效，方坐在裏許，則其言必不足以動人。果然足下復問如此，僕尙復何言？

雖然嘗試思之。夫人於日用之間，事物之來，雖有千頭萬緖，而吾之所以應酬之者，不過順其理之當然而已。理如是則如是，理如彼則如彼，一循其當然之則，而吾無所容心焉，尙何躁迫之足憂乎？此所謂"物物而不物於物"者，苟非廓然大公，物來順應地位，則固未易語此。

然用工於窮理、正心之學者，積習之久，自當如此。蓋吾之於理，誠無所不明，而心體常虛，則凡遇事物之來，其先後、緩急、輕重、疾徐之分，莫不燦然於鑑空、衡平之中，照管稱量，惟其所宜，而自無紛擾雜亂之患。及其應之也，又常從容而舒泰。雖或有左右交酬時節，極忙之處，自外觀之，固不免動作之頻繁，而其中之安閑，當自如也。吾與足下，何修而得到此地位耶？ 僕則已矣，願以是爲足下勉。幸望勿以人廢言如何？

與南子皜【庚戌】

曏得足下書，慰浣之心，迨猶未已。卽日寒令，謹問侍餘學履，果甚似？僕近來摧頽益甚，體死用亂，作一無形之人久矣。今得再從氏箴砭之語，不覺惕然而有警發者存焉。夫以子夏之賢，而離群索居，猶不免於有過，則如僕之愚，長此岑寂，又安得不如是耶？

昏弱之質，善於流循，苟無畏友彊輔尋常忌憚之人，爲之朝夕規誨，則不知不覺地，遂到於難收拾之境。所謂"檢身不足而酬世有餘，務積則蔑而受用是事"者，眞是切中之語。倘微道眼如宗伯，固未易覰破及此。而竊料足下亦應知我之如是，何獨無一言以示責善之意耶？

僕雖無似，猶不忍自歸於一向暴棄之科。茲將宗伯書作爲藥石，思欲少策疲駑，改圖易轍，庶於未死之前，或有補黥息劓之日。而桑榆景短，山逕茅深，恐無以報答知己之望，如之何如之何？ 切乞自今以往，毋謂我一日之長而難言之，以子皜所見，隨事輒語。俾此昏惰之質，得復振發惕厲，而終得免於小人之歸，至祝至祝。

答南子皜

頃書迨今披翫，不覺紙生毛。卽於兒還，又得珍墨，心開目明，每番輒加。且審侍學益勝，何慰如之？但如左右盛年，遽以二毛爲歎，人之蚤衰者，例如是。然學力苟到，亦豈不漸見充完耶？若僕者韶光雖不甚落，眼昏神索，無復可爲，何足下之稱道乃爾也？ 平生不無攝養，只是稟氣素弱。 自量七情無太過處，或者少賴於此。然亦非有工夫於其間者，無足爲吾友言之耳。

立與不惑等說，只爲賢者於此邊，每每直前擔當而無所回撓，尋常窮、格之工，又似精到。故愛望之餘，自不覺以是期許，而乃謙遜若此，頓與前日有異何也？拙雖無似，未嘗爲面諛之言。願勿以此見疑，而益勉於二者之名目，副此區區千萬。

與南子皜

卽於兒還，細叩孝履有相，晨夕奉奠之餘，惟以《戴記》一部爲着心之地。古人居喪，亦惟讀禮是事，有志此學者，往往得力，多在於這裏，聞來甚庸慰滿。但此書卷帙浩穰，許多儀節碎碎零零處，實亦有未易包括者。兼古今異宜，疑晦不一，如我昏忘之物，尤患其如此。固知哀聰明精力，本自過人，然果能觸處洞然，記得亦牢固否？

覼見柳象遠於憂中，亦方讀此，而其一二所質問，儘能詳細，字字句句，皆似不放過。吾意待兩家卒業，而相會一處，大開口論討，究竟則其去取從違之間，必有極端的見解，可發人蒙蔀者矣。昧陋於是，倘得廁座後與聞，又豈非一遭大快活事耶?

大抵三千、三百，無一事之非仁，而此道之入於至小無間可破者，卽不外是。故君子之欲復天理者，必先講明乎此，以之立天下之正位，而本心之德，於是乎得全。以此言之，則古人所謂"禮其人之急"者，誠是切至之語，而張子之必以是教學者，眞不易之正法。

但以淺見恐哀於此，政須看取正當大義，以知先王所以制禮之本意，至於儀章度數之末，似不必一向勤苦，以弊吾精神於繁亂之中。此箇活法，想不待愚言而已知。然更願俯諒而曲採之如何?

答南子皜

近因兒子在那邊，得聞動靜頗詳。顧以避疾之無暇，不得致一書奉問，茹恨政深。卽承哀翰，審孝履支安爲慰。

書末縷縷，備悉雅意。以哀向我之心，爲渠之誠，於凡教誨一款，寧有毫末未盡之理也? 然接引後學，尊嚴師道，要須兩盡而不相悖，然後方能成就人材，而亦無所貶損於己。不憤悱不啓發，固是教人之常法。然時於進見之際，曲與之從容誘掖，使得感發於諄諄開導之下，斯亦活法之一端，未知如何？

所示不收斂、好戲謔數件事，說得正中其病。此實渠自疏外於賢者之根，而習成已久，卒難使之改革。他日復進，幸望痛下頂針，期於打疊，千萬千萬。

答南子皜【乙卯】

日昨承珍墨，概審動靜，慰瀉難量。宗侍事依昨，餘何足奉聞？

昨得李時應書，則渠於入侍殿講時，以經義頗詳，獲蒙天褒。且與叔明共讀《近思錄》及《思傳》，看其志氣，似不以仕宦擾奪，而益自淬勵，甚慰人意也。

與南子皜【丙辰】

別來已久，即玆花煦，侍餘學履如何？宗頃於鄉飮時，猥當賓席，而膠擾中末由整頓儀節。只從一處所寫笏記而行之，故其間不無零瑣謬誤之端。如使左右來相，則豈有此患？尙賴柳敬甫從傍提醒於前夕，爲益不少，終是禮席上，生疏者多，而閑習者少。又緣唱禮急遽呼之，使不得從容盡其節次。

曠百年未擧之盛禮，幸而得行於今日，而猶復如此者，誠可恨恨。然却念自家見解，未能分曉，致得擾奪於忙亂中，是愧如何？

答南子皜

比來音問更阻，卽玆陰雨，侍餘學履如何？宗親候幸免外添耳。

辭職一款，以此悚懍之心，如遇更疏之端，豈容復爲延稽？而向也始見李貞運應旨疏，則以爲虛縻臺銜，不如趣召以備咨問，因授中外合試之職云。擧論如彼，則在我似不容泯默。故初欲因此爲陳章之擧，而旋念自上若採用其言，似當於蚤晏間必有處分，而于時瀝懇未晚，遂不果焉。到今思之，却甚可悔。吾儕諸論，皆以爲雖十疏，期於必遞，然後方無未安於心。蓋以屢瀆之未安少，虛帶之未安大，故其言如是。然李疏見後，旣不能卽爲封章，到今過時之後，趁大政始爲之，匹似無端而有嫌。寧受朋友四面之譙，而姑且泯默爲可耶？未知那邊僉議果如何？玆以詳報，望須爛商回示，俾免失着，大善大善。

答柳敬甫、南子皜【戊午】

鼎得僉復書，一時俱到，披讀以還，迨今慰瀉，而忽復阻音多日。卽玆庚炎，僉侍履更何似？懸溯旋切。拙侍事粗保，而近來過從絶無，寂坐空齋，消遣長日，此時懷人之思，尤何可勝言耶？

《啓蒙》及《總目》，三人聚首講究，其所悟解，與獨看必懸勝。想見無窮意趣，在於其中，自有住不得處。而子皜之言，乃以爲益於身心，似不如他書，欲以餘力徐徐理會。

大抵潔淨、精微之旨，領略甚難。旣未能深得其味於一再見之間，而象數變易，愈探愈賾。目下徒有苦心極力之勞，而別無閑暇來往之樂，則倦怠而欲罷休者，固無所怪。但念窮、格之工，無論某事，旣已着手之後，則惟當耐煩喫辛，專心致志。必得十分透徹而後已，方是究竟法，豈可便生厭惡，半途而廢，以待他日無甚用力，而自底於曉然之境耶？

況且《易》之爲書，廣大悉備，自非下得箇歲月工夫，有未易卒語者？而今於旬日之頃，已欲責效，遽以爲遲者，實非優游涵泳、先難後獲之意。於此亦可見用心未免躁迫，推是以往，其有害於凡事，將不一而足，可不懼哉？

然而在左右則不可無活法。苟其支離而沒意味，姑且權行倚閣，溫理得常所喜讀底義理書，間遇心界虛閑、神氣淸快之際，試復取看而沈潛䌷繹，則不但於前所未悟處，忽然有悟，於其所已悟處，亦當愈悟其妙，而所謂"無窮意趣"，於是乎始得之矣。如何如何？

僕於此實所昧然，而第以讀書之法言之，則似當如此。故信筆奉及，未知僉見果不以爲不可耶？

答南子皜

鮮民之生行逢是年，又當是月之是日，明發不寐，正不禁昊天之淚。蒙足下曲念私情，專伻垂問，兼有助需之惠，仰認厚意，感戢無已。

因審冬暄，侍餘學履珍重，尤何等奉慰？宗老親保無恙節是幸，而默計生平，子職全虧，至於今日而極矣，尙復有可言者耶？

《小學》知課程甚篤，已到《嘉言篇》，深以爲喜。乃若應接之煩，係是日用不可廢者，程子所謂“人事不敎人做，更敎誰做”者，其言甚有味。吾儒之學與禪敎有異，正在於此，亦何必一向讀書然後爲盡耶？無論讀書應事，隨分下工，一循天理，而不容私意，有所去取，則自然心氣和平，意像從容，無復躁迫之患矣。以左右學力之深，何患其不能也？

與柳敬甫、南子皜【己未】

即玆旱炎，僉候更如何？旋庸哀鬱。宗頑狀依昨，他何足浼？

《太極圖辨說》，今此所示，更似分明。但盛意於顯然明白處，猶未免拘泥於言句之間。若以“不雜”爲說，則恐其有違於“不離”之意；若以“不離”爲說，則恐其有違於“不雜”之意。遂欲於一言之內，說盡無餘，此其意非不美矣。然元來這物事，不離於陰陽，亦不雜於陰陽，而自含得兩意。言不雜者，非謂其離乎陰陽也，則不離，在其中；言不離者，非謂其雜乎陰陽也，則不雜，在其中。

若使洞見者觀之，單說竝說，俱無不可。故《啓蒙》中朱子解《易》，有太極下胡玉齋以象數未形而其理已具，爲不雜之太極；形器已具而其理無朕[39]，爲不離之太極。而其爲太極，則一而已矣，豈可以分說如此？疑其有兩太極於其間，以爲不雜之太極，異於不離之太極；不離之太極，又異於不雜之太極耶？

望須寬着心胸，隨處活看，無論己說與人言，除非大段生病者，則無太執滯之地，如何？義理精微，固不可不仔細分析，而苟於不大段易會之言句上，一向用此法看去，則竊恐深有害於灑落光明之像，　而或不免於局趣窒碍之患矣，非細故也。

答柳敬甫、南子皜

俯詢太極說，荒迷之見，尤不能了了，只是略通大義而已。然常謂今人苟於此，旣有分明見得，則無論誰某之說，縱有可疑，惟當原其本意，隨處活看，則彼其所言，亦自有是當處。豈應吾見爲獨到，而他見皆爲未到，必攻破無餘地，然後始快於心耶？

39 朕：底本에는 "眹". 문맥에 의거하여 수정. 이하 동일함.

以此頃不無獻愚，而足下不以爲然。今又見責以從速奉復，愚復何說？但念胡玉齋之用工於此，必不下於今日僉史。而其言之載於《啓蒙》，又不知幾百年矣，前輩之論，未聞有非之者，則是其不悖於朱子之意，推此而可知矣。雖於立言之際，欲其明白，不免有所分說，而其不以太極爲兩樣物事，則想亦與僉見無異矣。何故至於僉史，而必以爲疑，謂其分而二之而失考亭本旨耶？

若如僉論則程林隱《心學圖》，"求放心"之在於"心在"之後，老先生不當取，而栗谷見攻反爲是。《大學》之爲終身事業，而程子以爲初學入德之門者，亦可疑也。用是不揆僭率，輒以"活看"二字奉勸，而今看僉史之意，如水投石，略不採納。不寧惟是？前此鄙說，固皆謬妄，而其中雖或有一二可者，苟不合於盛見，則率皆聽之以耳外。宗亦復何說之敢陳耶？俟蚤晏次野來後，僉賢若與之講論，則或從下風而竊聽緒餘，以自開益地。萬萬非面難罄。

答南子皜

前便足下書，昨始得披翫，何歎如之？仍審彼時連以色憂度了，兼有下堂之厄，不免吟噫乃爾，殊爲奉憫。然近與令族哀穩討《啓蒙》，得新知不少，又與柳上舍日有講究之樂，其慰此心，孰有加於此者耶？

宗頑然如木石，而悄坐空堂，終日如木偶、泥塑。縱得寓目於書冊，有疑誰問？有得誰語？到此益以思亡從哲卿，恨九原之不可作也。渠若不死，必有征邁相長之可言，而悼惜無及。

兒姪輩其稍有才者，又向科臼中去。觀也之前後在那邊，凡幾度？而終不肯親近足下，以受資益，雖不能不猶有餘望於異日，然目下便無倚仗之勢。其伯近頗留意於讀書，而終是世念已深，懶習已痼，全然未能專一。

蓋孤單之甚，未有如此物者。每想吾足下有如損翁爲先進，敬甫、元大二斯文爲彊輔，而皆在隣比，日夕團圝，相與切磋之乃爾，此實天下大懽喜事也。引領馳神，豈勝健羨之至耶？

與南子皜

別來有日，雪寒頗緊，際玆侍餘學履更何似？哀溯切切。宗頑狀依舊，流光忽忽，居然祥月迫矣，實痛之私，曷可勝喩？近覺昏忘轉甚，雖有思索，苦無頭緒之可了了尋覓。自量遂如此已矣，亦且奈何？

竊見足下則異於是。凡有所講究，必欲直窮到底，及其旣得之後，則又思與人而同之，以求瀾漫之歸。此其立心與用意，儘爲忠且厚矣。

但格、致到十分，旣是不容易事。人之所見各異，淺者，不可强使之深；卑者，亦不可强使之高，則惟當寬以自居, 寬以待之。在我益進於高明之日, 彼亦隨分有所進, 而其能言下領會, 庶可望矣。設令終始不合, 吾特盡吾之心而無如之何, 豈可以此切切然關着心頭, 以爲慨然而不能已乎? 若爾則其於廣大和平底氣像, 反有所損, 胡不觀於古人之"執德弘"而"敷教在寬"之意乎?

且如所當然、所以然此二者, 但是理上面本自具者, 而知其所當然後, 又積十許年工夫, 方可知其所以然, 而此則曾夫子"一唯"境界, 又何能人人而望其會聽於卽地乎? 如是則却是自家造詣, 有未盡故耳。未知高明或已覺此乎否耶? 近於閑坐中所解適如此, 漫以奉告, 回示可否爲望耳。

答南子皜【辛酉】

別紙所示, 吾亦非不知朱子之有是說, 及退翁之有許多明訓, 而《十圖》中本然性情下, 係以七情, 旣如是。先祖《答𪈙頤齋書》, 亦以孟子之喜、文王之怒, 爲發於理。故嘗試反覆而紬繹之, 實見得七情亦有自性命而發者, 不啻分明, 要須深體味之, 方識其然。

然足下旣以愚言爲𠛹說而駭異之如是, 設令此物有精神能言辨, 亦豈於一朝易以口舌爭耶? 姑且各尊所聞, 待他日彼此見識俱進後, 看如何爲得。而如老生者, 自恐無轉步勢, 安望其垂諒而肯信之也?

與柳敬甫、南子皜【壬戌】

卽候新年，僉侍餘學履增祉否？懸溯不可言。宗又添一齒，徒有百感交中而已奈何？

體用說，更見子皜書，則所謂“吾言與吾所言不同”，無乃記得錯耶？愚則本謂“體該用而全，用本體而大”，更將此二句思之。如其不可，須卽辨破之好矣。用之所行，不得其正，乃一有之而不能察故也。蓋雖所應得當，而旣應之後，若復留滯，則只此便是欲動情勝，只此便是所行不得其正，而無以爲將來酬酢之地矣。第觀大文與章句所言，此意豈不甚分曉易知耶？

答柳敬甫、南子皜

鄕聞僉史與子希、象遠，團會一處，討論多少義理，深以爲喜。今承僉翰，知所講者《心經》，而留連旬日。想資益不少，尤以爲喜。

太極圖統各說及總名件數之說，知皆脗然歸一，而損翁之見，終不肯印可，則姑未可謂瀾漫同歸。當俟後日，一番合席，大家辨論而後，方決其孰是、孰非，而爲從違地耳。

末兒許勉戒之語，在渠眞是藥石，而但其着味處，方有所在。看其意思，欲於數年後，始爲捨却，故姑此任之，損翁之意，亦似如此。然荏苒之間，又豈無左右者所慮而有難入之患耶?

答南子皜別紙

"'仁'字中只有愛人之道理而無愛已之道理"云者, 不知損翁之見, 何所據而乃爾耶? 朱子曰: "滿腔子皆是惻隱之心, 故刀割着亦痛, 針箚着亦痛。" 夫惟刀割着亦痛, 故愛已者, 必使不見割於刀; 針箚着亦痛, 故愛已者, 必使不見箚於針。其所以必使不見傷者, 非愛已之道理, 而在仁字者中耶? 惟其愛已之道理, 有如是焉。故其於人也, 或見其刀割針箚, 則其痛不啻若在已, 亦必使之不見傷而後已。是則所謂"愛人之道理", 而向微愛已也如彼, 又安能愛人也如此?

雖然, 此猶以形氣言耳。今夫滿腔惻隱之心, 卽天地生生之理, 而是理也, 極純、極粹, 至善且善。存於中, 則不忍其一念之不善, 而克之惟恐不盡; 發於外, 則不忍其一事之不善, 而去之惟恐不及者, 無非所以愛已之道理也。惟其如是, 故見人之不善, 而其爲之不忍, 不啻若在已, 亦必使之克、去而後已。是卽所謂"愛人之道理", 而向微愛已也如彼, 又安能愛人也如此?

以是觀之, "仁"字中, 果只有愛人之道理, 而無愛已之道理乎? 若然則夫子所謂"已欲立、欲達", 是愛已之道理也; 其"立人、達人"者, 是愛人之道理, 而已纔欲立, 便已立人; 已纔欲達, 便已達人者。由其無私欲以間之, 故道理之周流而無間，貫徹而無碍，有如是焉。

今若曰"無愛己之道理"，則是己欲立達處，元無道理，到得立達人處，方有道理，便如無源之流、無根之枝，而全不成造化矣。幸以此意，更質于損翁，而聽其所論，以示如何？

損翁又言"飢欲食、寒欲衣等，在我則是發於形氣者，至於見人之飢而欲食之；見人之寒而欲衣之，則是乃發於性命"者。此其說，亦與"仁字中無愛我道理，而只有愛人道理"之語，互相表裏。然在我而飢欲食、寒欲衣者，雖是發於形氣，而必其所當食者，然後食之；所當衣者，然後衣之，則此便是發於性命，而爲愛己之道理。故其於見人之飢，亦必食之以所當食，而所不當食者則不食之；見人之寒，亦必衣之以所當衣，而所不當衣者則不衣之。未嘗以己之所不欲者，加之於彼。

以此觀之，非但欲之於人者，是性命之發而爲愛人之道理，其實先此欲之於己者，已是性命之發而爲愛己之道理。故到此，亦以愛己之道理，爲愛人之道理，而其發於性命者，元無異同，只是一箇道理而已矣。天下豈有不先有愛己之道理，而只有愛人之道理耶？

損翁以飢欲食、寒欲衣者，是形氣之發，而非所以爲愛己之道理，則未可謂"仁"字中有是，故云云乃爾。然殊不知欲食、欲衣，雖是形氣之發，而食所當食、衣所當衣，實爲性命之發，而爲愛己之道理也明矣。幸更以愚言質之，聽其所論，而回示如何？

與南子皜【己巳】

嗟乎, 吾損翁今忽至此耶! 雖其所患已宿, 不能無隱慮, 而初夏講會時, 得見其神觀, 則睟盎依舊, 酬酢如常。故意謂調將之久, 自當勿藥而有瘳矣, 何圖一夕之間, 風燭奄及? 自家心裏所欲言, 亦未克宣之於外, 遂與世長辭也。此實吾黨運氣之所關, 而彼蒼者, 又何不念斯文之孤, 奪之斯亟耶?

喪出意外, 想無留念之物, 初終經紀, 未知何以爲之? 自聞此報, 氣短心死, 一慟之外, 不知所言。從今萬事已矣, 孑立人世, 餘景能復幾何? 泉路相從, 直蚤晚事耳, 亦不必深悲, 而未死之前, 似無以耐過。

今又被老炎逼人, 未能强扶衰病, 馳往以訣於就木之前, 此恨又終古也。玆令兒輩奔問, 略付數字, 萬萬餘懷, 書何能悉?

答南子皜別紙【壬申】

書末俯詢, 高明之所疑, 愚亦何足以知之耶? 但此第三節云云, 是爲下文將說"五行一陰陽, 陰陽一太極", 故預於此言之, 則此方說五行一陰陽, 而遽以此"道"字作太極看, 似未免徑說。其曰"不必深看, 而主陰陽看"者, 爲合本義。且若以此"道"字作太極看, 則下文所謂"至其所以爲陰陽者, 又無適而非太極之本然"者, 是卽指陰陽一太極而言, 而亦未免爲重疊說之歸矣。如何如何？蓋所謂“道”者，雖非太極外別有之物，而此段是主陰陽而言故也。

“道體之全，渾然一致，而精粗·本末、內外·賓主之分，燦然於其中”，此精粗、本末，以太極、陰陽看爲是。然孔子不云乎？“形而上爲道，形而下爲器”，旣分開說如是。程子系之曰“器亦道，道亦器”，又混淪說如是。故《圖說解》亦本此意。其以太極、陰陽，分精粗、本末，是分開說，又謂精粗、本末無彼此，是混淪說。而後論此段亦然。

“道體之全，渾然一致”，是混淪說，“精粗·本末、內外·賓主之分，燦然於其中”，是又就上面分開說者也。所謂“太極”者，自其不離乎陰陽而觀之，則謂之渾然一致，可也。自其不雜乎陰陽而觀之，則謂太極爲精、爲本；謂陰陽爲粗、爲末，可也。然終是一太極而已矣。今分不離底太極、不雜底太極，有若兩太極者，亦未見其是當。如何如何？

太極、陰陽，不可謂有二理者，亦以道體之全，渾然一致，而精粗、本末，無彼此之故也。第觀“陰陽一太極”之句，則可知其如此矣。彼謂“太極是剔發理說，陰陽是氣包理說”者，亦似有見。然其謂“剔發理說”，是與挑出意同，固未爲不是，其曰“氣包理說”，則有若氣包乎理之外，似不無語病。若曰“氣之如此，是理之所爲”，則庶乎其可也。此皆出於摸索之見，安知其果是耶？如不中理，幸爲示破如何？

答南子皜別紙【癸酉】

智與知覺有理氣之分者，不啻明白，而天下之理，亦未有分而不合者。朱子嘗曰："孟子之言知覺，謂'知此事、覺此理'，乃學之至而知之盡也；上蔡之言知覺，謂'識痛痒、能酬酢'者，乃心之用而知[40]之端也。"此皆以心言，而其下卽曰："其大體皆智之事也。"朱子又曰："知覺不專是氣，先有知覺之理。理未知覺，氣聚成形，理與氣合，便能知覺。"據此，則知覺固是氣，而知覺之理，畢竟是智也。

蓋知覺固是心之德，而智亦能專一心之德。故未發而知覺不昧者心也，而其理專言之則智也。已發而知覺運用者心也，而其理之發見在知覺上者，亦智之發也。是以知覺從心言則屬之心，從性言則屬之性，未嘗有兩箇知覺也。

然則門下之敎，固是分言者，而或者未及乎其合言乎。蓋性、理本無形，而未發尤無兆眹。故古聖賢之論性、理者，多就氣上，又於發處言之，似不可以此而皆屬之氣，而不屬之理也。是以《孟子·盡心章下》，朱子初以知行言，末乃直歸之於仁智者，其非以此乎？伏乞詳敎。

40 知：底本에는 "智".《朱子大全》卷42〈答胡廣仲〉에 의거하여 수정.

心與性之分，如理與氣之分。理與氣雖不相雜，而亦未嘗各離，故旣已分看之後，則必合而看之，然後方得無間之實。故於心與性，亦如是看之，雖不可以心爲性，以性爲心，然性非心外之物，而心又非性外之物。則旣以分看之後，又必合而看之，然後方得妙合之實。

來諭所謂"天下之理，未有分而不合"者，固說得是矣。但心之所該者，有五性，而智居其一，則心大而智小，已分明。心之知覺，體用兼有之，而智之知覺，於用獨有之。則心之知覺之大，與智之知覺之小，又不啻分明。今謂心該五性，則可也，謂智該五性，其可乎？其謂心之知覺，體用兼有之，則可也，謂智之知覺，體用俱有之，則其可乎？

人徒見所謂"智之知覺"者，與心之知覺無別，以爲智亦可以專一心之德。然智之知覺，只是分別是非而已，心之知覺，於惻隱、羞惡、辭讓、是非，無不有以先之。且道惻隱之發也，奚暇於分別是非而後發耶？此旣然矣，則羞惡、辭讓之發，從可知矣。雖是非之發，方其事物之來也，非心之知覺，先有以照燭之，亦安得以遽發乎？

又所謂"心之知覺"，方其存於體也。但有能知覺者，而未有所知覺者，則是固以知覺之理言之，而智之爲知覺之理，爲若無別。故於是焉，混同看之，以爲智之知覺，卽心之知覺，然智之知覺之理，不過包在於心之知覺之理之中者也，又安可謂之專一心之德哉？

今無用他求，但觀退陶《心統性情圖》，旣以虛靈、知覺，書之於心圈，圈中又列書仁、義、禮、智，以明其爲心之所統。則愚未知這虛靈、知覺，是以心言者耶？是以智言者耶？又未知統五性而兼有之者，爲大耶？見統於心而爲五性之一者，爲大耶？

且“知”字與“智”字有別。故《大學》致知之知，《章句》釋之曰“知猶識也”，蓋恐人錯認“知”字爲“智”字，故如是釋之。《或問》又曰“知者心之神明，妙衆理而宰萬物者也”，此皆以心之知言之，而非以性之智言之。《孟子》知性、知天之知，朱子又釋之曰：“知者心之神明，所以妙衆理而宰萬物者也。”如使此知字，非心之知而爲性之智，則何不曰“是性之知”，而必以心之知釋之也？知與智之別，於此又可以見矣。

高明又以孟子之言“知”字，謂此知便是智。然必也下得盡心之工，至於知性、知天，然後方可以智者言。亦如必下得存心、養性之工，至於心與性爲一，然後方可以仁者言一般，豈可以心具仁智之性，而便指這“知”字爲智者，這“仁”字爲仁者乎？

蓋心與性，自是一而二，二而一者也。自天之所賦而言，則其不可不分，而又不可不合，誠如來諭。然自人之所稟而言，則心與性，不待一之而一者，聖人也；必待一之而幾於一者，賢人也，雖欲一之，而終不能一者，學者之未知其方，未盡其力者也，初不知可以一，而不思所以一之，惟二之是甘者，下愚之自暴、自棄者也。奈之何以心與性之本是一而二，二而一，而遽謂性爲心，又謂智之知覺，便是心之知覺乎？

且所謂“智者、仁者”，是據其生質及學，而至於成德之後，卽其意像之所重，或是智、或是仁而言之者也。除了生質之本是聖人外，則學而至於成德後，以其明足以燭理而謂之曰智者；以其理足以勝私而謂之曰仁者，固無不可。

竊意番易沈氏所謂“智者涵天理動靜之機、具人事是非之鑑”者，是謂成德之智者之心，如此則可也，若以解五性之智如此則不可。五性之智，只是分別是非底道理而已，豈有本自是道理而已者，乃復有涵天理動靜之機之理乎？若爾則是爲以理涵理，而殆不成說話。胡雲峯乃引此語，以釋五常之“智”字。故愚嘗以爲未安，不謂高明之見，乃復與沈說同，可歎可歎。

大抵智之知覺，旣發之後，則與心之知覺，脗然爲一，而別無異同之可言。故於其有大小、先後之別者，亦不爲之詳辨，而云云乃爾。然仔細推究，密切體認，則實是如此，有不容毫釐差者，更加思量如何？

夫朱子之訓，旣有初晩之異，又其向人言、答人問者，各有所以言之故。要須因其明白定論及退陶揭示之圖，以是爲主，而律之於其他，合則從之，否則違之，可矣。迷見如此，若未中理，切望駁示幸甚。

與南元大【漢普○戊午】

僕前後見足下屢矣。雖於儀觀緖論之間，竊有所稱許者，而猶未知從來志尙之果如何。頃到損齋家，見足下與敬甫、子皜，共究《啓蒙》，始知足下從事於此學，而大以爲喜。因從子皜問足下平日言行，則其過人遠甚，蓋留意已久云。吾黨中得有如足下者出，是何等奇特事哉？

近來人物渺然，類多衰颯低殘。重任遠道，鮮有能十分擔荷而十分邁往者，卽無似亦其一也。以此尋常歎咄久矣。今觀足下精神氣魄，旣足有爲。而又以損翁爲先進，敬甫、子皜爲强輔，相與質問講討，又非各在遠地之比，則他日成就，有不可量矣。惟足下勉之勉之。

卽日冬令，學履果何似？僕省事粗遣，餘無足言者。

答南元大

曏因子皜聞有左顧之意。卽承耑翰，槪審色憂暨惟憂鱗疊乃爾，未果惠然。仰慮之餘，悵然尤深矣。

俯詢禮疑，方苦風眩，尤無以收拾精神，豈能奉復？然旣以每歲兩丁祭於別廟，則與常行於墓所者，事體自別。且聞書院享禮，以院村不淨廢之者，亦有其例云。無寧依“過時不祭”之文廢之，未爲不可耶？至於或說，蓋以闕享爲切迫情理似然。然兩丁之祭，以紙牓行之，從來祭於廟者，忽復墓所行之，俱涉如何？惟在廣詢審處之爲得耳。

答南元禮【漢模】

卽因令再從來訪，聞哀履支安，此則可慰，而尊府垂老居鰥之容，常在心目。又聞哀方欲移居城底云，念來事勢，似不得不然。而果爾，則從此聲塵，當益杳然，豈勝悵缺之至耶？

近於讀禮之暇，所看何書，所得幾許？計於憂中別無出入，進修之工，似更專一，望須寄示一二，以慰此心如何？雖以古君子言之，業之精進，多在於持服之日，故奉勉如是，抑哀之所患，似以一小成爲畢能事，而遂無發憤勇邁底意象，豈非憫然之甚耶？愛望之至，還不免過慮至此，竝可垂諒而惕念之，無負期待之心，至可。

答權周琢

一別經年，戀想長勤。日前獲承遞來珍翰，驚喜披翫，如復對晤。且審學履淸裕，尤庸慰瀉。第以擾惱多端，有工夫不專之歎，人生世間，烏得免此患？

但滿紙辭意，無非感慨奮勵之發。推是心以往，其篤實邁往，自當無間斷時節，亦將何業之不可修？何理之不可窮耶？誠如是也，雖不能源源相從，便與合堂同席而處者無異。望須益加之意，期於成就後已，甚善甚善。

答權周琢

書中所示，足見反省之切。然學問之道，不專在於讀書，日用之間，致盡人事，自是本分上道理。但令存省之工，無少間斷，則卽此是學。望勿以擾奪爲憂，隨處加勉，以副此期待之心，如何如何？

肅汝一宿卽歸，甚悵然耳。《思傳》疑義，知有箚錄，早晚可面商否？

立齋集

卷十七

書

書

答柳敬甫【辛亥】

頃於料表，獲拜珍翰，謹審潦炎，侍餘起居沖福。此心感慰，已不可量，而滿紙辭意，又極鄭重，讀未及半，不覺蹶然起敬。固意足下有志於斯，而今而後，益決其信然矣，自非天資過人，已見大義，其何能奮發乃爾？

僕與故用卿兄相從雖闊，愛其爲人如玉，尋常期望甚不淺。不幸短命，今得足下如此，喜不可勝。然但以無似者，有一日之長，而欲求益於此，則其誤甚矣。

僕夢外謬得時名，至於上欺天日，每一念至，驚汗浹背。然亦遠外所昧之人，爲游談所惑耳。若近地久要，如宗伯、子皜輩，已悉其空空之狀，豈其愛我厚不以語足下耶？何乃向木居士有求福之意耶？雖然厚意不可虛辜，聊以淺見及僕所闕者言之，以冀足下之採納可乎？

足下才優而氣專、性靜而心細，言其田地，已足以爲學，而目今年力又甚富彊。其於做工令，又可無擾奪之患，而有專一之效。古聖賢敎人用力之方，足下旣知之矣，天下義理之載於方冊者，足下旣詳之矣。

今以來書觀之，則雖其自謙之如是，而足下之志之立，又可見焉，若是者又何患焉？自今以往，只須不懈益力，以求之於其極而已。然足下於其已知、已詳者，勿謂其無復可加，爲之益盡其心可也。

足下謂：知而不行，與不知同。愚則謂：苟能知之，無不行之理，彼不行者，其所謂"知"，非眞知故耳。足下不信，盍觀於僕？僕行年六十，依舊是此伎倆者，豈有他哉？只爲見未到，故行不得。足下但以我爲戒，則他山之石，不害爲攻玉之用。

至於聖門第一心法，不過是一箇敬字，而此亦先儒說得已盡。區區於此，尤未嘗一日體行。然點檢許多罪過，皆由是出焉。鄙所謂"見未到"者，推原其故，敢此備陳，以爲足下前車之戒。竝乞垂諒幸甚。

《同源亭韻》，重違勤敎，忘拙和呈，一粲如何？

答柳敬甫【壬子】

昨於匪意，獲承哀問，就審近來，孝履支相，荷慰無已。僕老親姑安，而身家近苦風眩。日間精神，如在雲霧之中，如此昏憒之物，雖欲强爲收拾，以求寸進於眞知實踐之域，其可得乎？

大抵根基無素，培養不力者，年迫桑榆。例患如是，非但疾病爲祟而已，此實可懼之甚。故方擬以此奉戒於同志諸朋友，把作前車之鑑，則庶幾有助於惕厲奮發及時下工之地，而顧未之能。此際盛問適至，殆無異於卽盲以求道。故不暇他言，而汲汲乎以是爲對。

至於思慮走作、工夫生疏之示，則此物正亦坐在裏許，不知所以自免於此，尤何能爲哀謀也？但以平日所聞言之。此是初學之通患，而亦無他藥可醫，只在當人自着力之如何。苟知其如此是病，則須敎不如此是藥。而來諭所謂“收斂體察”四字，似已得其要領，此外又豈有別般方法乎？

第觀盛意，若以持敬之工，爲在於此四字之外，而分外做箇貌樣，以爲如此，方是持敬云爾，則其見恐誤。夫敬果有甚形象乎？只是程、謝、尹三先生所論“整齊嚴肅”、“不敢欺·不敢慢”、“主一無適”、“常惺惺法”者，旣說盡無餘。朱夫子“惟畏爲近”之說，又更分明。誠使一循其法而密切加工，敬以收斂、敬以體察，不令其少有放倒、少有滲漏，則卽此收斂體察之中，而敬便在是。

久久用力而不撤焉，則思慮自然整齊，而不至於走作；工夫自然純熟，而不患於生疏。存養、檢省之工，各隨其時分、地頭，而無不奏效於方寸之間矣。此箇地位，除非體立用行之君子，則有未易言。而今欲猝然期望於旬歲之頃，患不能立地成佛者，無乃傷於急迫，而其終或未免爲進銳、退速之歸者乎？

然而若哀之立志固而發願大者，其於聖賢之謨訓，學問之蹊徑，誦習非不爛熟，見解非不透徹，則此等病痛，直是鄙人過計之憂，而萬萬非所論於今日進修之地。幸望益加振奮，益加淬礪，終始以一“敬”字爲根本田地。而精思力踐，互進其工，則隨吾之力量才分，而自當有成就之日矣，亦何必思前計後，預有所憂歎耶？

夫子所謂"先難後獲"，董子所謂"不計其功，不謀其利"者，皆就立心原頭，而指其極正當處而言之，以示萬世學者爲己本領。想哀亦已有味乎此，而其在樂聞之意，必不厭其熟複言之。故如是縷縷，千萬俯諒幸甚。

《朱書》可疑處，異時相對，可與之論難，得聞其精義否？愚意文字上講磨，固欲其無一毫之不通。而除却隱晦底義理，其顯然明白，坦然平正，而於日用工夫最親切的當者，爲先汲汲受用，則其意味却似無窮，而功效却似無盡。正不必勞心苦意，强探力索於無甚緊要之處，虛費光陰，虛費精神，而蹉過目前之急務也。未知哀意以爲如何？

答柳敬甫別紙

七情亦發於理，當初聽時，不能無疑，而未能仰質。伏見抵子皜書，批誨勤摯，又引先先生書以爲證案。淺見末學，何敢容喙於其間？然有疑而姑信，亦非求益之道，故玆敢更爲仰陳。

夫《中圖》之言性，是本然之性也。性旣不雜乎氣，則情之發於性者，是本然之情也，而仔細翫繹，固有未然者。其曰"就氣稟中，指言本性"者，與"就善惡幾，言善一邊"者，其指意不能無別。夫就氣稟而言本性，則不雜乎氣質而純理之性也。若夫就善惡幾而言善一邊，則善者固是天理之本然也，惡者亦可謂天理之本然乎？借曰"善惡幾是氣也，善一邊是理也，就氣而論理云爾"，則又似不然。善惡幾之"善"字，卽善一邊之善也，豈可以同一善字，而分言於理氣耶？

愚意以爲七情之包四端，係於性圈之下者，所以發明四七之苗脈，而又以明七情之初無不善也。似不可以此而遂謂之發於理也，未知如何？

所示七情諸說，見得儘密，說得儘細，可知翫索之工，轉到親切境界，而但於鄙說，似有領略未盡者。愚何嘗以七情爲全發於理，而不發於氣乎？蓋曰"七情，有自形氣而發者，有自性命而發者"，苟其自性命而發，則是與四端無異，而雖謂之發於理，可也。如其不然，退陶之《心統性情·中圖》，所以明本然之性，不雜乎氣者，而何以置七情於四端之左右？吾先祖與頤齋書，又何以云"孟子之喜，文王之怒，何嘗不發於理云耶？"

夫四端之發於理，七情之發於氣，子朱子旣已明白立說。至我老先生，又爲之發揮得十分，無復餘蘊。而其見於《語類》及與高峯往復書者，愚亦非不見之詳矣。

竊嘗思之，仁義禮智之端，孟子雖只以四者言之，此四者所包甚闊。其自性命而發者，亦當有喜、有怒、有哀、有樂，而粹然無形氣之雜，則是爲發於理也，似不啻分明。故老先生圖及吾先祖說，有如彼焉。

且以圖下說觀之，其所以指示者，尤爲較然。試擧其略。如曰："《中圖》就氣稟中，指出本然之性，不雜乎氣稟而爲言。子思所謂'天命'之性，孟子所謂'性善'之性，程子所謂'卽理'之性，張子所謂'天地'之性，是也。其言性旣如此，故其發而爲情，亦皆指其善者而言。如子思所謂'中節'之情，孟子所謂'四端'之情，程子所謂'何得以不善名之'之情，朱子所謂'從性中流出，元無不善'之情是也。"足下試察之。

其曰"子思所謂'中節'之情"，非喜怒哀樂而何？夫旣以本性之不雜乎氣稟者，言之於前，又於性發而爲情處，專指其善者言，而七情亦爲之竝擧。若是者，是果以發於氣者言之乎？以發於理者言之乎？第以程、朱兩夫子之說觀之，其爲發於理也甚明。故此所以置此七情於四端之左右，以示其與四端同。

蓋發於氣者，如《下圖》之別書於四端之下層是也。或疑如是，則此圖之四端七情，皆無氣之可言。然元來理氣二物，雖不相雜，而亦未嘗相離，故退陶以爲"四端理發而氣隨之"。四端旣是"理發而氣隨之"者，則此七情之亦爲理發而氣隨之者，從可推知矣。

惟《下圖》七情，方是"氣發而理乘之"者耳。因記頃年與子皜閑論及此。時則未及思老先生《中圖》之有是，輒以己意斷之曰："是其發於理者，凡所謂喜怒哀樂等，依舊帶之以本來名色，移屬於四端邊，可也。"子皜笑曰"未知孟子果受之否乎"，蓋亦聽瑩於此故也。曁後得此圖及先祖說，然後益信愚見之不妄矣。

或者又疑：審如是，七情之發於氣者，亦兼善惡而言，若其善也，則是與發於理者無異。故先輩之論，有以爲四端是就七情中剔出善一邊而言，此其說不亦善乎？曰："不然也。若不分發於理、發於氣，徒以所謂名爲七情者言之，則其中發於氣而不拂乎理者，亦旣得善之名，而與發於理者之善，宜若無異同。然其實此二者苗脈，本自不同。發於理者，天下之公也，其用甚大，其義甚廣，直與四端同其類。然終是四端自四端、七情自七情，而各專其名色，何得以發於理之同，而指七情爲四端乎？然則所謂'就七情中剔出'云者，愚未知其何說也。乃若發於氣者，不過是一人之私也。雖其不拂乎理而得善之名，其用甚小，而其義甚狹。且其勢易肆而不可縱，常加斂約之工。然後方得保其爲善，則是與四端之純善，直是不同。如是而謂就其中剔出，可乎？愚尤未知其何說也。且所謂'剔出'云者，本謂混雜之物，分別得如是耳。至如四端七情之發於理者，則與彼七情之發於氣者，非但苗脈之各異，而其貌象、形狀，不啻懸殊，初非可混雜之物事也，有何分別之可言，而謂之剔出矣乎？"

曰："然則子思之言喜怒哀樂，退陶以爲渾淪言之者，何也？"曰："是則有說焉。子思固以其發於性者言之，而未論發於理、發於氣，其爲七情則同。故以爲渾淪言之者，此耳。非謂發於理之七情及發於氣之七情，相混雜而無分別。且子思於此，只說七情而不及四端。故老先生意謂：四端亦包涵在不言中，而如是言之。愚謂：'渾淪'字，與'包涵'字同，而未可便以雜理氣疑之也。"

曰："然則《下圖》之不書發於理之七情於四端之左右，何也？"曰："有是哉，子之不通也！四端七情之發於本然之性，旣於《中圖》明之，則《下圖》之更書四端，只欲與七情相對，以明此爲理發、彼爲氣發而已。且《中圖》之七情，旣發於本然之性，則本然之性之發。此雖只書夫四端，而七情亦包涵在不言中矣。今若爲人之疑其如是，而氣發七情之外，復圖發於理者於此，則重疊眩亂，非但其勢有所不可，而又何以見夫四端七情之爲理發、氣發，若是簡潔明白矣乎？"

嗚呼！子朱子以後，洞見此理之本源，而發明得四七理氣之分，未有如我老先生此圖之痛切丁寧。而七情之發於本然之性者，又爲之揭示者，直截無疑，而今人每每拘泥於文句，不能致詳。故如足下反不免有疑，而以吾言爲若創聞者然，幸更仔細紬繹，以爲究竟之地如何？

與柳敬甫

鄕飮禮，聞其果定於初二云。竊料吾敬甫亦必赴會，而邑中相面又可期。但其儀節繁碎，無由領略得了了，未知座下則無此患否？行禮者其中節與否，非《儀禮》一本，亦無以知之，而有難挾書而往。玆以走伻，前日奉借笏記，幸爲覔送如何？

目今春流演漾，山花滿發，景物政爾暄妍，自邑歸後，須與子皜并爲惠然，以共嘯詠於巖紅渚綠之間，因做十日團圞勝事也，千萬勿孤。

答柳敬甫

頃示"致曲"說，近復細翫，則所言儘爲詳密，可謂窮究到十分，而似無復餘蘊。若每事皆如是明辨，其於此道，何患不盡其精微也哉？反復之餘，歎尙無已。

第以愚見則其說全體處，猶似未盡。蓋全體與本體有間。本體雖衆人，亦與聖人無異，至於全體云者，則惟聖人可以當之，而衆人莫得與焉。果如來諭之說，但《章句》所謂"擧全體而無不盡"者，恐當更爲尋繹而得其義可也。

是其在於聖人之全體，固若八牕中燈火，其玲瓏而光明者，何所不呈露？而今足下只就其一面照燭處言之，則衆人之有覺於介然之頃也。其空隙中洞然可見底本體，旣與聖人無異。聖人只是此燈火，衆人亦只是此燈火，而其自本體中發見者，同爲一面之照燭。雖其光輝之懸絶，今若就此而言之，則匹似只說得本體之發見。且於《章句》所謂"擧全體而無不盡"者，無甚發明，斯豈非未盡處耶？

然則"擧全體而無不盡"，當如何看？蓋聖人之德，至誠無妄。以仁則親親之仁、仁民之仁、愛物之仁，卽其全體中，無所不具者。故其所以爲仁者，擧此三者而無所不盡。以義則從兄之義、敬長之義、尊賢之義，卽其全體中，無所不具者。故其所以爲義者，亦擧此三者而無所不盡。以至於禮、智之擧而盡，亦皆如是。

蓋面面燭照而無一毫不盡，雖只以一面言之，仁之發則仁固爲一面，而義、禮、智三者，亦從以渾然與俱。其爲全體，未嘗不次第呈露於仁一面之中，以至於義、禮、智之發，而亦皆如是。以此觀之，則又不可以一面燭照，謂其此一端之發見而已。倘所謂"擧全體而無不盡"者，至此而益較然矣。

乃若自大賢以下，凡誠有未至者，其爲全體者，已不能如聖人，而其發見者，逐面纔是一端而已。是故以仁而言，則或能於親親，而不能於仁民；或能於仁民，而不能於愛物，而雖於一事上，或能此不能彼者，皆是焉。以義而言，則或能於從兄，而不能於敬長；或能於敬長，而不能於尊賢，而雖於一事上，或能此不能彼者，皆是焉。禮、智亦然，是乃所謂"一偏"也。故致曲之道，必自是一偏而悉推致之，以各造乎其極。

蓋一偏之於全體，雖其蔽與通之不同，而其實蔽者、通者，只是氣使之然耳。至於本然之理，則初無彼此之別，源流脈絡，元自貫徹。故苟卽其一偏，而極力推致之，使之必造乎其極，則及其至也，亦與聖人之全體一般，而無所擧而不盡矣。以此而言，本體與全體，雖若有間，而由其本體之一，故卒能至於全體之一，則到此，又不可以不同言也。未知此說果如何？

前日鄙論所謂"多亦偏、少亦偏"者，蓋因程、朱氣質之說，而推言至此。然猶恨其未快，今足下之說，亦似未盡。故遂爲之畢其說以復，如未當理，又賜辨解，以爲究竟之地，幸甚。

與柳敬甫、南子皜

日昨得損翁書，審知子皜比能盥櫛起動，敬甫頭風一向頻復，一喜一悶。憧憧更切，卽辰僉啓居何似？春煦日融，萬和爭暢。竊計已蘇者當愈健，未蘇者亦已佳矣。未知學味，亦隨而益勝，研究體驗，長得幾許格耶？

宗親候每欠和泰，末兒近得一苦症，試藥無效，煎悶憂念不可言。

惟是巖花滿發，溪柳爭青，山樓物色，無一非發人好意者，朝暮嘯詠，興致殊邈，天公之餉我多矣。顧不得與吾人共之，居然林月缺已半焉。瞻焉有懷，可堪悵然？未可趁此時偕臨，做得數日團圞耶？切企切企。

與柳敬甫

卽日臘寒，想惟侍餘啓居益勝。宗奉晨依昨，餘何足道？曏者黃次野來此，與子皜講討數日，約於今旬後，更會與語，而今者佳期已迫矣。如得彼此皆無故盍簪，此實寂寞中勝事，故預爲之翹企如此。

竊想足下，亦必爲之翩然肯臨，損翁亦有左顧之意。如我昧陋，於是焉坐獲開發，益知其所未知，當不可量，其幸當如何也？近來衰朽轉甚，於凡經傳微奧，無以自力硏究到十分。所賴賢朋友左右論辨，弗得弗措，則不惟從前疑晦，因此得明，亦不無一番精神起發於其間。忽有新意思特地出來，比舊頓勝處，以此尤喜麗澤之相資，其願倍加於前日也。

與柳敬甫

頃蒙委訪，得一宵穩話，慰感實切。卽玆霜令，侍餘學履益勝否？哀溯無已。宗拊時如新之外，精神去益昏短。未論甚義理，無極力硏究之勢。計其年紀，無怪其衰之如是。然曏使根基深厚，則亦豈便至於此？望須以我爲戒，而趁此時益加培養之工，以爲終身得力之地，至佳至佳。

鄭際勳、李聖應資質志尙，俱不凡。雖於窮理上時，未能一一精到，此則初學例患。若使終始篤實，精思明辨，其進未易量，安得不嘉賞乎？

近來學術不振，後生少年中，苟有能向上者，則無論高下，一倂奬勸，使之興起，是吾輩之責。而如鄙人者，此意尤切，自傍人觀之，實不無雨露太勝之患。然殊不知今日接引之道，諒無過於是。幸察此至心，此等新進必爲之同心提挈，盡誠開導，以期於偕之大道，乃君子輔仁成物之意也。如何如何？

答柳敬甫

前日惠疏，哀慰至今。且審冬令，侍餘學履珍重。第以周旋人事，不無奔忙之歎，殊爲奉念。然日用應酬，無非道理所在。但得隨處存省，勿令此心放逸，間遇閑隙，即不廢翫索之工，則其爲學也至矣。幸無以妨奪爲患，惟以篤實爲主如何？

橫渠井田之制，來說似得之。但公稅之外，又有私斂，則便與加賦無異。恐於人情不合，此爲可疑耳。

答柳敬甫

橫渠井田之制，所謂"立斂法"者，來說亦可謂推得儘密。

至於玉衡窺測之法，雖未能揣知其如何，而第以圖子窺之，則璇璣造成之後，別無障蔽其外之物，許多雙單環，歷歷分明，其轉運度數，似可卽目而知之，此則恐無可疑。但其轉運之術，旣不能得，則設令依古方造成樣子，亦歸甚無用。譬如浙米子之知編而不知束，直是好笑而已。如何如何？

答柳敬甫

比來長霖快霽，而庚炎殊酷。不審侍履起居，際玆何如？哀溯且鬱。宗苟延依昨，而經過潦暑，昏涔可想，縱有對書冊時，其能得分寸進益，豈易事也？每念賢史與子皜，日夕相講劘，所得當無窮。而川途稍間，無由種種聞緖餘，只自悵羨而已。

"國中什一使自賦"之說，《孟子》此段《集註》，讀已久思不起。考之《語類》，則以爲"王城之內，豐匈易察"云云，大意要不外此。至其用徹法與否，亦無可考信處。然旣是易察之地，則令其通力合作，計畝均收而使自賦，豈可謂必不爾耶？

蓋國中什一，輕於野之九一者，以其役之較重也。而《周禮》則邦中之賦，如園、廛之類，乃至二十而取一，比田又減其半。惟漆[41]林之征，爲漆之利多，二十而取五。此皆周家一代之制，至孟子時，諸侯惡其害己，而皆去其籍，故無從得詳，只擧大略而言之。竊意此等處，只得依他說大略認取，恐亦無妨。如何如何？

41 漆：底本에 "桼". 문맥에 의거하여 수정. 이하 동일함.

答柳敬甫

俯詢《孟子》疑義，以愚所見：則此章首一節，似專以小體言。蓋以一身之無所不愛，則無所不養，卽人之易知者，故擧而言之，以明大體之亦當無所不愛而無所不養耳。如其不然，小體之於大體，其大·小、貴·賤，不啻截然，而顧於此乃平等而幷論之曰“兼所愛、兼所養”，若是，其無差別可乎？故曰“此一節，專以小體言”者此也。

至下一節，方提出其大且貴者，使無以小且賤者害之。然所謂“小且賤”者，亦此大且貴者之所寄寓，而不可忽者也。如使口腹，聽命於大且貴者，而無有失也，則是乃軀命所關，其爲當愛而當養也，豈直如尺寸之膚而已哉？特不可以此而害其大體耳。孟子立言之意，要不過如此，至如口腹之於尺寸之膚，則其輕重、緊歇，亦自有別。今謂口腹便是尺寸之膚者，愚則未敢以爲然，如何如何？

答柳敬甫別紙

《論語》仲弓問仁章《集註》程子曰“謹獨便是守之之法”，小註饒氏及《心經》小註史氏所謂“持敬之氣像云云”、“特象恭色莊云”者，大山先生雖以爲備一說，而終覺未穩。蓋動容周旋中禮，分明是聖人事也。纔出門如見、如承，而安能遽及於聖人地位耶？愚意以爲如見、如承，而如是做工，則畢竟有這氣像矣。若其守敬之法，則只在於愼獨也。如此看，未知如何？

如此看儘好。但所謂“象恭色莊”云者，彼見人有不能謹獨，而徒欲爲如見、如承底氣像者，以爲是“象恭色莊”，則存之以備一說，亦未爲不可。旣曰“備一說”，則其說之未穩固也。乃若動容周旋中禮，自是盛德之至，而非一朝可能。夫子之語仲弓以此，亦豈朝下工而夕便爲聖人耶？但苟用力於敬，自其未出門、使民之時，而已有持養工夫，則雖在學者動容周旋之際，亦不可謂全無此氣像。

程子“心廣體胖”云云，蓋就夫子所語二句中，翫味出來，遂爲極其至而言之。然卽又提“謹獨”二字，明示守之之法。蓋惟謹獨而後，持敬之工方無間斷，而動不動，天理隨處流行，出門也如是，使民也如是，而不患無此氣像矣。今且從事於愼獨，以自察其果如見、如承與否而加勉焉，至於“氣像”二字，不須理會期必，亦是先難後獲之意。如何如何？

答康思彦【儼】《書傳》問目

堯命四岳曰“汝能庸命，巽朕位”，岳曰：“否德，忝帝位。”按堯是時年老倦勤，將欲得人以治。而一咨而得丹朱，再咨而得共工，三咨而得鯀，則在廷諸臣，無踰於四岳，可見矣。故不得已而欲授之四岳，而岳自知明，卽以否德自處。此雖謙讓之辭，而堯亦不復强之，直曰"明明，揚側陋"，以勉其更擧他人，不審然否？

堯廷諸臣，皆無踰於四岳，固也。獨怪夫以天下相傳，何等大事，而旣欲傳之四岳，以其一言之讓，又遽舍之。聖人施措，決不如此之輕，故尋常未曉其義。

竊意所謂"汝能庸命，巽朕位"者，是謂汝能庸我巽位之命，而必得人而使巽位也。所謂"否德，忝帝位"者，是謂人若否德，則必忝帝位，而不可輕也。故堯於是又使之"明明揚側陋"者此也。以此言之，堯之言初非欲傳位四岳之辭，岳之言又非出於自謙之辭。而其傳天下大事，少無輕遽之疑，如此看果如何？

堯之三咨而皆不得人，固如來示。然自其初咨之時，已知有舜在下而欲得之。故註亦曰："自此以下，皆爲禪舜張本。"及其師錫帝之後，帝卽應之曰"予聞如何"者此也。以此言之，其欲得舜而傳之者夙矣。又豈有徑巽於四岳之理耶？

"納于大麓，烈風雷雨弗迷"，按堯之於舜，歷試而畢驗，則納麓之下，亦當言其效，而却言風雷之弗迷者，何哉？

"烈風雷雨弗迷"，愚則竊以亦言其效認之。非特上文旣歷言其效，而此獨不然，爲可疑而已也。孟子不云乎？"使之主祭而百神享之"。夫百神之享，曷以徵諸？聖人之誠，上孚於天，祈晴則晴，祈雨則雨，未有不立致其效者。

當此之時，堯之所以納舜於大麓者，不惟使之相視原濕而已。實以洪水之災，烈風雷雨，常常發作，未有休息之時，故使之徧祭于名山大川，而名山大川之神，果有以享之。前此之烈風雷雨，於是而果不復發作，則所謂"弗迷"者，是指烈風雷雨，自弗迷而言耳，豈舜弗迷而言耶？惟如此言之，然後方與上文之歷言其效者合，而聖人之誠，上孚於天，亦可知矣。

今必以爲舜弗迷者，未敢信，然而朱子此訓亦有所據。蓋司馬遷作《五帝本紀》，而於舜則多引用舜傳語，間付以自家所見。其曰"烈風雷雨，舜行弗迷"者，是《舜紀》語也。

夫"震驚百里，不喪匕鬯"，於《易》言之。而黃龍負舟之時，禹不變顔色；波濤洶湧之際，伊川凝然不動；烈風雷雨之變，舜之行弗迷，亦其宜爾。但此一段文勢語脈，畢竟以其效言之，然後爲合其義例。故敢質所疑如是，幸試思而回教之。

"水、火、金、木、土、穀惟修"註"惟修者，水克火、火克金，【止】六者無不修矣"。按"水、火、金、木、土、穀惟修"之義，以朱子、王氏之說觀之，固無難曉。若如傳文，則"相制以洩其過"者，以相克言也，未見其有修之之義，而結之曰"六者無不修"者，何也？余氏所謂"言氣不言材"，似亦疑此。然反復思之，終未曉然，伏乞鐫敎。

此不曰“水、木、火、土、金”，而必曰“水、火、金、木、土”者，以五行之相克而言也。故註亦但就其相克而爲說如此，以爲這五者，相制、相助而生五穀。蓋“相制以洩其過”者，卽所以相助而補其不足也。今以一年歲功之所成就言之，水、火、金、土之相制、相助而得遂其用者，木一行之外，別無可言。而五穀皆草也，則是木之屬也，歲功之所成就者，果有加於是者耶？用是幷穀而爲六，以見其歸宿關重之有在。

至於“修”字之義，彼五行之相制、相助以生五穀者，雖其本然之用，而洩其過，補其不及，惟在人修之之得其宜。所引朱子及王氏說，皆包在其中，故只如此言之，而義無不足。

乃若余氏所謂“言氣不言材”，未知其何以云然。然箕子以鯀之湮洪水，爲汨陳其五行，則是亦可謂言氣不言材耶？水一行亂，而餘四行皆亂，其不可使一行或不修之義，於此而又可見矣。

“惟元祀十有二月”註“周建子矣，【止】周未嘗改”。按《七月篇》小註，凡《詩》中月數，皆以寅月起數，則周之不改月審矣。然竊嘗考孟子所謂“七八月，乃今之五六月”，則是周人固已改月矣。《春秋》之“春王正月”，是改周曆之子丑月爲春，而可堂吳氏亦曰：“周革夏命，以子月爲歲首，不特改月，而又改時。”然則蔡氏斷然以爲周未嘗改月。又於《泰誓》之春，《武成》之一月，皆以爲建寅之月者何也?

周之改月、不改月, 愚亦未知何說爲是。然《七月篇》是周公作也, 而其中歷擧之月, 與夏時同。若以此爲在於未及改正朔之前, 則其曰"一之日"者, 是爲十一月之日也; 其曰"二之日"者, 爲十二月之日也。是雖從一陽數數之, 而其以子月爲歲首明矣。只此一篇之中, 相左之如是, 又何耶? 且旣以正月之日爲三之日; 二月之日爲四之日, 則其餘月, 亦當以此數推而號之, 而却從夏時之月。故竊意王者, 雖每一世而必改正朔, 然此子丑寅三正, 別無特用其一, 而不用其餘之事。

以周言之, 斷然以爲歲首者是子月。故以子月爲一, 而丑月則謂之二, 寅月則謂之三, 卯月則謂之四, 而其餘月, 則不以此數數之也, 非以三正之不容無其一故耶? 且如啓之伐有扈氏也, 但當以不用夏正罪之, 而乃以怠棄三正罪之。以此觀之, 雖不用寅月之正, 若用丑月或子月之正, 則其罪似猶在於可恕之科。

今周雖以子月爲歲首, 其從周正, 而逐月從一數數將去, 如孟子所稱, 固可矣, 其從夏正, 而如《七月篇》數將去, 亦可矣。是何也? 爲三正之俱在所不禁故也。然而三正之中, 惟夏正最善, 故孔子答顔子爲邦之問, 以行夏時爲首。意於是時, 天下之紀月者, 皆如孟子所稱故耳, 則先儒之認爲改月, 無害於義。《七月篇》外凡《書》中所稱月數, 皆如彼, 則蔡氏之認爲不改月, 亦無害於義。今無用多辨,只須兩存之，而如愚說以看，或不妨否？

"至于太王，肇基王跡"註"太王雖未始有翦商之志云云"。

　　按朱子於泰伯至德章註曰"太王有翦商之志，而泰伯不從"，小註又曰"翦商自是周人語。他豈有自誣其祖?"觀此則朱子亦嘗反復於此，而蔡氏：以爲太王未嘗有翦商之志。若然則夫子何爲而稱泰伯之至德也？朱子又以泰伯之心，爲夷、齊叩馬之心；太王之心，爲武王孟津之心，則雖謂太王之有是志，亦非有嫌於聖人之德也。不審如何？

太王翦商事，朱子之訓既如是，則學者固當篤信、謹守，而蔡註說似亦不爲無見。蓋天下之事，無出於義理、事勢二者之外。以義理言之，則太王方臣服於殷，決無公然欲翦滅之意矣。以事勢言之，則太王之時，商道雖曰"寖衰"，而先哲王六七作，深仁、厚澤，普洽於天下，而萬民方且愛戴如父母。周德雖曰"日盛"，而纔得新邑于岐，凡事草創。若復以之而爲犯順之計者，又是決無之理也。

竊意孔子所以美泰伯至德者，只爲泰伯之當日讓國，民可得以稱之，而至於讓國之所以爲讓天下之實，則民無得以稱之，故據其有天下之後，而推本之以闡其至德耳。

且以太王棄豳一事觀之，其仁可知。彼其棄豳猶弊屣者，果爲生心於取天下，而必傳之王季，以及文王耶？此不過爲文王之聖，過於泰伯之子，而欲傳國焉耳。未知左氏所謂"泰伯不從"者，果指甚事而言之也。

大抵左氏之《傳》，多出於誣。彼見孔子以三讓天下稱泰伯，而詩人所謂"實始翦商"，又與《書》所謂"肇基王跡"，合遂裝成此語。有若太王直有取天下之心，而泰伯不從者然，殊不知孔子及《詩》、《書》所稱，皆推本之言也。顧朱子不以爲誣而引之以證其說，何可別立議論？而但以義理、事勢推之，則蔡註說亦似不爲無見。幸更細思之如何？

《武成》小註朱子說，"若使文王漠然無心於天下，則三分之二，亦不當有矣"。

聖人心中只有箇一段天理而已。故愚嘗謂三分天下有其二，是當日，自他人觀之而謂其如此耳。文王心中，初無一"有"字。故率商之叛國，以服事殷，此其所以爲至德。且如所謂"待他黃熟自落來"，是亦自他人觀之而謂其如此耳，文王心中，初無一"待"字在焉。如其有之，是人欲也，豈足爲聖人乎？此等處，學者只宜活看。

答康思彦《太極》疑義問目

圖第一圈。

按此圖第二圈以下，皆標其名，而獨於第一圈不然。蓋太極者，不離乎陰陽，而亦不雜乎陰陽，故二圈以下，莫不有一圈以象之。然若於第一圈，特標其名，則是《太極圖》之稱，專在於第一圈，而不在於以下諸圈故耶？

所謂"無極而太極"者，雖曰"卽陰陽"，而指其本體不雜乎陰陽而言。然旣曰"太極"，則是幷不離、不雜而言者也。今指第一圈爲不雜，第二圈爲不離，則是太極半在第一圈而半在第二圈，不成爲太極矣。

蓋太極雖是無聲臭物事，而其實離陰陽不得。故必幷其不雜而言之，然後方爲十分圓滿底太極，是卽所謂"無極而太極"也。又其不離者，何獨於第二圈爲然乎？於第三五行之圈、第四男女之圈、第五萬物化生之圈，皆一例不離。而特以其不離者，初無聲臭，而有不雜者存，故摠四圈之所不離，而作第一圈於上，以形其不雜如此耳。非謂這物事特然，別有在於不離之外也。試更細思之，幸甚。

《圖解》所以動而陽、靜而陰之本體。

按《圖說》曰"動而生陽，靜而生陰"，而此則去"生"字，何哉？故朱子曰："纔動便屬陽，纔靜便屬陰，此《圖解》所以去'生'字者也。"蓋恐學者以"生"字疑其有先後漸次，故《圖解》之言恐如此。南塘以《圖說》之加"生"字，謂有道、器一物之嫌。愚意終似未安，伏乞指教。

濂翁之作《太極圖說》，實本於夫子"易有太極"之語，而來諭謂其言“生”字，皆夫子之意者，極是。又謂“動而生陽，靜而生陰”者，非有先後漸次，其實動靜卽是陰陽者，亦未爲不可。但夫子分明說“太極生兩儀”，濂翁又分明說“太極，動而生陽，靜而生陰”，則這“動靜”字，須以太極之動靜看。然後其下得“生”字，方爲有根本之歸矣。若曰“動卽是陽，靜卽是陰”，則濂翁何故於動靜下着得“而生”兩字乎？

竊謂朱子所以如此云云者，蓋以所謂“太極”者，元無聲臭，其動、其靜，有不可見，而可見者是陰陽。故纔動便屬陽，纔靜便屬陰，使學者卽其可見底，而認得出不可見底。然觀便屬陽、便屬陰等語，則亦可知纔動、纔靜云者，亦是以太極而言。

又太極不特生兩儀而已。自《易》言之，四象、八卦、六十四，以至千兒、萬孫，皆太極之所生也。自此圖言之，五行、男女、萬物，以至千變、萬化，皆太極之所生也。

夫太極旣無聲臭之可言矣，未知孔子、周子何從而見得如此耶？蓋以陰陽二端，循環不窮，動極則不得不復靜，靜極則不得不復動。一動、一靜之互爲其根，分陰、分陽而兩儀立焉者。自是亘萬古常然，而天下許多物事，率皆違越他不得。是非有一箇定理，爲之主宰運用，撑拄建立於宇宙，而能如是乎？

是以聖賢有見於此，而以其爲至極之理，名之曰“太極”者此也。雖名之曰“太極”，而實無聲臭之可言，故又名之曰“無極”者此也。是其動而生陽，靜而生陰，惟聖賢明若觀火，而言之如彼，則固非凡人之所能知。

然常試驗之於呼·吸、寤·寐之間，而信其有必然者，何則？今夫呼之將極也，則其勢不得不復吸，而復吸之理，已萌於呼將極之時；吸之將極也，則其勢不得不復呼，而復呼之理，已萌於吸將極之時。是其旣呼也乃陽也，旣吸也乃陰也，而其理之已萌者，非太極之動靜乎？寤、寐亦然，寤之理已萌於寐將極之時，寐之理已萌於寤將極之時。寤是陽、寐是陰，而其理之已萌者，非太極之動靜乎？

據此二端，太極之動而生陽、靜而生陰，已不啻明白，而推之萬事，無不皆然。然則只此一"生"字，道、器之非一物，已自判然矣。然而太極之動靜，必就陰陽上看之，然後方見其不離、不雜之實。故其言道、器，亦必以形上、下言之。若非這形，未知將何所據而謂之上、謂之下耶？來諭謂旣曰"太極"、曰"陰陽"，則道·器、上·下之分已判。只爲推本陰陽之所以生，實自太極中來，故其下得"生"字，自是立言之不得不然，而非欲分別道、器而然也。

其辨破南塘云云之說，可謂極是而無餘蘊矣。但於太極之動而生、靜而生處，不肯丁寧指說，以這動靜，直歸之陰陽，有若陰陽自動、自靜，而太極則無以主宰乎其間者然，豈愚之認得誤耶？請更就鄙說而詳玩之，幸甚。

水陰盛故居右【止】金陰穉故次水。

按《圖說》註曰："水、木，陽也；火、金，陰也。"《圖解》則却云"水陰、火陽"者何也？ 南塘曰："圖體水、火置上，金、木置下，五行生出之序也；水、金居右，火、木居左，五行成質之分也。” 以生言，則水陽而火陰也；以質言，則火陽而水陰也。二義本自具於圖體，勉齋特未之察耳。

南塘說儘好。來諭質體氣用之說，亦不爲無見，而大抵五行之變，有不可窮。故朱子所謂“以質言、以氣言及錯而言”者，其於五行之變，有不可窮者，可謂說得幾已盡矣。則以水火爲陰陽之盛，而置之於上；以金木爲陰陽之稚，而置之於下者，亦其理宜也。又五行之所以爲五行，則固當以生出之序言之；而五行旣生出後，則惟當以流行之序言之。然後方合於造化發育之妙。故《圖說》始雖曰“陽變陰合而生水、火、木、金、土”，然旋卽繼之曰：“五氣順布，四時行焉。”

今且以“五氣順布，四時行焉”者觀之，則水爲冬，而火爲夏。寒莫如冬之寒，而熱莫如夏之熱，其以水爲陰盛，而以火爲陽盛，不亦宜乎？然而陽雖生於冬，而方春則時未及乎其盛，春是木也，故謂木爲陽稚；陰雖生於夏，而方秋則時未及乎其盛，秋是金也，故謂金爲陰稚者，又不亦宜乎？

若其以盛而必居上，以稚而必居下者，蓋以動不極則不可以靜，靜不極則不可以動故也，而《圖說》所言“中、正、仁、義”，亦以此爲序，其以中、正居上，仁、義居下者，亦是之故耳。以此言之，水、金之居右、火、木之居左，亦豈無其理而書之耶？

第四節“五行之生也，各一其性”。

○按上面言太極，而於五行便說性者，何也？太極是就本原說，性是就稟賦說，而五行之生"生"字，卽是生質之謂，則於此而言"性"字，尤爲親切。且上面已說"陰陽一太極"，則陰陽之各一其性也，可見。故獨言於五行者，此耶。

於五行言性之義，發明得是當，不易窮究到此。

第八節"修吉、悖凶"註"亦在乎敬、肆之間"。

○按朱子於第二節言"誠"字，此節言"敬"字。蓋第二節之太極動靜，天道也；此節之修吉悖凶，人道也。天道必言誠者，所以明天理之本然也；人道必言敬者，所以明人事之當然也。

來諭見得是。

第十節註"《易》之爲書【止】此圖盡之"。

○按此圖本於第一圈之爲太極，第二圈之爲兩儀，卽圖而已可見矣。第三圈交會之畫，不及於土，爲四象之象，已有度氏說矣。

愚意妄謂第四圈乾男、坤女，以四象生八卦，男女長少之象看，第五圈萬物化生，以八卦生六十四卦三百八十四爻之象看，則似好。如此則《易》之全體，無不備具於五圈之中，而此圖之本於《易》，尤較然矣。

不審如何?

必若如度氏之說而推之, 則如此說, 亦似無妨。然未知果合於周子本旨否。大抵道理無窮, 如邵子動輒以四片剖破去, 亦自是當, 而自學者言之, 無論某書, 惟立言本意所在, 先須領會, 而務爲求合爲得。如何如何?

立齋集

卷十八

書

書

答李大彦【戊申】

向蒙賢者辱顧，得以旬日與處，不惟岑寂之懷，大爲開豁，而竊覸天資地步，逈異流俗，澡身飭行，旣欲盡合於規繩，而於讀書窮理之際，又能暗符於古人節度，精思明辨，罕見其儔。率是以往，其將何書之不可讀？而何理之不可窮哉？

今人所以博覽經籍而卒不能毫毛得力者，正坐無此工夫，以致識愈多、心愈窒，而本領不立，振發無日。故平居靜念，每以此爲歎，自得足下，不覺喜慰萬萬，所以期望於他日者，蓋非尋常之比也。

顧此空空，實無半分可以益人，而左右過聽遊談，誤欲相從於此，眞所謂"身勤事左而非計之得"者。旣以自愧，又以奉悶。

玆承手翰，備審別後省履一向珍勝。屬此新正，茀祿想益鼎至，戀鬱之餘，荷慰則深矣。

第其稱道推借之辭，太不着題，何足下之輕發言語，一至此耶？古之君子，飽於經歷者，未嘗容易許可，非固爲自重而已也。如以此物爲一日之長，而不欲遽爲舍棄，則只以尋常者舊處之。至於往復書札，切勿爲碍人眼目之禮，以取譏笑。寒暄情素之外，苟有所欲言者，便可信筆及於其中，以爲交相論難、交相資益之地，方是善之又善如何？

與李大彥【己未】

繇於從君行，獲承惠疏，披讀以還，無異奉接容儀，顧後音塵復漠然矣。卽玆霜令，侍奠起居，更如何？戀溯一念，實倍平昔。

宗頑忍不滅，所謂"身病似有根祟"，不但風疹而已。以此尋常自盡之節，亦無如意之勢，日來只得衰痲在身，如此而生，猶愈於死耶？頃於八月間，近地諸益，爲問賤疾而來，因有所如干講說。顧精神昏憒，雖得竊聞餘論，而盡歸烏有之鄕。却恨伊時無人爲之記錄以置，使於別去後，更爲細玩，而知其是非之所在也。

若哀者從來記誦已多，計於精硏之餘，必不無妙契明辨者，未可寄示一二，慰此愛望之心耶？

持憲君兄弟，甚不易得。聖應究覈之才，又不泛，看得《易》象，儘似精密。此於初學，雖非急務，而旣已下手，故勸令卒業。是又不特象數而已，如得洞然而無疑，天下何物事、何道理，有外於此者？哀與此君，不比他人，又居相望之地，其與之親切講劘，計已素矣。更望益相勉勵，日征月邁，凡有所得，毋惜種種投示，使此衰朽之物，亦得有所起發，而因亦獻其瞽說，以爲往復之地，幸甚。

答李大彦問目

朝祖之禮旣行於禰廟，則恐不當又行於宗家之廟。蓋以支子常時出入，亦惟拜謁於禰廟，至於宗家之廟，則非支子之所奉故也。或者謂"旣曰'朝祖'則必朝於祖爲當"。然"祖"字本兼禰義而言，故禰與祖，雖同在一廟，而亦通謂之祖。禮又無兩朝之文，故鄙見如是。更問於知禮家而處之如何？

祖父母喪未畢而父喪者，若在大祥臨時，則別無接服之可言，而若在小祥前，則因小祥受服。禮有其文，蓋以喪不可無主故也。然不忍死其親之義，却又甚切，故禮又許本服盡後，則以素衣帶奉其祭奠。

來諭所謂"追服非如事生之義"者，亦得矣。但如此則大·小祥之名，皆不免虛設之歸。祝文措語，亦似有拘碍之端而使重喪涉於輕忽。此今俗所以必續服其未盡之服也歟。

出繼子於本生親小祥後，旣爲之緇笠、緇帶，則網巾之亦用緇布，甚似合宜，而今俗例着騣巾，恐未相稱。至於白布網，則未知白之與緇孰是、孰非，而比之騣巾，猶爲此善於彼，着之何害於禮耶？

與李大彦

衰䪥中臨訪草土中奉敍，是何等感篆開瀉處？而別來悵惘，又與他時萬倍，想哀亦一般懷矣。卽日和煦，未審孝履更何似？

宗視息依昨，而近日所以慰遣者，惟是意中諸賢，迭相參尋，頗得有所開發。今則杜陵爲痘所隔，中山被科擧引去，向後山阿之寂寥，將不知爲幾箇日月。所望者，哀雖不可以復枉於此歲之內，時因風便，惠以德音，兼示所得之一二，則庶有以豁此蒙蔀，而其爲賜大矣，未知如何？

《麟史》抄謄，旣已過半，只當卒業，而此等記誦，猶不如性理諸書之熟復潛玩，想不待愚言而知之。然輕重緩急之間，更加審量，俾無一毫向外之患，至善至善。

與李大彦

吾輩相從於寂寞之濱，固不能源源，而幷與書尺而斷絶者，今幾月日矣？自念衰相轉甚，同人之思，比前有倍，瞻言高棲，寧不悵然？

卽惟春風，棣床學履珍重，是慰且祝。宗垂老之境，遭此伉儷之慽，雖非異事，而猶不如向時圓滿過了，種種情緖，可以想得。忌疾又方四圍，奔迸之患，只在朝暮，而亦無鑽出之路，愁悶不可言。南敬明、權輝祖、權敬持，其人皆可惜，而有老親者，尤爲慘絶，不識運氣是如何而乃爾也。

前秋道院講會，足下亦往參否？子皜輩因上龍寺講《心經》一部，約以今春會於此中。故謂當得聞緖論，甚以爲喜，今則此事恐亦左矣。老昏更無可望於寸進，惟少年諸彊輔是賴，庶有維持之道，而一向離索如是，有時拊躬，又不覺一喟然也。

近讀何書？作何工夫？所望於賢者，甚不淺鮮，幸益加勉勵，副此區區。

答李大彦問目

“天命之謂性”章句，“人、物之生，各得其所賦之理，以爲健順、五常之德，所謂‘性’也”，《或問》亦以爲“人、物之生，必得是理，然後有以爲健順、仁義禮智之性”。觀是數說，足以見仁義禮智，物未嘗不稟也。蓋論萬物之一原，則理同而氣異；觀萬物之異體，則氣猶相近而理絶不同。人與物之氣，偏·全、通·塞，大故懸絶，則仁義禮智之德，豈物之所得以有哉？萬川之月無不照，則物之偏、塞，譬如暗處地無水，雖有月而無光影耶。嘗觀朱夫子答或人問“物之所受之氣有許多，故其理亦有許多”。妄以爲元來物之所得之氣有偏，故其所受之理有不全，而又與物物各具一太極之說不合。未知如何？

此其說自濂溪以來，先儒論之已詳，亦賢者之所已覽過者。然竊謂欲知健順五常之德，人與物均得之之實，先須於陰陽五行之氣，人與物均得之之處，看破可也。何者？

五行只是一陰陽，陰陽只是一太極。故萬物統體一太極，而此太極，非有多於各具之太極，只是陰陽五行所以然之理而已矣；萬物各具一太極，而此太極，亦非有少於統體之太極，只是陰陽五行所以然之理而已矣。且道天下甚物事，不具陰陽五行之氣？

雖以陰陽五行言之，陰一氣中，亦具陰陽五行；陽一氣中，亦具陰陽五行。五行雖是各一氣，而各一氣中，亦具陰陽五行。凡陰陽五行所具處，則健順、五常，亦未嘗不具於其中，所謂"無極之眞，二五之精，妙合而凝"者，卽此之謂也。於是而乾道成男，則陽之爲矣，而男亦具陰陽五行；坤道成女，則陰之爲矣，而女亦具陰陽五行。

以至萬物之生，厥數雖夥，其逐物而具陰陽五行一也。使所謂"二五之精"者，有一之不具則已，二五之精，旣無一之不具，則所謂"無極之眞"者，亦豈有一之不具？而健順、五常，人與物均得之也，又何疑之有哉？

不惟理之爲一理，而氣亦本是一氣。只爲這一氣有屈伸、消長，屈而消則爲陰，伸而長則爲陽，故分而爲二氣。陰之屈而消也，有始、有終，而始爲秋、終爲冬，秋卽金、冬卽水；陽之伸而長也，有始、有終，而始爲春、終爲夏，春卽木、夏卽火。而其質皆具於地。土則又其沖氣而寄旺於四時，金、水、木、火，無不有待於是焉，則這二氣，又分而爲五氣。

由是觀之，五氣只是二氣，二氣又只是一氣，而凡一氣之所在，未有不具夫二五之氣者。天地間百千萬億物事，箇箇如此，而不如此不得，是曷故焉？分明有太極主之。上下四方之宇，古往今來之宙，橫看之亦此理；竪看之亦此理；分看之亦此理；合看之亦此理。而此理卽健順、五常之理，掛搭在陰陽五行之氣者也。

以其極天地、極萬古，至極而無以復加，故名之曰"太極"；以其無聲臭、無兆眹，至無以形之，故又名之曰"無極"。所謂"太極本無極"者，非以此也耶？是故必此理爲之主宰，而陰陽五行，經緯錯綜，無極二五，混融無間，妙合而爲一。然後雖至微妙之物，直將此箇全體而生出焉；雖莫許大之物，亦將此箇全體而生出焉。此所以各具之太極，非有小於統體之太極，而統體之太極，非有多於各具之太極者也。

只爲二五之氣，有偏·正、通·塞之不同。人得其正且通者，爲仁義禮智之粹然焉；物得其偏且塞者，爲知覺運動之蠢然焉。故其受健順、五常之理，則雖均，而粹然之於蠢然，貴賤判異。在人之健順、五常，彼物宜若不得有焉，此從來學者之所未曉然處。

然若欲就蠢然者，求見天命之性，須於一點發見處求之，方見彼物之亦果得有之，如虎、狼、蜂、蟻、鴻雁、雎鳩、鶺鴒之類，皆其一點發見處。而卽此一點發見處，乃其天命之性，不以物而不賦與者也。又以一氣之具五氣觀之，則人亦一性具四德也明矣。故康節已有此語，而大山又爲著其說，以明仁義禮智四者之各具仁義禮智。又安知彼物之只此一點發見處，所謂“近於仁”等，不各具近於四性者存乎？

抑又思之，在人之仁義禮智，即在天之元亨利貞，而元亨利貞，可以通人、物言之，仁義禮智，人獨全而物莫能全。請先以元亨利貞言之。蓋元亨，誠之通；利貞，誠之復，而此理無乎不在。

嘗驗之於植物，則其生、長、收、藏之在結實而顯然者，姑勿論。雖一花之開落、一葉之榮枯，其開也、其榮也，是元亨；其落也、其枯也，是利貞。然寧可以此便謂是仁義禮智耶？又嘗驗之於動物，則其終、始、盛、衰之在全身而顯然者，姑勿論。雖一息之出入，一睫之開闔，其出也、其開也是元亨，而其入也、其闔也是利貞。然寧可以此而便謂是仁義禮智耶？

是故五常之德，人與物固均得之，元亨利貞，無分於彼此。必其指一性之有或近者，而謂是天命之性爲說方通。且於所謂“率性之道”，無所拘碍，如馬之健、牛之順、犬之吠盜、鷄之鳴晨，皆有一點發見者之自然，而有可騎、可耕、可畜之道者也。

然則論萬物之一原，而謂理同氣異者，非只言賦予之初，而雖稟生以後，氣異之時，其一原，而謂理同者，固自在也。何者？這理特爲氣所蔽而不能發見故耳。元亨利貞，物物皆有之矣。觀萬物之異體，而謂氣有相近而理絶不同者，爲其發見之理，絶不同於仁義禮智。故據此而云然耳，非謂元亨利貞之與人同者，絶無之也。妄意如此。未知盛見以爲如何？

蓋元亨利貞，在時則爲春夏秋冬；在物則爲木火金水；在人則爲仁義禮智。今不論在時與在物與在人，謂同一元亨利貞之理則可，若以春夏秋冬，直謂之木火金水；以木火金水，直謂之仁義禮智，則烏乎可也？又若以仁義禮智，直謂之木火金水；以木火金水，直謂之春夏秋冬，則烏乎可也？是故健順、五常，正與元亨利貞相似，雖其在人、在物，爲同得之理，而不必於在物之五常。亦以在人之五常，名之曰"此是仁、此是禮、此是義、此是智、此是信"可也。如以爲不如是，則無以見物之同得乎五常之理云爾，則夫春夏秋冬、木火金水、仁義禮智之各異其名，亦可謂不同得乎元亨利貞之理云爾耶？

來諭所論"被形氣之偏塞而不得充其本體"及"暗地無水有月無光等"説，皆當。但於物物各具處及所以人與物同異處，似猶未能洞然。故玆將平日見解，悉陳如右。幸試入思量，若其謬誤，一一駁示，以至十反之地，至善至善。

答李大彦

隔嶺相望，徒有戀想之懷，卽承手翰，宛對別後顔範。且審長夏潦炎，學履起居，雖少不健，大抵在平安境界，慰瀉無已。示意可想嚮道之切，如是鞭策將去，何患不長進也？

以心治心，是主人整頓家務，如收心、檢心、存心、養心，皆是矣。以心察心，是主人自覔主人，卽以目視目、以口齕口是已。如此看則或爲明白耶。

別紙

> 問"敬勝怠者吉，怠勝敬者滅"。蓋敬者，萬善之本；怠者，衆欲之根。是知滅者，未便到家國滅亡。只是善心滅，亦滅也，如此看如何？

如此看，甚警切。蓋必善心先滅，然後身與家與國隨之，可不懼乎？

> 理發、氣發之辨，其論已舊，且惻隱與哀，有甚分別？三年之喪，哀痛惻怛，俱非理發歟？羞惡、是非，不外乎喜、怒、愛、惡。四七中數三字義，元無異同，何以便別其理發、氣發耶？以理言之，同出於中，油然而發，不待安排底意則一也。

四七中數三字之無異同，以理發、氣發觀之，則其發各有苗脈，字同而義異，以四七之同發於理者觀之，則字同而義亦同。

蓋以分開說，則四端是理之發，七情是氣之發。故所謂"惻隱"，雖若與哀而一般，所謂"羞惡"之惡，雖若與愛惡之惡一般，而此原於性命之正，彼生於形氣之私。根本旣異，故枝葉亦隨而別，豈可謂之一般乎？此所以字雖同而義則異者也。

若以渾淪說，則不但四端爲理之發，而七情亦有理之發者。如《中庸》、《樂記》、《好學論》所說，皆以性發言之。故老先生於《心統性情·下圖》，雖以四端、七情分書上下二層，以明其理發、氣發之不同，而至其《中圖》則以四端、七情合書於一層，以明其同發於本然之性。蓋非特三年之喪，哀痛惻怛爲理發。凡自性命而發，理當喜而喜、理當怒而怒、理當憂而憂、理當懼而懼者，亦可謂理發，此所以字同而義亦同者也。

但四之爲四、七之爲七，旣各爲見成之數，則不必除此而益彼，又不必移彼而入此。如何如何？且四七雖是同發於本然之性，而四端則如春之溫、夏之暑、秋之冷、冬之寒，七情是陰、晴、雨、露、雪、霜、風之交錯於四時者耳。朱夫子謂“七情於四端橫貫過了”者此也。凡此喜怒哀樂等，是於惻隱之發也，緣境而迭生者也，是不猶春之溫也而陰、晴、雨、露、風之交錯於其間者乎？推此以觀，凡羞惡、辭讓、是非之發，七情之緣境而生，亦若此而已。細看而回示之如何？

答李汝剛【啓陽】

曩蒙賢者辱顧於寂寞之濱，迨不能忘于懷，玆承惠墨，恍接清眄。第審美疾經年沈淹，爲之奉慮無已。所示疑意，僕於此用工本蔑如，恐無以剖析萬一。然俯問之意，不可虛辱，請試陳其瞽說，而明者擇之也。

蓋《大學》所謂“能得”者，比之“能慮”，雖固有先後之別，而其實苟至於能慮，則亦未有不能得者。何得以能慮專爲學問之極功，而以能得便爲聖人之能事，認爲是神化所致，而疑其非用力之所及乎？想座下之意，必以爲能慮地位，朱子既歸之顏子，則所謂“能得”，非聖人不足以當之，故有是說。然顏子之能慮既如是，則決無不能得之理，如其不得，又何貴於能慮耶？

致知之“致”者，專以工夫而言。《章句》雖曰“欲其所知無不盡”，然觀“欲其”二字，可知其只欲如是，而非遽如是，則今謂兼功效言者，恐失主意。下文於“物格而後知至”，變致言至，無他。蓋至此則吾心之所知無不盡，而實是以功效言者。是其始雖本於致之一字，而致字到此却說不得，故變致言至者此耳。

表·裏、精·粗，雙峯、玉溪兩說各有攸當。雙峯專就衆物上，分析四字之義，玉溪兼就吾心天理上，分析其義。蓋其所見不同，雙峯見得物物皆有箇表裏、精粗，而初不及於理與心之用，玉溪見得表與粗皆是理與心之用，而裏與精皆是理與心之體。是其說初不可合而爲一，則雙峯所謂"精與裏"者，左右何從而疑其理之用耶？

以愚觀之，物物皆各有表裏、精粗，而所謂"理"者，其所以然卽其體，其所當然卽其用也。以故若從雙峯說而求其體用，則表亦有所以然、所當然，裏亦有所以然、所當然，精粗亦然。凡表裏、精粗之所以然，皆理之體，而其所當然，皆理之用也。如是看可否？

若玉溪則直以所以然者，爲裏、爲精，而曰"是理之體而亦心之體"；以所當然者，爲表、爲粗，而曰："是理之用而亦心之用。"是其所見元自不同，然在學者格、致之方，則雙峯說亦甚親切而有味，依其言用工，未爲不可。及其旣格、旣致，見理已盡之後，則玉溪說又極明白而無疑。

其爲體用，未始不相貫也，却又有一說焉，不曰"天理流行，隨處充滿"，又不曰"心無內外、遠近、精粗之間"乎？此箇地位，固非卒然可語，而元來道理本自如此，橫看、竪看，實未有一毫欠闕與一刻間斷之處與時。故君子之爲學也，直須窮得盡、體得盡，而不容其抄忽須臾之放過。及其造詣益深而左右逢原，則不惟高遠者高遠，而極卑近處，亦有至高遠者在焉；不惟精微者精微，而至粗淺處，亦有極精微者在焉。以是言之，凡所謂卑近若粗淺，亦無非此理所寓，而其不可忽也審矣。竊想賢者於此，早已慮及，而保無躐等之患。故并布之如右，亦惟有以俯諒而回敎之幸甚

答李汝剛

客秋再奉顔範，及冬又兩接手滋，而至於細論經義書，更勝面，何慰如之？即日春寒，奉晨餘學履何似？宗侍事依昨，惟是喜懼之心，與年俱深。攬鏡自照，鬢雪亦添數莖，加以風眩日甚，健忘隨倍，以若精神，更何所爲？以此益知人生有志，須趁少壯，大肆其力，無所不講究，然後方得根基深厚，到老收功自別，不待更下新工，而左右逢原，受用不窮矣。願足下以我爲戒，惜取分寸光陰，積累飽飫於中晚之時如何？

《曾傳》諸說，別紙奉答，如未中理，更爲辨破，俾歸至當之地如何？

別紙

"穆穆"二字，明儒說及退溪說雖然，《傳》之引此詩，專欲發明止至善之義，而初非以德容言者。但看其下"於緝熙敬止"一句及連說聖人之止處可知矣。如其以德容言，則朱子釋之，當復着一容字，如《論語》所謂"天子之容也"，奚獨以深遠意言之也？

所引"相維辟公，天子穆穆"，正指祭祀時容儀。故此穆穆註，既曰"深遠之意"，又必曰"天子之容"者此耳。今此一段，沿首溯尾，實未見其果以德容言。只是言深遠之意，故朱子亦一從本文命意而釋之如此。至於《淇澳》詩《章句》所謂"德容", 則《傳文》旣明說恂慄、威儀, 故此亦本其意而釋之如此。又不可以此處言德容, 而幷上文不言處混看, 以爲穆穆是德容之證也。如何如何?

朱子"義"字之訓, 固當以斷制裁割底道理爲至當。然所謂"心之制、事之宜", 比此似無甚異同, 而左右能細別之如此, 以爲孟子所謂"義"者, 本以義之用所行處言之, 故朱子之釋乃爾, 不易看得到此。但朱子之訓仁, 旣曰"心之德、愛之理", 而以此句法訓義者, 此外無之。故雲峯幷引以註此序。所謂"事之宜"者, 雖不若宜之理之爲合於正訓, 而以朱子語釋朱子語, 亦豈大悖於義耶?

至於禮、智二字之訓, 愚所云云, 蓋亦倣《鄒書》義訓例, 而質諸有識, 亦不以爲不可, 終不敢自信爲局定說。其後更入思量, 則"心之敬、心之明"云者, 可依舊不動, 而"事之節、事之別"云者, 果爲未安。莫如節之理、別之理爲合正當之訓, 今得來示, 正合鄙見。

智字之訓, 瓶窩說作"心之靈、知之理"亦善。但謂別字太急, 殊未見其然。若爾則朱子何以謂分別是非底道理耶? 非特朱子, 濂溪《誠幾德章》亦謂"通曰智", 通卽別之謂也。蓋作太急看則似太急, 而作非太急看則元無太急之可言, 惟在人看得正當意爲是耳。

答李汝剛

八月書尙未修謝，衰嬾甚矣。冬候頗乖，不審侍餘學履更何似？承以窮居多事，不得專意讀書，此則理勢固然。然若令此心恒存而不放，一日十二時，常爲之提撕警覺，則凡百云爲無非用工夫地頭。少遇閑隙，便卽對卷，寸晷半刻，莫敎虛度，而且不必竟夕咿唔、終宵吟諷爲讀書，雖於掩卷之後，乍有靜坐之暇，卽將所讀一二句節，暗誦默思，必得其語意歸趣而後已。或未通曉，姑且放置一邊，以俟他日精神自開，忽然有悟。抑因他書，邂逅相遭，豁然有通，無非格、致活法。

尤於涵養本原之工，益致其力，使吾方寸常常虛閑而恬愉，專一而安靜，則以之而見得道理，當愈明白親切，識得意味，當愈浹洽深至。其於天下之書，必將隨所得而盡爲吾有。

然竊觀足下之意，則其所以講究者，非不詳密，而却恐詳密之過，反生破碎之病；非不篤實，而却恐篤實之過，反有局滯之患。今此所示諸條，卽其議論，而亦可知其一二，切望更加深察，如何如何？

早晚一枉之示，不勝傾企。

中庸不偏不倚。偏者，離乎中而偏任一邊者也；倚者，不離中而倚靠一邊者也。

偏字倚字之義看得儘精。

戒愼恐懼兼動靜云云。

兼動靜之說，朱夫子蓋亦屢言之，而此則只與門人講辨者，至於《章句》所云乃其定論。故雖同是朱子說，不得不以《章句》爲主。蓋所云“君子之心常存敬畏”，雖是兼動靜說，而“雖不見聞，亦不敢忽”，是乃專說靜工夫，且爲此節正意所在故也。

答李而拱【奎鎭】、德元【亨鎭】

政傾溯間，忽承僉翰，驚喜之極。況審新正彩懽棣樂益勝者乎？宗奉侍喜懼外，不意召命又下。方在惶恐中，餘無足浼聞。

竊觀足下，天資穎脫，志氣超邁，其於古人爲己之學，固不患其不能爲也。但前此之工，似皆不免於叢雜泛浮，謂之博恰則可，而謂之格致則未可。又未嘗從事於存養省察之要而得其眞諦。故日用之間，類多疑晦生澁，而未見有灑落快活之境，此則足下之自知也其審矣。古人不云乎？“知其病而欲去之，則只此欲去之心便是能去之藥”。

且足下方讀《心經》，而反躬體察於動靜云爲之際，其用工又不啻眞切。苟能推是心以往，學聚問辨，先從切近處下手，寬居仁行，尤於本領上加意。使夫所窮之理，無毫髮之未瑩；所存之實，無須臾之或間，則不知不覺之頃，自入於高明光大之域。願足下毋以旣往之可悔，長留在胸中，只從今日爲始，勇往直前，竭其才力之所及，而亦毋遽萌欲速計功之意。

讀書講義與澡身飭行之法，一依朱晦菴遺訓，循循有序，不得躐等而凌節，慥慥勿怠，惟務下學而上達。如是久之，日積月累，則到頭自當有至處。

至於靜坐而體認未發時氣像，固是河南門下相傳旨訣，於學者致中而立大本處，非不爲不煩之要言，而此箇地頭，極是精微，絲忽有違，則無由見得未發氣像，或易陷於以心觀心之病。故愚意持敬之方，莫過於整齊嚴肅，正衣冠，一思慮，不慢、不欺之爲最切而甚緊。蓋必收斂得外面，然後惺惺主人方在神明舍裏。以之爲致知力行之本，而此學之成始成終，始可得以言矣。

如其不然，徒欲於靜坐，求其所謂"未發"者見之，則不惟其入於禪寂，有如足下之慮，而又況察識之際，愈患其紛擾無復虛閑寧靜之像？其於思索經旨及酬酢事務，皆不免種種有妨，非徒無益，而害又甚焉，故朱先生深以此爲戒。

其所以指示後學者，終始不越乎"敬"之一字，未嘗偏於靜之爲貴。此其說具在方冊，想足下亦必厭觀而有味乎其言矣。若於此實用其力，而眞得其效，則其於佩負一大事，研究許多理，何所往而不沛然有裕也哉？

若僕者雖亦略知此意，而質性旣惛，志氣不彊，至今垂老之年，尙未有根本田地之可言，此等說話，誠亦可笑之甚。然僕則已矣，而今日後進中，才高識遠如足下，立志向學如足下者，倘能不以人廢言而一意收用，則其於進修之工，未必無萬一之助。故忘其羞愧，謹此奉告，以答辱問之厚意，惟足下諒之。

答李而拱

卽玆新正，奉晨學履何似？宗前去七十，只餘四年，以古人言之，迄可爲閱歷深厚，足有猷爲底耆老，而顧乃不近似至此。環顧其中，了無毫髮可以自慰者，加之精力已盡消亡，殆與八九十者無異。遠近朋友猶不知其如此，往往責望過厚。又相與質疑問難者，時或左右而至，尋常窘悶多端。都是浮名困人至此，可勝歎哉？

足下年富而力强，又知爲學之方，今日所就，已自不凡。倘復立志冞堅，用力冞篤，凡厥自知其爲病者，直須從目下痛斷根株，不容其復有萌作，則私意日減，天理日長，其終自當至於無己之可克矣。蓋未有實用力而不見效者也。

雖然，此非十分勇決，則常爲舊習所纏繞，因循荏苒之間，卒無所成，如此物者，極是易事。千萬以我爲戒而勿似之，常以一"剛"字做去如何？此惟爲己之切，而斷然以聖賢事自期，方能踴躍奮迅，日新又新，其始勉强而不已者，終當欲罷而不能矣。學而至於如此，夫豈是安常守故者之所及耶?

俯詢諸條, 可見玩索之功, 儘多切密, 而顧昏忘若此, 今玆奉答, 似不免謬誤者多。須更往復, 以爲究竟之地幸甚。

別紙

> 《中庸》。《序文》小註曰"精一執中是動時工夫", 未動之前, 無容執守耶? "一則守其本心之正"此一節, 恐以該動靜而言, 未知何如?

未動之前, 尋覔亦不容。故朱子於呂氏求中、楊氏體中說, 皆以不可斷之, 況可以執守之耶? 然而言"執守"則固有病, 而若單言"守", 則所謂"守"者卽敬以存之之謂, 而致中和《章句》, 其釋致中處, 亦以"其守不失"言之者此也。"一則守其本心之正"此一句, 朱子之意實該動靜而言。蓋《中庸》旣說未發、已發, 則須以本心言之, 方包得此意盡故耳。非特爲道心是本心之正而已, 來諭看得良是。

> 《序文》"虛靈, 心之體; 知覺, 心之用", 而格菴以知覺分作兩段看。如欲分體用, 則知體而覺用耶? 朱子曰"動底是情, 會動底是知覺", 此與《語類》"動底是心, 會動底是性"之訓, 似相逕庭。

心之虛靈知覺, 朱子以本來固有天生如此者言之, 而格菴所謂“知是知其所當然，覺是覺其所以然”，是乃以人之下工夫得功效者言之，奚可哉？心之知覺，雖爲是心之用，然此特對夫虛靈而言。旣以虛靈爲體，則不得不以知覺爲用，而其實不論知覺與虛靈，爲體則皆爲體，爲用則皆爲用。豈有知覺有照而虛靈獨無照之理？ 亦豈有虛靈有應而知覺獨無應之理乎？

至於知體、覺用之說，曾所未聞，豈以虛體、靈用之說推之而有是言耶？所謂“虛體、靈用”者，以虛爲具衆理而謂之體，以靈爲應萬事而謂之用。然愚嘗病此說破碎而不渾全，常有所論辨者耳。

乃若所謂“動底是情，會動底是知覺”者，與所謂“動底是心，會動底是性”，固似逕庭。然元來統性情者是心，則是其動底，謂之心亦得，而謂之情亦得。合性與知覺而有心之名，則是其會動底，謂之性亦得，而謂之知覺亦得。蓋所謂“動底”，固是情，固是心。然非有知覺在乎其先，是情也何從而動；非有性在乎其中，是心也亦何從而動？是則所謂“會動底”，而其實情之動卽心之動。心之動卽知覺之使然，知覺之然，又性之使然，而非有二也。特就其所在地頭而爲說，故乍看之則疑若逕庭，而未始不貫通如此。如何如何？

> 不睹、不聞是未感物之時，“戒懼”二字，恐專屬於靜。下文“自戒懼而約之以至於至靜之中”，然則不睹、不聞，恐非至靜之時，未知如何？

不睹、不聞，是指寂然不動之際，萬事皆未萌芽，無聲色之可睹聞處，言之故也。下文所謂"至靜之中"卽是此境界，豈不睹不聞之外，別有所謂"至靜之中"耶？ 其曰"自戒懼而約之"云者，謂其自常存敬畏而約之也，其曰"以至於至靜之中"云者，謂其至於雖不見聞，而亦不敢忽也。觀此則所謂"常存敬畏"者，雖固通動靜說云，然其大意歸趣，又未始不專屬於靜。第以"可離非道"下，更無別語，直曰"戒愼乎其所不睹，恐懼乎其所不聞"觀之，亦可見其如此矣。

> 《大學》不言性，故《序》言性詳；《中庸》不言心，故《序》言心詳。

心、性元不相離，言心則性在其中，言性則心在其中。今但將《序》與《章句》，熟復潛玩，旣知夫二書之言，各有所主。又知夫《大學》之格、致，卽所以窮此性之所固有，而其誠、正、修，卽所以順此性之所當然而已；《中庸》之致中，卽所以極此心之戒、懼，而其致和，卽所以盡此心之精察而已，則其意自躍如矣。

> 虛靈不昧便是心。今之學者，以"虛靈"二字專屬氣邊，心果謂之氣乎？ 心兼理氣、統性情。惟虛故具衆理，惟靈故應萬事。靈固屬之氣邊，而虛則恐非氣也。北溪陳氏曰"理與氣合，所以虛靈"，此說似穩。

虛靈不昧，固是心矣，而所謂“虛靈”卽氣之精爽也。若以虛爲理，則虛故具衆理云者，是謂以理而具理也，奚可哉？蓋虛靈之虛與理虛之虛，不同，理虛之虛，謂其無聲臭、無兆朕，直是沖漠之極者耳。乃若虛靈之虛，是則氣之精爽，而其爲是心之虛也，如鑑之虛、水之虛，實涉於微有形象底物事，又烏得以理言乎？

但此所謂“氣”乃本然之氣，而不可與氣質之氣一例看。譬之火，本然之氣，是地二天七之火，氣質之氣，是火之在木，而爲楡柳棗杏桑柘柞楢槐檀等許多火者是也。是故方論此本然之氣時，不得以氣質之氣雜之者，亦猶夫方論二七火時，不得以諸木火雜之。未知北溪所謂“理與氣合”之氣，果如是分別看而爲是言乎？

今以虛靈但謂之氣之精爽，則疑若遺夫理而不見其合。然元來氣之精爽，所以能若是虛靈者卽理之爲也。蓋所謂“理”者，雖曰不雜乎氣，而亦未嘗離乎氣，而氣之所以能如是者，皆此理之使然。且也北溪“理與氣合”之說，若不於氣上有所分別而爲是言，則是不特說箇“虛靈”字不親切。凡天地間甚物，不是理與氣合底？苟不問其氣之有別，而徒見其理之與合，以爲理與氣合者，皆可以虛靈，則是雖草、木、土、石，亦皆得虛靈也，而可乎哉？

蓋虛靈是本然之氣之精爽，而所謂“本然之氣”，乃陰陽五行之秀，元來正且通者也。惟其如是，故其精爽之虛靈如是，而可名之曰“明德”。如其不然而得其偏且塞者，則雖云理與之合，而率皆冥然頑然，縱或有一點明處，其不虛靈甚矣，何得與在人者比而同之哉？

至於"虛故具衆理，靈故應萬事"之說，固可謂見得儘細密矣。而愚嘗以爲未安者，第觀《章句》但曰"虛靈不昧，以具衆理而應萬事"，則其言渾全圓活，可見其具衆理應萬事者，皆此虛靈不昧之致，而今必將"虛靈"二字，破碎而分析之，使各爲一物，而所謂"虛"者，止於具衆理，而無與於應萬事之靈；所謂"靈"者，止於應萬事，而不本於具衆理之虛，則是其以虛而爲體也，乃爲無用之體；以靈而爲用也，乃爲無體之用。首尾之橫斷，本末之隔絶，莫甚於此。

且苟具衆理者，無與於應萬事，則虛而具，是將何所爲；應萬事者，不本於具衆理，則靈之應彼，亦何所因？言者之意，固未必如是，而顧乃不能慮及於此，其流之弊，將使學者，視虛之於靈、靈之於虛，畢竟爲不相貫底物事，而終無以知夫體用不相離處。以此言之，其爲說又豈特未安而已哉？未知盛見以爲如何？

> 《序文》胡氏註曰"智者，心之神明"云云，先儒以爲有認心爲性之失。勿齋《字訓》曰"智具別之理而爲心之覺"，恐與雲峯同病。"智是箇分別是非底道理"云云，則不可謂智字獨無訓釋。

智字之訓，朱子此說盡矣，此蓋分別是非底道理也。勿齋所謂"智具別之理"者，是亦爲以理具理，未論心之覺，同於雲峯之病。只此"具"字，已是不當，與所謂"涵天理動靜之機，具人事是非之鑑”者，其失又一般。

《章句》明己之明德，體也，明天下人之明德，用也，而東儒以明明德於天下者，兼體用而言之。其果兼指人己而言耶？《或問》與《章句》微有不同處何也？

兼體用而言之與兼人己而言之，爲說略同而意實異焉。今以明明德新民，相對而言之，則是固分人己而言，以明明德於天下言之，則是亦合人己而言。然其所以合人己而言之者，乃爲兼體用而言，非爲兼人己而言也。蓋天下雖大，而吾心之體，無不該；事物雖多，而吾心之用，無不貫。故分而言之，則雖有在己在人之別，而合而言之，則彼其在人之理，實該於吾心之體，在人之事，實貫於吾心之用。雖極天下之大與極事物之多，擧無有外於吾心之體用，則所謂“新民”者，亦吾明德中事也，必使天下之人，皆有以明其明德，然後己之明德，方極其體用而無不盡焉。胡不觀於《章句》“具衆理、應萬事”一句乎？《章句》、《或問》不見其有不同。

所詢諸條皆以鄙見仰答。然義理無窮，知識有限，愚言亦豈能必其十分是當耶？朱子嘗言“無聖賢底工夫，看聖賢底不出；無某底工夫，亦看某底不出”，是其提教人，亦深切矣。而至於善讀之法，又爲之反復丁寧之者，殆不知其數，亦曾依其法以讀否耶？人欲爲學，會當以眞實心做刻苦工，然後無論知行，方有隨分造極之日，而如老物終不能辦此，常自愧恨而無及，故以是而奉勉，俯諒而曲採之幸甚。

答權思遠【達近】

曩於嵒院得見足下儀度，雖其沈默斂藏，若無所有，而平日持守蘊蓄於中者，已自隱暎於眉宇之間。欲聞其緖餘，遂不果奉叩，而歸居閑處，獨傾溯一念，未嘗不懸懸。不謂足下辱惠以書，存問甚勤，又爲之歷敍平日，而道盡所懷，若以僕爲有一知半解可以及人，而猥欲求益於此者然。且感且愧，不知所以爲對也。

夫以足下韜晦之深，人苟不當於意，必不肯輕發一言，僕果何所有而足下乃如是爲耶？雖然，厚意不可虛辱，請以妄揣於平日者，爲足下陳之，以聽可否，可乎？

足下之學實遠有淵源，其得於家庭者，已自不淺，日用間存養省察至親至密處，想已得力無疑，只以今來所示立志、誠意等說觀之，可知其然。獨念此個道理，極是精微，又甚廣博而無窮盡，聖賢所說雖明白，而計於玩索之久，亦似有不可曉者，種種生於其間。自非上智之才，其初類不免如是。故必爲之沈潛反復，而苦心細意，耐煩理會，經歷得極辛苦不快活境界，然後方是漸漸開悟，而至於豁然之境。然此未可易語。

若其憤悱而終不通，則不得不與朋友相講磨，雖古之大賢，未有不資於麗澤之益。夫所謂朋友亦豈皆通曉者？

要是切磋之際，聚精會神，我所不知，爾或知之，彼所不通，此或通之，而又雖平日未曾致疑者，卽地忽復起疑，因與之講明乃已。平日自謂已解者，卽地還復覺誤，亦須得訂正乃已。又若衆皆以爲不誤，則愈可以自信，凡若此類，豈可勝記乎？

然而猶未也，旣相與講磨之後，則又須反求於吾心，細質於經訓，果見其必是，方始爲眞知，方始爲的見，而足下於此一事，終似闊略之、斷置之。固知精思力究之餘，有不待他人，而已無所不明，然得無與聖人朋友講習之訓，有以異乎？

蓋尊德性、道問學此二者，如車兩輪，如鳥兩翼，其不可不交修幷進明矣，而今人多專於道問學用工，此固偏也。如足下又似於尊德性專用其工，則其偏亦未始不一般。蓋於問學上，或有所未盡，則於德性上，亦必有所未盡，而非所以漸進於高遠之道也。

且夫爲士而講學，如爲農而講農理，爲工而講工理，初非異常別件物事也。但如此物，雖知其如此，而孤居絶峽，重以畏痘不能出入。少旣自外於嚴師畏友之至訓良規。今則老矣，血氣旣衰，志氣亦從而衰，雖有賢朋友，相與往來，勖以加勉，而苦無精力可受其忠告善道之益。自量與草木同腐之外，無復可言。

願足下及此盛年，與朋友大家講討，使道理之精微廣博而無窮盡者，益有所玲瓏灑落，而無餘憾。抑以其所自得於中者，推之以及於人，使得相觀而善，又君子愛人輔仁之事，而垂死鄙人，於己則雖已矣，得見同志之有如是焉，亦無復餘憾矣。未知如何?

感足下垂意之勤, 忘其僭率, 索言至此, 其妄尤甚。然其在樂聞虛受之量, 豈以是爲罪耶? 幷冀曲諒而回教之幸甚。秋暑未退, 卽日學履何似? 宗僅保伎倆, 無足浼聞耳。

與權思遠

曩得足下書及俯問諸說, 仰認不鄙之意, 極爲感荷。卽修復狀, 兼以迷見逐一條對, 擬付信便, 而旋値紛挐時節, 杜門屛息, 因復還縮。惟時憑李汝剛往來, 叩問動靜, 以自慰釋, 想亦俯諒之矣。

卽玆初寒, 不審經履起居何似? 宗年迫桑楡, 方飾巾待盡, 更無可仰喩者。惟是寸心猶未盡灰, 意中親知如座下, 蓋未嘗忘于心。且意年來所得, 必有倍蓰於前日者。顧病蟄如此, 末由獲聞緖餘, 是乃自貽伊阻, 尙誰咎哉? 因念拜晤旣未易, 至如書尺往復, 亦復闕然, 甚非相與之義。故玆將曾所條對仰呈, 以求是正, 繼自今幸復辱敎之, 無論某書某義, 俾得討論究竟, 千萬幸甚。

別紙

四七有爲物感動者, 有自感而自動者。心是合理氣、統性情, 居中用事, 故雖無外物所觸, 而能自感、自動耶?

四七之動，大抵皆有物感之也。故或雖於目下若無物，而必其於旣往有物以感之者存，至是使動耳。豈有無物感而自動之理耶？

“太極動而生陽”，不可作已發看，此延平說云云。

旣曰“太極動”則是以理動言也，而未知此時太極在甚處動？愚意太極，固全具動靜陰陽之理。然不是特然在別一處動，只是常在於陰陽上，不在陰便在陽，不在陽便在陰。故方其在陰而未生陽之前，其所謂“動”者，正在陰靜欲極之際，譬如人吸欲極之際，已有呼之理在焉；寐欲極之際，已有寤之理在焉。此時只有其理而已，不可謂之已呼、已寤，則延平之以太極動，謂不可作已發看者此也。至於生陽之後，則便與人已呼、已寤相似，向所謂動之理，便發於此，而於是乎始可以已發言矣如何？

來諭亦可謂見得此境界矣，而至如太極之在甚處動，却未之言，故敢效迷見如此。抑所謂發與未發之云，更有可商量者。朱子曰“太極是藏頭物事”，“藏頭”云者，非謂只藏其頭，擧全體藏之之謂也。夫擧全體藏之，則雖生陽·生陰、分陰·分陽之後，依舊是藏底物事，而若不可以已發言。

又葉平巖云：“太極者，萬古常寂，可言不發，不可言未發。”蓋若言未發，則猶有發時故也，是其言藏頭底物事，尤爲確實，而尤若不可以已發言。然原夫所謂“太極”者，雖固不雜乎氣，而亦未嘗離乎氣。故卽其不雜乎氣者而言之，則無聲臭、無兆朕，其爲萬古常寂，而只可言不發者，固如葉氏之說。若卽其不離乎氣者而言之，則氣之有動·有靜、有陰·有陽，無非是太極之所爲，而其發見昭著，極其燦然，又不可專以常寂不發言，雖謂之已發可也。

是故人之於理氣二者，必先分開得至精，知其截然不雜；又須合看得至實，知其混然不離，方爲周徧該悉，無有些欠闕。理氣二物元不相離，而氣亦是理，理亦是氣，則彼其氣之有動·有靜、分陰·分陽處，其所以然之理，卽是而已盡發見昭著，無復可疑矣。

以此言之，夫所謂“太極”者，又何必曰常寂不發，有若一副當懸空無用底物事乎？是故在天道，則春夏秋冬便是元亨利貞之發；在人道，則愛恭宜別便是仁義禮智之發。未論天道、人道，這等四者，皆乘氣流行而如是。然道之在器者，實主張是焉，則烏可以其乘氣之故而不曰是理之發乎？

來諭以四端爲纔動已發，蓋亦有見於此，而據先儒說，說得宜矣。第未知發之於動所以不同。如愚所言，有是云云，請復就人性而言之可乎？蓋以人性言之，正、義是體，而中、仁是用也。是故正之極，不得不發而爲中，方其正之欲極也，已有中之理，動乎其中；義之極，不得不發而爲仁，而方其義之欲極也，已有仁之理，動乎其中。是與太極之動而生陽，又何以異乎？

蓋其先動而後發，在天、在人，只一般而已矣，而動與發皆須就氣上可見。來諭所謂“理有自然之妙用”者，良是。然亦莫一向於不雜處，把作懸空物看，且於不離處，認得其至實本面，則不惟動與發皆曉然，不發與已發之說，亦不相妨，無所往而不曉然矣。

“性則氣，氣則性【止】不可如此混淪說”。

“性則氣，氣則性”此二句，與器亦道，道亦器之語，爲說一般。此前旣曰“形而上爲道，形而下爲器”，而知夫道器之不雜，則夫所謂性與氣者，其別已分明矣，如此說亦何妨？且也夫子之於道、器，雖分開說如彼，而畢竟於形上下道得出來者，以其離此形不得故也。然而來諭所謂“合而言之曰性，分而言之則性自性、氣自氣”者，見得實精確。更須就上面玩味，知此二句之本非混淪說如何？

與松巖山長【辛酉】

即玆霜秋，靜履起居何似？仰溯無已。

近竊思之，爲今之計，莫如常令講學之爲得，而他塾如白華等，頗誠實於此。獨本塾一向寥寥，苦無振起之意，良爲慨然。面內講儒，未知有幾，而若自今爲始，逐朔望齊會通讀，則行之之久，猶可以見效。幸望發文通告，使之各以所讀來講，而爲先定期於開月朔日如何？誠欲如是，則講員姓名，以年次預書一冊，其下註其方讀之書，以爲臨時考課之地似宜。又今日急務，最是經傳，至如《小學》，尤在所先。此意幷及於通文中甚善。

與晉州德川書院有司

卽伏惟淸和，僉履起居萬衛，仰慰且溯，不任區區。

宗魯年迫桑楡，衰癃轉甚，世間萬事，尤不復掛念，故雖本鄕學宮，謝絶亦久矣。不意玆者，猥令無似得廁於本院首席之列，其不鄙之盛心，固爲感激，而柰此承當之無路何哉？

又況老物邈在絶遠之地，凡係院務，末由句管致力於其間，虛帶任名，尤極無謂。事當卽爲控辭，以冀遞免，而第竊伏聞河友所言，則那邊多士之論，皆以此物爲有一日之長，初欲夤緣此事，往復有便，則自今講學之道，或不無一半分有益云。此亦非空疏蔑裂者所可堪任，而尋常爲吾儕，相與切磋之意，猶有不盡泯者存，果爲樂聞而竊幸焉。

想於旣往，其爲之講明此學，已不啻其盛。然如使自今以後，益加勉行之工，種種齊會于本院，而各盡其心，因令愚昧之人，得聞緖論之萬一，則在我管窺咫聞，雖不足與議，而以僉君子兼收博采之意言之，芻蕘口氣，必在所擇。敢不從微見獻忠，以聽可否之命耶？爲是而姑不無黽勉之計。但念衿佩之會，自不能無所費，若院力難支，此亦終歸於擬議而已。徒爲帶任之故，而凡係院事，動輒詢於此，而使之干涉，則不侫只得惶恐退縮，求以兩便於公私而已。望須曲諒而回敎之，俾有所奉而周旋幸甚。

答居昌龍山齋舍儒生問目

伏承僉下翰，謹審淸和，僉履動止神衛，仰慰無已。第所以稱道無似，大不近情，令人愧縮，無地容措。

文簡公精舍重建與墓享之自士林設行，僉執事此擧，實出於尊賢之至意。凡爲吾黨之士，孰不聳歎而欽仰也哉？下托文字及俯詢儀節，顧此昧陋，實不敢承當，而只爲敎語旣勤，此友又遠臨，有不容虛辱盛意。故非不知荒拙之詞，謬妄之論，不足以有無於其間，而抗顔備禮，求以免逋慢之誅。多見其不知量也，俯諒如何？

> 謹按：道東儀式卽寒岡先生所定，而院儒只享寒暄先生墓，夫人墓則同岡異封，故本孫主祭，而今桐溪先生，與夫人合墓，則儒林薦享，將合設耶？抑分設耶？眉翁題碣，不書夫人，只曰"皇明朝鮮文簡公桐溪鄭先生之墓"，而惟參奉公所撰陰記，書合葬。若以合設，於禮無據，而必分設，則據眉翁題碣例。儒林先享于先生，而本孫次享于夫人耶？祝文亦難幷擧，特於墓左治壇而行事耶？人情禮意，何以則俱得耶？

先生之墓，旣與夫人合窆，則只祭先生而不祭夫人者，旣有所未安。爲是而欲合祭，則非但祝文有難幷擧，自士林祭夫人，亦似無義。無已，則設壇於墓左，令本孫一時行祭爲宜耶。設虛位，洞開後牖而行之，未爲不可，終是無於禮之禮，惟在廣詢審處之如何耳。

　　謹按：吳山儀式卽旅軒先生所定，而以冶翁有淸明之節，特以淸明日薦享于墓。今龍山地有落帽臺、九日齋，而菊之爲霜傑，又有似乎先生氣節。故墓享卜以重九，未知此意何如？刱始之初，財力未逮，雖以重九一祭，然異日財力若贍，則淸明之享，又將如吳山耶？

墓享日，定以九月九日，甚似有意義。春則用淸明日，亦有吳山已例，異時物力若稍裕，遵而行之，亦似合宜如何？

　　先生墓在大夫人墓砌下，所存墓土，令本孫爲夫人墓享之資，與先生墓享重九同設。然如或本孫不能爲爾，則儒林少停先生墓享，以待其同設耶？抑重九一定式，恐不可因此而退待耶？

先生大夫人墓，旣在先生墓後，則祭享不可不先行，而聞其位田在焉，本孫自當辦設，須以同日行祭之意，每每前期申諭，使無未安之端如何？旣以重九定日，則一定後，恐不當有所進退耳。

　　道東、吳山常享祝文，皆於寒、旅諸集不載，恐以《家禮》本祝略改而然耶？抑恐別製而後爲得耶？伏請裁敎。

旣自士林行祭，則全用《家禮》祝，似爲尋常之歸，故依來敎妄製以呈耳。

按：道東儀式，掌議以下，先入再拜陳設後，引入獻者，序立再拜參神。又每獻必祼[42]此何義？陳設圖只有餠麵而無稻粱又何義？禮本魚東肉西，而今觀東亦有肉，西亦有魚又何義？有爵洗位有盥洗位，皆設於何處？幷乞下示。

所引道東儀式，逐節皆似有意義。掌議以下，先入再拜之爲陳設，來示得之矣。每獻必祼，在神道，亦有祭始造酒者之意故也。有餠麵而無稻粱，此蓋先生參酌定規，使之半用院享之儀故也。魚東肉西，觀陳設圖兩邊，各自有東西，似不必疑。酌洗、盥洗兩位，皆當在墓所之東，而但爵洗位在盥洗位之上爲宜耳。

精舍告成，當以先生舊扁，揭于前楹正架，而左右室及大門，亦不可無額。伏請取義於先生節行及朱夫子寒泉精舍諸作，以錫嘉名如何？

堂室及門，不可無扁，而非鄙人所敢。僉執事從宜揭額如何？若曰景德堂、敦孝齋【左】、效忠齋【右】、如見門，則或無妨否？

42 祼：저본에는 "裸". 문맥을 살펴 수정. 이하 동일.

答羅州眉泉書院儒生

伏承僉下翰，謹審僉靜履起居萬重外，竊見滿紙辭意，極其鄭重。平日志操之確、見解之明，旣如是出尋常萬萬，至於遇事變、處義理之際，務欲十分恰當而無餘憾，以盡吾尊賢衛道之誠者，其血心至意，又如是出尋常萬萬。奉讀以還，不勝敬服。固意吾黨君子，必皆如是，而湖、嶺落落，聲息不相及，有時引領，徒有悵想之懷而已。今而後，方知其果然，尤用欣慰之至。第所以見責於無似者，大不着題，豈以絶遠之故無從以知其實故耶？

宗魯本以鄕里一陳人，行年七十，了無片長可取。屛伏窮山，與世隔絶，於凡鄕中道內之事，一切不敢與知，已作棄世之君平久矣。顧今玆之變，聞極驚駭。又僉執事恃我嶠南，千里相報，而此來柳君，又爲之繭足枉臨，面致文字，此其意尤令人感激，玆以數語仰復。

夫以後學爲先輩之心，當此之際，苟有可以洩憤之道，宜何所不盡，而聞自貴道已施削出之罰，則吾南章甫，似亦無以加其法焉。畢竟歸宿，知不過一紙通文而已。然猶可驗公憤正論之到處，同然而終不可泯。此爲僉執事主意所在，而適會道南享禮之時，玆令柳君進一步往彼，想會員必不遺餘力而爲之地矣。俯諒幸甚。

與道南齋席

昨書想卽入照矣。夜來僉起居一安否? 爲明朝祇謁, 想皆會院, 而鄙以痘梗, 獨未馳進, 遂失奉晤之便, 悚悵不可喩也。

花校通文事更思之, 柳友之寃死, 固是天下絶慘。凡在知舊, 苟可以爲地者, 宜無所不用其極, 而第未知似此擧措, 果合於時宜, 而有益於本事否耶? 《孟子》曰"無罪而殺士, 則大夫可以去; 無罪而戮民, 則士可以徙", 《禮》曰"交遊之讎不同國", 以此言之, 今日處義, 不必至於如是。法又曰"被殺者無子孫親戚, 然後隣里朋友, 方許赴愬", 以此言之, 雖令起而爲地, 其亦不可徑審矣。赴愬尙然, 況於發文聲罪而可輕先爲之乎?

愚意莫如姑停此擧, 待其胤上聞後。如有下本道行查之擧, 而猶未能暴白, 於是乎齊起而共愬之, 以明其寃死之實, 尙未晚也。未知僉意以爲如何? 又況此事雖出輿憤, 而與關係斯文有間, 則自儒宮發通, 亦未知其果當? 幸與會員相議, 姑停而俟之如何?

答金舜叟【熙奮】問目

《禮》曰"虞杖不入室, 祔杖不升堂", 受弔時, 堂上拄杖, 亦甚未安, 而舍杖亦無明文。今人室制, 多不如古。殯於室, 位於堂, 則今之堂, 便古之阼階, 雖杖未可以陞堂論耶？抑杖不陛堂，是祠堂而非廳堂耶？

舍杖旣無明文，則受弔時，拄杖於堂，恐無未安之理如何？蓋不陛堂云者，特指祔時言，所謂"堂"非謂殯堂，恐不可援以爲說。

亡子禫祭，熙奮旣主祭，而身有重喪，廢之固宜，而但孀婦雖終身無可卽吉，然義重所天，禮嚴隆殺，又難以其舅之在服廢禫，恐如何？鄙意欲於當禫之月朔，設奠無祝而祭之，一以存無禫之意，一以存隆殺之節，未知如何？

依示行之，恐無不可耳。

答李啓淳問目

俯詢疑節，鄙人蒙於禮學，固不敢臆對，而盛意不可虛辱，玆陳一二。幸望博問而審處之，毋以愚言爲是如何？

大抵爲人之收養者，在族黨，則必也彼爲叔而己爲姪；在他人，則必也彼無子而己爲嗣。計以昭穆而不失其序，論以承代而無悖於理，然後方有父子之名，而可爲三年之服。竊意禮典與國制，原其本意，似不過如是而已。

今令季氏所遭，有異於此，雖受收養之恩，本是嫂之於叔也，兄之於弟也。當初收養之際，元非欲以爲己子也，其蒙收養之後，雖或呼之以母，嫂之非母，常自如也。況可以兄而爲父乎？ 此是大倫大綱之截然不可易者，則爲之服以報其恩，固天理人情之所不容已也。

至於名之以父母，服之以父母，恐無此理。且其乳哺劬勞之恩，嫂與兄亦必有間。故古人有爲姊養己而服三年，不聞服姊夫亦三年也。今令季氏之於族兄，其必視同於嫂者，豈以收養亦出於其意故耶？寒岡先生所謂“一從情之厚薄、義之輕重而處之”者政好。於此等處參酌看來，以求至當之歸，而其間委折，有未能詳，不敢質言。

至於解官與否，似亦當視此爲準，而旣不呼父，又只服朞而已，則以此解官，亦恐無其理。然此豈他人之所敢指定以言者耶？

乃若季氏子有服與否，旣有老先生定論，恐難更爲之說。然原是族嫂叔兄弟之間，旣不可以父子言之，則其子之視爲祖父母而服之，未敢知如何？ 無已則素衣帶以自處，或得於義耶。凡此皆只據迷見而言之，望須只諒其獻愚之意幸甚。

答朴景厚【尙重】問目

季父有一子，而成人卽夭，以生之季弟之次子爲后，旋復殤。故季父以子姓不利，無意立嗣，卒得危疾，臨革泣把家君手曰："弟之後事，專屬季姪，惟兄憐而許之。"家君泣而許之，又執季弟手而泣囑。其翌歿，故季弟遂發喪受服。至九月，叔母立節下從，衣帶中有遺書，托後事於嗣子，而青孀從嫂則以生之次子定嗣。凡此生死間處事，似不甚背理，而葬期在今月初旬，鄉人曰"季父傍題，當以孀婦之嗣子"，未知將何所決定。然季弟入繼，在於季父母生時，其年又長於亡從弟。孀從嫂定嗣，在於俱亡之後，以生時定嗣傍題，似爲允當。以年齒爲說，長者主祭，恐無他義，而或以孀婦傍題，於禮有之，伏望指教。

俯詢事此是人家莫重大節，固非昧陋者，所敢與議於其間，而但念尊府兄弟，旣以與受之意，丁寧相約於死生永訣之際，殉節夫人又以此意遺書以托，大倫旣定。至於受服之境，則自喪人言之，乃是先考之命也，又是先妣之命也，又其生父之命也。且以其年歲之長於其所生子，謂當奉祀。斷以大義，有此鄭重之擧，則到今事體，只得遵行之外，更無他道理。蓋以經法論之，立孫題主，元自當然，而生時治命，旣不及於此。至如孀婦題主，考之於禮，初無婦人主祭之文。今於嫡次已定後，尤豈容有所移易乎？鄙見如此，更詢知禮家而處之幸甚。

立齋集

卷十九

書

書

答李聖應【埏○庚申】

近來阻濶許久，戀想徒切。玆者滿紙惠音，既足開豁人襟懷，且審侍餘學履，一味淸勝，區區哀慰，又不可勝。但以足下之美資質、好志尙，天固困窮之乃爾，俾不得專意做工，豈欲其動心忍性以增益其所不能耶？

吾與足下相從，已有年矣，迄未能一番穩奉，以叩其所有。向於所示《河洛圖訣》，略窺覃研之工，能及於象數精奧，而深喜之。雖知此等講究，非初學急務，而以足下既已下手，故欲遂卒業，爲之奉借《啓蒙》而不之禁矣。

今承來諭，知已自悟其不切，而幡然舍却，方且以反躬實踐爲主，縷縷數百言，無一字不發於至誠。又聞目今所讀是《小學》云，修身大業，有過於此書者乎？夫"敬之如神明，信之如蓍龜"，是許魯齋之言也；"光風霽月，盡在其中"，是金慕齋之言也。誠能從事於此，而作爲根基，則由是而進於《大學》，以下夫明德、新民之工者，乃次第事也。

足下於是乎眞得爲學之序，而無復躐等凌節之患矣。倘非見得極分明，其何能一朝自反而發憤，用力於下學，以求實得於己如是耶？夫子之言曰"古之學者爲己，今之學者爲人”，程子之言又曰：“爲己者，其終至於成物，爲人者，其終至於喪已。”此其說足下誦之已久，不待人之更提。然大抵爲學，莫如鞭辟近裏之爲得。苟爲不然，而徒欲於口舌上騰道理，以要聲名而已，則縱使辨析天人，寶花亂墜，亦何所益？

左右之言其有警於今世之弊，不啻切矣。然若以眞實心做刻苦工，於其積久潛玩之餘，自不覺其有得有疑，而思與同志相講磨，要得十分透徹而後已者，是亦理勢之所當然。循此不已，至於根深而末茂，形大而聲宏，則充實之極，自有不可掩之光輝，雖欲韜晦，而亦不可得矣。千萬勉之。

答李聖應【○己巳】

所論本然之性、氣質之性及人物性偏全之不同，須從《太極圖說》上，仔細理會，得其眞諦，方能橫說竪說而無不曲當。

蓋所謂“太極”者，只是動靜陰陽之理而已矣。是故朱子之《解》有曰：“自其著者而觀[43]之，則動靜不同時，陰陽不同位，而太極無不在焉；自其微者而觀之，則沖漠無朕，而動靜陰陽之理，已悉具於其中矣。”以此言之，夫所謂“太極”，果非動靜陰陽之理而已耶？

周子論“無極而太極”者，已含得此意了。其下卽以“動

43 觀：저본에는 “言”. 《太極圖說解》에 의거하여 수정.

而生陽，靜而生陰”等云云繼之，而所謂“陽變陰合而生水火金木土”者，五行亦不過自陰陽而生。故又曰“五行一陰陽也，陰陽一太極也，太極本無極也”，則只此陰陽上，說太極已盡，而動靜之包在其中，又可以見矣。

至於所謂“五行之生也，各一其性”者，蓋自陽變陰合，由其變合之不同，而五行之各一其性，有不得不然者。然朱子之《解》，又以爲“各一其性，則渾然太極之全體，無不各具於其中”。夫水則是水而非火，火則是火而非水，木、金、土亦然。其爲質也，可謂截然不同，而今以爲太極之全體，無不各具於其中何也？

原夫太極之全體，不過是動靜陰陽之理，而所以爲水者，亦只是此理；所以爲火者，亦只是此理，木、金、土亦然，無一非動靜陰陽之理故也。動靜陰陽之理，旣已生五行如此，則遂與之妙合而凝，以化生男女萬物，而男女萬物亦無非動靜陰陽之理之所爲。故《解》又曰：“男女各一其性，而男女一太極也；萬物各一其性，而萬物一太極也。”又曰：“合而言之，萬物統體，一太極也；分而言之，萬物各具，一太極也。”蓋不論統體與各具，旣曰太極，則何莫非動靜陰陽之理耶？動靜陰陽之理，卽所謂“性”也。故曰：“天下無性外之物，而性無不在。”

此蓋合統體、各具而言之，然其爲動靜陰陽之理，一而已矣。由此以觀於人，則所謂“本然之性”卽統體之太極也，所謂“氣質之性”卽各具之太極也。太極有何不同之理哉？由其氣質之稟不同，自夫五行之各一其性，而男女之各一其性，萬物之各一其性，於是焉兆。

蓋動靜陰陽之理，以理言之，則固無適而不同，而以氣言之，則偏正、通塞、淸濁、粹駁有萬不同。得其偏且塞者爲物，而得其正且通者爲人。雖得其正且通者爲人，而其正也或不能無粹駁之殊，其通也或不能無淸濁之異。此聖凡、智愚、賢不肖之又所以有不同，而卽所謂“氣質之性”者也。

然而動靜陰陽之理，未始不均賦焉，雖偏且塞、濁且駁者，亦外此理不得，而得之必全，蓋不獨正且通、粹且淸者之爲然。此卽所謂“本然之性”者也，而本然之性，初非在於氣質之性之外。所以必表出而言之者，正如太極不在陰陽之外，而非挑出而言之，則無以見其不雜於陰陽一般。

或者乃疑其在於氣質之外，奚可哉？且所謂動靜陰陽之理者，以“動靜陰陽”四字觀之，宜若其略而不足以盡天下之理。然其實動而生陽，則陽之健而爲元、爲亨；靜而生陰，則陰之順而爲利、爲貞者，已備擧之矣。動極而靜，靜極復動，則自元亨而利貞，自利貞而元亨，命之流行而循環不息者，已備擧之矣。生陽·生陰、分陰·分陽，則元亨之自元亨，利貞之自利貞，而各有其分一定而不易者，已備擧之矣。天下萬理，有在此四者之外者乎？

由是而五氣順布，則五氣順布者，亦只是動靜陰陽之理而已矣；由是而四時行焉，則四時行焉者，亦只是動靜陰陽之理而已矣；由是而男女萬物次第化生，則男女萬物之次第化生者，亦只是動靜陰陽之理而已矣。由是而在乎人，則爲仁義禮智之性；在乎物，則爲生長收藏之性者，亦只是動靜陰陽之理而已矣。

彼禽獸之蠢動休息，草木之萌達悴斂，何莫非動靜陰陽之理使之然乎？蓋以動靜陰陽之理，求之於禽獸草木，則其所以各具一太極者，不啻較然明甚，而以人與物之均得此理，必求仁義禮智於彼，則其略相近似者之外，更安有可名者乎？

蓋以義類推之而强爲之名，則一日之淸熱涼斂，一木之生長實固，釀酒之發熱濃郁，皆可謂五常者，固如朱子之說，而《或問》所謂"必得是理，然後有以爲仁義禮智之性"者，似亦主人而言。以類其餘而見夫一理之同得也，故至於孟子"生之謂性"之辨，則直以爲告子徒知知覺運動之蠢然者，人與物同，而不知仁義禮智之粹然者，人與物異。只此數句，已不啻大煞分明，又周子《太極說》，其言五性感動，於惟人也，得其秀最靈之。下者亦爲太極雖無所不在，而非得其秀最靈者，未可便以五性言之故也。以此而言之，彼其在於物者，只以動靜陰陽之理看得，而謂其理則與人同，不亦宜乎？

答李聖應

頃者伯氏之來，詢審哀履支相，又承辱詢《中庸論辨》一冊，其所以慰此傾溯者，豈尋常比也？

宗昏憒只依昨，惟是精神消亡，未論新知不繼，些少舊得，亦盡歸烏有。其於性理微奥，尤何能就上面，剖析毫縷，以少副垂問之盛意耶？今此仰答，只是從管蠡中所窺測而爲說，其不中理也必矣。幸望隨處駁示，俾知其誤焉。

別紙

《序》"道統"之統字，只如宗統之統字。

道統之統字，愚嘗以王者大一統譬之。蓋王者必全有天下，然後方可以大一統言之，不然則只與列國等。今以宗統譬之者，說得似未濶。

陳北溪曰"虛靈知覺便是身之所以爲主宰處。然這箇有從理而發者，有從氣而發者"，又曰："人只有一箇心，非有兩箇知覺。""所以爲知覺者不同"，下誨嘗曰"此雖單言知覺，而虛靈二字在其中"，愚有所受矣。【柳川趙子希丈曰："此卽用而體在其中之意，然用上可作兩箇名，而體上欲作兩箇名不得。"】

柳川必以虛靈爲體、知覺爲用，故其言如此。然虛靈知覺，元不相離，虛靈中未嘗無知覺，知覺中未嘗無虛靈。故思慮未萌之前，是卽所謂虛靈之體，而當此之時，知覺有烱然而不昧者，尙可謂徒有虛靈而無知覺矣乎？思慮旣萌之後，是卽所謂知覺之用，而當此之時，虛靈有昭然而與俱者，尙可謂徒有知覺而無虛靈矣乎？蓋虛靈知覺，爲體則皆爲體，爲用則皆爲用。故《夙夜箴》註，亦曰"知覺卓然於內外始終之間"，內與始卽體也，外與終卽用也。試以是仔細玩繹，則當知大山之說，爲有以洞見此理矣。

"愈失其眞"、"大亂眞"眞字，僞字之對也。異端之說，與吾學甚相似而實非，則僞而已。

固是。然須看甚相似者是甚麽，然後方知其所以大亂眞者，果在於此。

在天在人，雖有性命之分，然其理一也。故凡在人者，亦皆謂命。【如《大學傳》言"顧是天之明命"，亦不過顧之於人倫日用之間，初非離於人而言也。】

命之具於心是性，則性之發未發，皆可以命言，見得是。

張子曰："金性剛，火性熱，牛性順，馬性健也，莫非固有。"○ 侯氏曰："草木不齊，飛走異稟。然動者動，植者植，天機自然，豈非性乎？"○ 問"物物具一太極，則是理無不全"。朱子曰："謂之全亦得，謂之偏亦得。"○ 徐子融謂"枯槁亦有性有氣，故附子熱，大黃寒，此是氣質之性"，陳才卿曰："卽是本然之性。"○ 按：金剛、火熱、牛順、馬健，莫非固有，則是各爲其氣之理，而爲其本然也。剛者不能熱，熱者不能剛，則是不能相通，而爲氣質也。如是則《章句》三各字，是便人物各自不同之各，而然其所以各得、各循者，亦無非天命一原之同，則雖言各，而不害其爲皆同也。

或疑如此，便一切以氣質爲本然。然殊不知氣質之性，亦自本然之性來，而初非有二也。故朱子明言"謂之全亦得，謂之偏亦得"，而不以才卿之言爲非者此也。然而《中庸》是從大原上說來，故《章句》又言"性、道雖同"，"人物之性，亦我之性"云，而非謂稟生以後，亦與之一般也。或謂人與人之性、道同，物與物之性、道同。【卽湖論。】蓋要避人物皆同之同，恐非《章句》之本旨也。

竊謂：性之本然、氣質，先就《太極圖說》而認取可也。朱子之解太極，其不曰"自其著者而觀之，則動靜不同時，陰陽不同位，而太極無不在焉，自其微者而觀之，則沖漠無眹，而動靜陰陽之理，已悉具於其中"矣乎？蓋太極者，只是動靜陰陽之理而已矣。是故五行之各一圈，皆是太極。今且以所示火、金二物言之。動而生陽，而動之極則爲火，火之性固烈。然動者，元是根於陰者也；靜而生陰，而靜之極則爲金，金之性固剛。然靜者，又元是根於陽者也。然則火熱、金剛，是氣質之性，而其原於動靜陰陽之理者，非本然之性乎？木、水、土三物亦然。故皆謂之各一圈，以明其同一太極，而本然之性，初不外於氣質之性。

知此則推之萬物，莫不皆然。無論飛潛動植，凡有氣質之性者，夫孰非動靜陰陽之理之所爲乎？此所以萬物各具一太極，而太極無乎不在者也。

蓋二五之氣，千百其變，而化化、生生、形形、色色，至不可勝數，其氣質之不同如此。然語其本然之性，則惟此動靜陰陽之理。故以其不同者而言，謂之偏固可；以其大同者而言，謂之全亦可。此朱子所以有兩可之說也歟。

至如附子之熱、大黃之寒，彼雖枯槁之物，自其生活時，其性氣已是熱且寒故耳，而只此熱且寒，原其所以然，則亦是動靜陰陽之理使之然，則才卿之以爲卽是本然之性者，不亦宜乎？世之人皆知太極之爲理，而不知所謂“理”者，只此動靜陰陽之理。故其於本然之性，亦但知其爲純善無惡，而不知純善無惡之緣何乃爾也。

蓋動與陽之理是元亨，而元者，生物之始，亨者，生物之通，物之始而通，有不善者乎？靜與陰之理是利貞，而利者，生物之遂，貞者，生物之成，物之遂而成，有不善者乎？此其所以純善無惡，而理之所在，氣莫得以有所添損者也。

夫陰陽五行之氣，無物不有，則健順五常之理，亦無物不有。但所謂“五常”者，在人則固可以仁義禮智言之，而若其在乎物者，雖欲一切以仁義禮智言之，有不可得。故朱子已謂仁義禮智之粹然者，人與物異。旣曰人與物異，而今必以仁義禮智求之於物，則必將動見窒碍而有不通處矣。且不獨於性爲然，於道亦然，而朱子所謂“性道皆同”者，終無以見得。故愚嘗深思極慮，而爲此五常隨處異名之說，然其實與所謂仁義禮智直一理而已矣。非特與仁義禮智爲一理，而與元亨利貞直一理而已矣。天下何物事，有外於元亨利貞者乎？惟其爲人物之性也，其同旣如是。故人率人之性而爲人之道，物率物之性而爲物之道者，以道言之，亦無少異焉，胡不觀於《中庸》費隱所謂“鳶飛戾天，魚躍于淵”乎？

夫道之費，極其至而言之。春、秋、冬、夏，風、雨、霜、露，無非敎也者，卽道之在天而費者也；風霆流行，庶物露生，無非敎也者，卽道之在地而費者，而子思却不言此，只擧鳶魚而言之者，彼其化育流行，上下昭著，只此二物亦足以形容故也。夫鳶率鳶之性而戾于天，魚率魚之性而躍于淵者，亦是此道之用，則天下何物事非此道之用？而道之見於化育流行而昭著于上下者，卽此而已可知矣。

今來說，甚合鄙見，而猶恨其有些未盡。故就上面推廣之如右，如何如何？至於人與人之性道同，物與物之性道同，泛而分之，固似如此，而《章句》所謂性道同處，未嘗分人物而言之，彼爲是說者，其亦未之思乎。

> 謂人物性同者，所以見此性之理，莫非天之所賦，而非有我之得私也。謂人物性不同者，所以見人之獨能全五常，而惟人爲貴之義也。

人之獨能全五常者，是因甚乃爾？不過曰得其氣之正且通而已，則得其氣之偏且塞者，其於五常不能全固也。是乃氣之有秀、不秀之致，然雖其氣之不秀，而這五常之具，豈有異於秀者乎? 蓋動靜陰陽、健順五常之理, 無一物之不具故也。 知此然後方可與語於五常之性, 而五常之隨處異名及隨處爲一理, 斯可知矣。

> 健順五常, 人物均有與否, 其說槪之有三: 一說主理通氣局, 謂合下具全也; 一說主偏者全者, 皆其本然, 而謂物則雖具, 而有不全; 一說主陰陽五行之理之無不在而言, 各隨其氣而悉有所謂五常之名, 亦據朱子所論五常隨其所在, 而分許多名字出來者, 今丈席所論是也。
>
> 或疑如此說, 不免以氣爲理。若高着眼看之, 則由造化上說來者, 就氣上說也得, 就理上說也得。【此二句陳北溪說】蓋理無形也, 故必於有知覺運動處觀之, 而固非以知覺運動爲理也。【柳川曰: "《大學或問》言'人物之生, 必得是理, 然後爲健順、仁義禮智之性', 則此其所以直從本然之性說來, 而非如許多名字之氣質上說也。 彼草木之榮悴開落, 固是天機之自然, 猶可說五常意思, 而若禽獸蠢動, 只是趍利避害之欲而已, 非所謂常也。朱子於《孟子集註》, 正以此爲氣之相近, 而對說於仁義禮智之絶然不同。 今乃以蠢然者, 謂有仁之理, 則愚所未聞。"】

此段左右, 以愚言爲主, 而所論極爲明快, 無復可言。但柳川之以五常必爲仁義禮智, 謂人與物同得乎仁義禮智, 而引《大學或問》語來證者, 亦不可謂無據依說。然《或問》所論是解明德之義，而明德之義，非全塞不通者之所可與言。故“必得是理”云云之上，其所謂“必得是氣”者，但擧有魂魄五臟百骸之身，而草木則不之擧焉。且道人與物若同得乎仁義禮智，則草木之獨不擧何也？草木獨非物中之一物乎？

原夫朱子之意，其所以必擧魂魄五臟百骸之身者，非謂物之具此，亦與人一般也。只爲虎狼之父子、蜂蟻之君臣等，其一點明處，猶有近似於明德之一端，故如是言之以包括耳。豈謂彼虎狼蜂蟻之仁義，亦與人無異矣乎？夫物之有五臟百骸者，猶且如此，則況於其全塞不通如草木之類，又安得一切以仁義禮智言之也？觀柳川之引《孟子集註》而爲說者，正與此義合。朱子旣曰“仁義禮智之稟，非物之所得而全”，又曰“仁義禮智之粹然者，人與物異”，則今引此說，而不信愚說者，無乃自相矛盾之甚乎？

大抵人與物所稟，皆是一原之理，而一原之理，不過是動靜陰陽之理。故凡動靜陰陽之所在，皆可以健順五常言之，而此健順五常，隨其氣之偏·正、通·塞，而貌象意思，逈然不侔。人則以其氣之正且通也，故其於仁義禮智，獨稟其全，而物則以其氣之偏且塞也，故其於仁義禮智，無以稟其全，而或直爲蠢然，或直爲冥然，雖欲强名之曰仁義禮智，而有不可得焉。此朱子所以於《中庸章句》，雖曰“各得其所賦之理，以爲健順五常之性”，而又恐人以五常必作仁義禮智看，復有五常隨其所在，而分許多名字出來之說也。

然則一日之淸熱涼斂，一木之生長實固，雖其名字之各異，而均之爲五常之名者，豈不亦大煞分明矣乎？蓋惟氣質各異，故爲其五常，亦隨而各異。然善觀之，則亦同稟於一原之理而已矣，何必逐物皆名爲仁義禮智而後，爲可以見一原之理哉？愚之謂五常隨處異名者，蓋本於朱子之說，而今雖欲不信愚言，并與朱子之說而不信焉可乎？幸以此意更及而得其答以示如何？

年前承誨"五常所在異名"云者，恐非子思、朱子之本旨。故埏就考《中庸》本註及《或問》諸說，反覆潛究，然後始認此解，實合於子思、朱子之本旨。蓋《章句》三各字，已是說人與草木禽獸之各有其五常可循之性，而《或問》中所謂"鳥獸草木之生，僅得其形氣之偏，而其知覺運動，榮悴開落，亦皆循其性，而各有自然之理"。然則隨其形氣，而五常之名不能不異者，固明白無疑，而只緣諸先輩論人物性不同，一切歸之於理通氣局，而未嘗直論夫人物各得所賦以爲健順五常也。蓋義理必須考據明備，然後橫竪無碍。故略集朱子諸說，條陳如左，仰稟批誨。

朱子曰："以氣言之，則知覺運動，人與物，若不異也，以理言之，則仁義禮智之稟，豈物之所得而全哉？此人之性所以無不善而爲萬物之靈也。"○又曰："人心至靈，故能全此四德，而發爲四端，物則氣偏駁而心昏蔽，故有所不能全焉。然其父子之相親，君臣之相統，間有僅存而不昧者。"○又曰："人得其氣之正，故是理通而無所塞；物得其氣之偏，故是理塞而無所通。物之有知者，不過通得一路，如烏之知孝、獺之知祭等而已。人則無不知、無不能焉。”○程子曰：“人則能推，物則不推，推得增幾分，不推減幾分。”

【右皆主人物所稟理氣不同上說來，故謂物之不能全，人之獨全。蓋如此爲說，則所謂“五常”，只是仁義禮智之謂，而惟在人之五常，可名爲五常，而物之榮悴開落蠢動休息者，則不可論以五常矣。】

朱子曰：“木神曰仁，則愛之理也；火神曰禮，則敬之理也；金神曰義，則宜之理也；水神曰智，則別之理也；土神曰信，則實之理也。”○又曰：“虎狼之父子，仁也；蜂蟻之君臣，義也；雎鳩之有別，禮也；候蟲之能蟄，智也。”○魯齋鮑氏曰：“凡物得東者仁也，得西者義也，龍是得東者，虎是得西者，麒麟東方仁獸，騶虞西方義獸。草木生於東者柔，生於西者剛。”

【右主言凡物之生，各全其一性，以見人之悉稟此五常之德，而無不俱全，則所謂“五常之名”，固難悉求於一物之中也。】

朱子解《圖說》曰：“五行之生，隨其氣質，而所稟不同。然渾然太極之體，無不各具於一物之中。”○又曰：“大明當天，萬物咸覩，此日耳，蔀屋之下，容光必照，亦此日耳。”○又曰：“以理言之則全。”

【右專主理上說，如此則不必言草木禽獸之各有其五常，而其所以各全一性者，莫非全體也。如虎狼只得仁，蜂蟻只得義，而曰仁曰義，則無非全體之渾然，而初無所稟偏全之可論矣。】

朱子曰："以愛親之仁言之，所以愛親之誠，仁之仁也，所以諫乎親者，仁之義也，所以溫凊定省，仁之禮也，自良知無不知，是愛仁之智也，所以事親之實，則仁之信也。" ○又曰："釀酒，方微發時仁也，到發時禮也，到得極熱時義也，成酒後却與水一般智也。"又曰："一日之間，早間天氣淸仁也，午間極熱禮也，晚下漸涼義也，夜半全然收斂智也。" ○又曰："四時春爲仁，有箇生意，木雖凋零，生意常存。大抵天地間，只一理隨其所到處，分許多名字出來。"

【右第一說，言求之一善之中，而悉具所謂五常之義也。第二說，言一事之中，其首尾之成就，一日之間，其朝暮之光景，各有五常之義也。第三說，言一物之生，其始終結末，無不有此五常之名也。此正《中庸章句》所謂"各得所賦之理，以爲健順五常之德"，丈席所謂"五常隨其所在，各異其名"之義也。蓋五常則一，而在事親，爲愛、敬、誠、實之名；在釀酒，爲發、熱、濃、郁之名。在一日，有淸、熱、涼、斂之名；在一木，有生、長、實、固之稱。其於物也，以虎仁、蜂義等明之者，乃其五常之較著尤明者，而其於事物也，隨在異名者，以其這理之却無可指，則只以其氣象意思之近似者，以見其仁義禮智之理，莫不各具於一事一物之中也。】

所論大意，則與前一般。蓋愚所謂仁義禮智云者，特以其在人之粹然者，非物之所得有耳，是固本於朱子之訓。然愚亦以同一理言之，曷嘗以在物之五常，爲無與乎此理云爾耶？但須於異中而見其有同，同中而見其有異，方是洞見夫五常之所以爲五常，而橫說竪說，無窒碍不通之患矣。今足下之言，政自如是，豈勝幸甚？

> 二十二章《章句》“人物之性，亦我之性”者，本然之皆同也，“所賦形氣不同而有異”者，氣質之各異也。性無不同，則於此只當言其同，而不當言其異也。此與首章《章句》三各字之義差別。

“人物之性，亦我之性”，是固以同者言之，而又曰“以其形氣不同而有異”者，是非及於其異而何？惟其既知其同，又知其異，故所以能盡之者此耳。愚意：此處雖不說三各字，而這義未始不自在於不言之中，恐不可以差別言之也。

> 戒懼之境專在未發，故先輩有以專屬靜言。然其曰“道不可須臾離，可離非道”者，所包甚廣，則乃謂此段之專爲靜工，豈非未安乎？【柳川曰：“此專屬靜，果似未安。然須知兼動靜中主靜之意乃佳。”】

此段柳川說甚當，又其主靜之意，第觀“致中”二字可見，所謂致中之工，其有外於戒懼乎其所不覩、不聞者乎？夫於致中之工，不可參入動工夫，則何獨於此段而必參入動工夫看乎？又此與下文謹獨相對，則謹獨是動工夫也，豈應將動工夫而言之於靜工夫，使條緒不免於混紊乎？

竊想先輩有見於此而云爾。然終是子思立言之意，則蓋以其無時不戒懼。自所睹聞處，以及於所不睹聞處，有不容不知，蓋所謂"道也不可須臾離，可離非道"等說，元是兼動靜說故也。然而觀"可離非道"下，不暇他言，直以戒懼乎其所不睹、不聞爲言，則其主意歸重之在於靜工夫也審矣。盍以致中之不可兼動工看？

> 詳而分之則七情，約而論之則四情，喜兼愛，怒兼惡，欲則無乎不在。達道者，循性之謂，達道五者，語其循性之條目。

愛、惡、欲，固在喜怒哀樂之中。至於達道則循性之時，其中節之節，已是五達道上當然之理，非中節後，又別討箇條目去也。如何如何？

> 章下註"首明道之本原，出於天，而不可易，【註曰'首三句'。】其實體備於己而不可離。【註曰'「道不可須臾離，可離非道」二句'。】"柳川曰："此二句皆指首三句而言，豈可截'可離非道'以上，屬之實體之備己，而以戒懼以下，屬之次言存省乎？"大彦叔曰："'道不可離，可離非道'二句，包下戒懼、謹獨二節言，以見實體之備己而不可離，則

正好截斷自爲一節看，句下懸註，恐不可改也。"

首節性、道、教三字，特提出一"道"字說起者，蓋以此"道"字，上包天命之性，下包修道之敎。其言雖略，其意實備。若其所以特提出言之者，上言天命之性，率性之道，固是實體之備於己而不可離者，而不如是提出言之，則下文戒謹、恐懼二節，却不見其如何乃爾，爲無來歷、沒精神之歸矣。愚意：此"道不可須臾離，可離非道"二句，乃承上生下，而喚起得最緊要處。又章下註，明言其本原之出於天而不可易及實體之備於己而不可離，則不可離三字，卽指不可須臾離而言者也。烏可以實體之備於己，已盡於首三句，而以此二句，爲但屬於下兩節之意乎？此段所解，大彥說似優耳。

第九章有問，勇於五常在那裏？柳川曰："此只在知、仁之中。是以五臟中，肝屬仁，而肝中有膽，腎屬智，而腎有相火。"大彥叔曰："苟以五臟言，則亦可言義、禮、信。"家兄曰："《中庸》只論三達德，則又可贅義、禮、信乎？"愚意亦以爲三德，只所以存五常之道，則恐不可挾雜說。

知、仁、勇三達德，是以心言，五常中知、仁，是以性言。不曰"心能盡性，性不知檢其心"乎？第觀《章句》解此云"知所以知此，仁所以體此，勇所以强此"，則所謂此卽指五達道而言，而知、體、强三者，其非以性言可知。

來諭以爲三德，只所以存五常之道者是矣。且此知、仁、勇三字，本是成德之名。故於篇首，卽以舜之知、顏之仁、子路之勇言之，則五達道之所以行，亦惟此成德之知仁勇是賴，而於此復丁寧之者此耳。《中庸》之論上達處多，論下學處少，大抵如是。然若自下學者言之，須是把這名目爲題，實下夫知、體、强三者之工夫，然後方可以造道而得成德。如欲實下工夫，則其有外於此心而能之者乎？是故必致此心之知識，然後爲有以知此道焉；必存此心之德性，然後爲有以體此道焉；必盡此心之氣力，然後爲有以强此道焉。蓋三者之如是，是必然之理，而乃人人之所同得者。故三德旣解後，卽又承之曰"天下古今所同得"者此也。今不如是看，却去五性中尋覓求其說而不得，則至以肝臟之有膽、腎臟之有相火喩之可乎？夫所謂性者，只是理而已矣，安有工夫意在其中？故曰"人能弘道，非道弘人"，知此則當有以知愚言之不妄，而諸君之惑，亦庶乎其可解矣。

> 十一章庸也者，不隱怪之謂，則"遯世不見知而不悔"者，何以爲中庸？竊疑此只是以時當遯而遯者論之。蓋旣曰"依乎中庸"，則其所處之時中者自見。

不爲索隱行怪，則依乎中庸而已。至於不見知而不悔處，須見得是因甚乃爾，然後方知此所說兩句，眞是知之盡、仁之至，不賴勇而裕如，非聖人則果不能。來諭云云，意味甚淺，此豈是淡泊說去者耶？

元來此章是總結知、仁、勇，而主意歸宿則在於勇。蓋勇者，是知極其盡，仁極其至，而做他那骨子者也。是故《章句》之於上兩節，必提出一“强”字，至於此節，則必曰“不賴勇而裕如者”，正以形夫自能如是，而非有賴於勉强之勇。然勉强之勇，固非可語於聖者，而至於自然之勇，聖者之所不能無。故《章句》又結之曰“惟聖者能之”，此“能”字，畢竟有勇意思在，與上章“民鮮能”之能，相叫應。然則此章之主意歸宿在於勇云者，豈不信然矣乎？

> 程子曰“鳶飛魚躍與必有事焉而勿正心之意，同活潑潑地”，朱子曰“必有事焉而勿正心者，乃指此心之存主處，活潑潑地者，方是形容天理流行之妙”，退陶曰“謂但取其自然無爲之氣象者善矣”，合此數說而觀之，則程子所論“同活潑潑地”云者，庶可意會。

程子所云“活潑潑地”，乃指天理流行無滯碍之妙。故非但朱子說如此，而老先生說如此。蓋此心之全體大用，無非是天理，則這箇是無日不發見於日用之間者也。苟能敬以持存，得其無失，則雖使天理未能盡明，卽其動靜寂感之際，所謂活潑潑地，亦當有以見之。然終不如全體大用之無不洞然者之爲玲瓏灑落，自呈露流行之爲快活也。是則須於窮理之際，經歷得極辛苦不快活境界，使無毫髮之疑，然後方得如此。抑天理未盡明之前，則其於勿忘助之工，亦未能盡，見得這境界難矣。嘗試如此思之否？

> 十六章“鬼神之爲德也盛矣”，朱子深斥侯氏截爲德謂誠之病，而其自言亦有曰“鬼神氣之屈伸也，其德則天命之實理也”，此語亦似有侯氏之病者何也？蓋鬼神之德之盛，所以如彼者，以其理本誠故耳，則方平說鬼神底道理時，固可言鬼神是氣，其德是誠，而若至經文，則這說只是一物，而理與氣不可分別看。

鬼神之爲德盛矣一段，本是就氣包理說，而更無形上下可分。故朱子之於章下，所以直謂之道者此也，第觀其爲“不見不聞隱也，體物如在則亦費矣”二句，亦可見矣。夫旣以費隱，皆爲道之用與體，而今以鬼神之不見聞，直謂之隱，以鬼神之體物如在，直謂之費，則是鬼神卽道，道卽鬼神，而尙可以形上下分之耶？大抵此章之必把鬼神來爲說者，專爲誠字地。蓋視不見、聽不聞者，卽此誠，而鬼神亦視不見、聽不聞，體物而不可遺者，卽此誠，而鬼神亦體物而不可遺，則是鬼神與誠，卽一而二，二而一者也。彼其性情功效，皆實理之爲，則發明得誠字，莫過於此。此所以爲一篇之樞紐也，試更思議如何？

> “物之終始，莫非陰陽合散之所爲”，按氣有聚散，而理無聚散。

《章句》云：“天下之物，必得是理，然後有是物，所得之理旣盡，則是物亦盡而無有。”以此言之，物之終始，亦理之終始，而雖謂之理有聚散，似無不可矣。但以天下公共之理，亘萬世生生不息者言之，陰陽合散，無有窮已。一物雖盡，一物又生，如今日雖終，明日又始，而循環相代，不見有間耳。

"仁者，人也"，《章句》曰："人指人身而言。"柳川曰："是便說他皮肉內皆是仁，蓋惻怛慈愛之意，充滿一身。故凡於人物所不忍處，目有所不忍視者，耳有所不忍聽者，不待論量而便自如此。如所謂麟旣仁，故其趾、定、角，亦仁者也。"

柳川此說，正合《章句》所云。凡人身之所以如此，是因甚乃爾？只爲具此生理故耳。不曰"滿腔子是惻隱之心"乎？深體則可知矣。

誠、敬二字，似有工夫先後云云。

誠之之工，非敬不能，而敬之至，則又當與誠爲一，是固無先後之可言。然自其始發得眞實心而言之，誠若在於敬之先，及其終體得眞實理，無復待於勉强，則誠又在於敬之後。學而至此，復豈人人之可語哉？惟於旣發得眞實心，然後卽以敬將之，使無須臾毫釐之間斷滲漏，而所存所發，皆不違於眞實理者，此敬之爲也。

學、問、思、辨、行,《或問》言其五者之有序, 而註中朱子曰“五者從頭做將去, 初無先後”, 二說似相矛盾。

竊謂此學、問、思、辨、行五者, 且從《或問》所訓, 做工夫可也。若其無先後處, 固有如盛論後說, 然恐非子思立言本意, 故朱子亦別言之。凡看經義, 須以正當大旨爲主, 而旁推餘意之及, 然後爲得。且如《大學》之格、致、誠、正、修, 其序不可亂, 而功不可闕者, 分明是如此。然則此其爲正當大旨也明矣, 而斯五者, 亦未嘗不齊頭用力。故人於一日之間, 也有格、致時, 也有誠、正時, 也有修、齊時。又不可以吾知未至, 而不下誠、正之工; 吾誠未至, 而不下修、齊之工。學、問、思、辨、行之有時或各爲一, 而無先後, 亦如此, 然終是餘意, 非大旨如何?

愚則以爲博學若以讀書言之, 是於聖經賢傳凡道理所載之書, 無不讀之謂也, 問、思、辨, 是於箇中逐章逐句, 皆下此三箇工夫之謂也。如身心性情上道理, 則固當隨辨隨行, 而若在天下事物上道理, 則或有非目前急務者, 又安得隨辨卽行矣乎? 其勢不能不緩之, 而恐不可便以先後隔斷言之也。

“誠以心言, 本也; 道以理言, 用也”, 誠是實理, 而此謂之心; 理是道體, 而此謂之用者何也? 柳川曰: “誠雖實理, 而就人物而論其存主之實, 則心也; 理雖道體, 而自人心而發爲事物之理, 則用也。” 竊謂以物之所存主者爲誠，而道之所當行者爲理，則存主者，可謂之心，而不可謂之理也；當行者，可謂之用，而不可謂之體也。

柳川說甚當，盛論亦出於反復推明之意，須如此看得爲是。然《章句》所以只言本而不言末，只言用而不言體何也？試復思之，得其說以示如何？

二十七章"尊德性而道問學"，《大學》以知行分先後，《中庸》以大小分先後，所以不同。

固是如此。然《大學》分先後處，《或問》曰"此心旣立，而格物致知，以盡事物之理，則所謂尊德性道問學"者，其理未嘗不一，又何先後異之可論耶？特所主而言之地頭，有各異者耳。

答李聖應心理氣辨

竊嘗見朱子曰"心者，氣之精爽"，又曰："孔子言'操存，舍亡，出入無時，莫知其鄕'四句，以'惟心之謂'結之，正是直指心之體用，而言其周流變化神明不測之妙也。"又《感興》詩曰"人心妙不測，出入乘氣機"，勉齋解之曰："心固是因氣成，便是活妙者，是言其忽然出入，無有定處。”由此觀之，可知心者畢竟是氣底，不可泛以合理氣論也。

是以朱子獨於操存舍亡下，特言其說得心之體用始終眞妄邪正，無所不備。今辨心理氣者，只當以孔子此言爲主，而不當攙入他說也。且夫合理氣之說，甚疏矣。彼其草木禽獸之心，孰非合理氣？而何故或全塞而不通，或只通一路明，絶不似人心之神妙而虛靈乎？此無他，人心之最爲虛靈者，以秀氣之貯，得此理而然，而就人而論之，聖人之心湛然虛明，衆人之心昏蔽難開，由其秀氣之中，亦有淸濁之不齊故也。然則所謂心者，當如何而用工也？

曰："凡論理氣，雖有分屬，亦必理爲之主，則所貴乎操存者，以其能以理御氣，而使不至妄動耳。豈可任其所爲，而諉曰'此心之體，本屬氣事而然'乎？程、朱所論敬貫動靜之說，於是乎備矣。愚何敢贅焉？"

所論該貫詳明，多見講究之至精，而非人人之所及。然元來理之所以具於心，是何故也？只爲五行之秀氣，聚而爲人，秀氣之精爽，聚而爲心，故五常之理，便具於此。蓋木氣之精爽，卽溫和慈愛之理，所從以具，而仁於是名焉；金氣之精爽，卽斷制裁割之理，所從以具，而義於是名焉；火氣之精爽，卽恭敬撙節之理，所從以具，而禮於是名焉；水氣之精爽，卽分別是非之理，所從以具，而智於是名焉；土氣之精爽，卽誠慤眞實之理，所從以具，而信於是名焉。若非這五氣之精爽，則五常之理，亦何從而得具矣乎？

世之論理之具於心者，類多以水之盛於器比之，而水與器，猶是各一物，而器非能自具夫水者也。若心與理元是一物，而心本能具夫理者也。是故程子曰：“心譬如穀種，生之性便是仁。”此雖但以仁言之，而言仁則義禮智信之無不具於其中，亦可推而知矣，胡不以穀種觀之乎？彼其皮殼之內，全是生氣充塞，而根莖枝葉花實之理，無不具於其中。若無這生氣充塞，則根莖枝葉花實之理，亦何從而具於其中耶？心之所以具夫理者，亦若此而已矣，而心之爲屬於氣之物事，不啻甚明。惟其具夫理而理具於其中，故謂之以合理氣者此耳。斯義也，愚於前此已言之。

然嘗試觀於天地萬物，則天地萬物都只是氣，元無一針孔小隙地可安頓此理處。故天之理則只在天之氣之中，地之理則只在地之氣之中，萬物之理則只在萬物之氣之中，氣之外，無復可覓見此理處。然惟是此理，實爲造化之樞紐、品彙之根柢，而天地萬物，畢竟違越他不得。雖其無聲臭兆朕，而直一沖漠空虛底物事，未有外天地萬物而別有可覓見之處，然上焉而極其本，而下焉而極其末，泝之而窮其源，而沿之而窮其流，則其主張而總攝之者，都只是此理也。故周子之《太極圖》，特揭此以示夫天下萬世，使凡從事於聖學者，皆有以識此理、踐此理，而治其氣，以順乎此理，則心固是氣之精爽，而慮其有濁駁者害之，常常惟此理之是主，是乃聖學之至要且切，而不可頃刻忽焉者。

今左右之論操存之法，固有見於是矣。柳川之必曰“心是合理氣，而不專是氣"者，亦不可輕易非之。然乃若就心字而平論之，則終是氣一邊物事，故古人之如是言之者，有不勝其多。蓋專言心，則固當曰合理氣，而若就其中，分別言之，則理是性，氣是心，而其不可以心爲理也決矣。今左右之辨，固爲詳明，而但於心之所以具夫理，理之所以具於心處，似有見未到者。故聊復言之，以補其闕，未知盛意，以爲如何？

答李聖應《啓蒙》問目

天下之理，莫不由於乾、坤、坎、離四卦之中，而陰陽始終之變，莫不由乎子、午、卯、酉四方之中。是故《河圖》、《洛書》及先天卦位，必皆以四卦配四正位，而四正之數，九八七六，則乾坤之居九六，坎離之居七八，各以其數而然耶？

坎以後天數言之，則當一六，而今進居於七，則七乃少陽數，而卽坎之所由生也。然坎乃陰極之卦，則居於七之陽，又何歟？離以後天位言之，則當二七，而今進居於八，則八乃少陰數，而卽離之所由生也。然離乃陽極之卦，則居於八之陰，亦何歟？艮之位先天則當六，後天則當五，而六旣在四正位，五是虛中之數。故退居於四，則四乃太陰位也，卽陽居陰而爲互遷之義乎？先天巽居二，後天巽居八，而二是震之位，八又在四正位。故今居於三，則三乃少陽位，而邵子以巽爲少剛，則處其宜乎？

蓋乾兌同出太陽，故得太陽之位數；巽坎同出少陽，故得少陽之位數；艮坤同出太陰，故得太陰之位數；離震同出少陰，故得少陰之位數。此固以四象分屬，而今以八卦求之，義多難曉矣。

《洛書》之數，在四正位者，九一七三，而以四正卦分配，則其爲乾九、坤一、坎七、離三之數，亦自然乎？在四偶位者，八二六四，而以所餘之四卦分配，則其爲兌四、震八、巽二、艮六之數，亦自然歟？象之列于四方者，悉協夫所生之卦，而至若離、震、艮、兌之位，則亦未得夫陰陽之位，此其迭陽迭陰，不可典要者歟？鄭困齋說，則《河圖》之制，似易置九四二七之位，蓋如此然後坎四，四不交之象，此是《洛書》必易二方之義歟？

所論大概得之。但艮之位，先天則當四，【先天卦位數，見《易圖註說》。】後天則當八，而今謂先天當六者，旣誤，而又曰"後天當五"者，尤不可曉。五數之不用，先後天皆然，不知何從而言之。巽於先天固居二，而後天則居四，今謂之居八者，亦何從而言之耶？

坎雖陰極之卦，而生於少陽，故居於少陽數之七；離雖陽極之卦，而生於少陰，故居於少陰數之八者，亦其理宜爾。且坎離所以爲陰陽之極者，是據後天而言之，而在先天，則只是爲陰陽之中者也。今必爲陰極陽極之卦者，得無失於偏耶？

乾兌之同出太陽，而得太陽之位數；離震之同出少陰，而得少陰之位數；巽坎之同出少陽，而得少陽之位數；艮坤之同出太陰，而得太陰之位數者，其理既曉然矣，則以八卦求之，亦無難曉之義。

蓋八卦者，自兩而四，自四而八，遂成三畫。然兩儀四象，實具於《河圖》之中，故伏羲因之，而析其合，補其空，分排以爲八卦所居之位若數。彼九八七六與一二三四，各就其本身而觀之，則雖其見三畫之形於本身之上，而乃若兩而四、四而八之象，未始不隱然自在於其中。第以其位若數求之，則其爲三畫之如彼，夫豈是別一理而終不可見者乎？

且也天地之數，十爲其全，雖於析離之際，統於十者，常相隨而不相違。故九爲乾而在南，則一之爲兌者，自北而東南，以處於乾之傍而爲十；八爲離而在東，則二之爲震者，自南而東北，以處於離之傍而爲十；七爲坎而在西，則三之爲巽者，自東而西南，以處於坎之傍而爲十；六爲坤而在北，則四之爲艮者，自西而西北，以處於坤之傍而爲十，是亦自然之理也。又非特互遷互藏而各當其位，如來示而已也。

《洛書》之九爲乾而一爲坤，三爲離而七爲坎，二爲巽而四爲兌，六爲艮而八爲震者，雖與《河圖》有同有不同，而《河圖》以成數爲主，故九六七八，爲乾、坤、坎、離，而其餘生數一二三四，爲兌、震、巽、艮；《洛書》以陽數爲主，故以九一七三，爲乾、坤、坎、離，而其餘陰數二四六八，爲巽、兌、艮、震。斯義也，《啓蒙》已言之，而乾、坤、坎、離之所以爲最重最正。

誠如來諭，兌、震、巽、艮之在《河圖》者，亦如愚說，不必更論。其在《洛書》者，是四卦，固皆分居於陰數，而細玩之，則又各有陰陽互藏之象何者？巽兌陰卦也，而巽本生於少陽，故居於少陰之位，兌本生於太陽，故居於太陰之位，斯豈非互藏之義乎？艮震陽卦也，而艮本生於太陰，故居於太陰之數，震本生於少陰，故居於少陰之數，斯則只是反於其所生。然以陽卦而居於陰數者，亦豈非互藏之義乎？

抑又思之，在《河圖》，則兌之一與乾之九相連，震之二與離之八相連，巽之三與坎之七相連，艮之四與坤之六相連者，固皆十數之元不相離；而在《洛書》，則坤之一與乾之九相對，巽之二與震之八相對，離之三與坎之七相對，艮之四與兌之六相對者，又皆十數之元不相背者。故其不相離而相連，則所謂“相得如兄弟”也；其不相背而相對，則所謂“有合如夫婦”也。

十數之外，五數之成象於四隅及補空於四隅者，其自然之理，亦有可言者。蓋一者，天以生水，而爲兌於東南，則東南海之最大，非惟兌澤之象，而亦天一之象；四者，地以生金，而爲艮於西北，則西北山之最剛，非惟艮山之象，而亦地四之象。二者，地以生火，而爲震雷於東北，則雷之有火，亦地二之象；三者，天以生木，而爲巽風於東南，則風之動木，亦天三之象，而是四者，皆離五不得，有若四時皆有寄旺之土。

五之爲五，亦無往而不相値，兌之一對艮之四，則一與四合而爲五，震之二對巽之三，則二與三合而爲五。故此十與五者，實爲河、洛之主數，未知此說果如何？

九四二七之位，困齋之易置者，似亦是發明一義。要之易者變易也，所以謂不可典要者此耳。

> 一得五爲六，而六進爲九，則九長而六消者固也，至若九退爲六，則九反消而六又長者何歟？

六之所得之五，進於四而合爲九，則九長而六消；九之所得之五，退於一而合爲六，則六長而九消，其進其退，亦只係於五而已矣。但自六而進於九，則九多於六，謂之長可矣，而自九而退於六，則六少於九，謂之長，若不可，賢今所疑者此。然陽者，以進饒爲長；陰者，以退乏爲長。六是退之極而乏之至也，豈可謂之消而不謂之長哉？

> 大衍·天地之數、蓍策之法，皆以五十爲節爲用，而律呂干支之數，究於六十者何歟？是自有二法而不相干涉否？

大衍之數，本五十有五，而五爲太極，故去五不用，而只用五十。又於五十，去一不用，而只用四十九者，以一而象太極故也。第觀《河圖》與八卦之所以成，則可知其只用五十，而觀於揲蓍，又可知其只用四十九之妙矣。然邵子又就天五地六上，以五六爲干支之所由起。蓋以五加五則爲十，而十干於是乎生，以六加六則爲十二，而十二支於是乎生。又以十干乘十二支，則其數究於六十，而律呂之數，從可知焉，此外豈有他妙理耶？然而十干十二支之相乘而爲六十也，亦有陰陽互藏之理焉。蓋十干陽也，十二支陰也。故其爲六十之際，十干之乘十二支者凡六，而爲陽藏陰之象；十二支之乘十干者凡五，而爲陰藏陽之象。是其互藏之理，亦出於自然，而未始不本於《河圖》，則又豈可謂二法而不相干涉乎？明乎此則所謂律呂者，雖只於六上起數，而其理恐亦無異同如何？

以六變合二十八變，則只爲三十四變，三十六宮云者，合乾坤二卦而言歟？

卦凡六十有四，不易者八，反易者二十八，故合爲三十六宮。此外又有二說，第以八卦之畫觀之，則陽以一數，陰以二數，【如乾畫三、坤畫六之數】總爲三十六，以八卦之次觀之，一二三四五六七八【如一乾爲一、二兌爲二之數】合爲三十六。然要當以不易反易而爲三十六宮者，然後方包得六十四卦盡耳。

答金濟彦【養楨○甲戌】

戀想之懷，與歲俱新。卽承惠翰，槪審春寒，侍餘學履增祉。又其滿紙辭意，紆餘懇到，披讀以還，足令目明心開。固知所存從來有異於衆，而於此亦可見端緖之一二，深可歎賞。

但九曲圖屛面，旣書朱、退兩夫子歌詠，又欲吾儕爲跋語，至以“光輝交暎”四字，筆之於書，鄙是何人，而敢偃然當之乎？此則在足下，其爲失言大矣。然鄙旣面與之言，今又俯索甚勤，從當爲一語奉副，以致其私相往復之意而已。幸諒之如何？

立齋集

卷二十

書

書

答鄭希仁【丁巳】

僕與足下，雖幷世而生，邈焉東南，聲聞不相及。足下之華問，蓋自少蔚然也，而無緣得耳之。向於在咸寧時，蒙足下過訪者再，而風範緖論，令人傾倒不已。始知吾黨中賢俊，乃有如足下者在，而恨相見之晩焉。第行色甚忙，奉挽無路。又念足下方爲名韁所絆，而僕則依舊爲潛深伏隩物，雲山旣別，燕鴻且異。故臨別更杠之約，有不敢準望矣。

不意足下惓惓采勤，乃者又爲之迂轡委臨於窮山絶壑之中，而討盡肝肺，如素相狎。袖示三編，又皆宏言崇論，不但文章高古，有非今人口氣，而識解之博，造詣之深，又自發見於此。雖未可以是而遽測足下之蘊奧，然大抵以足下年紀，其所就之已能如是，歷數湖、嶺，殆未見其比。每逢意中親知，吃吃說足下不離口，索居閑處，嚮溯一念，無日不憧憧。

玆者耑价忽至，手翰珍重。且審秋涼，政履晏勝，欣倒開瀉，已不可量。又其滿紙縷縷，皆自悃愊中流出，首尾鋪敍，委曲備至，卽令相對穩晤，亦何以加此？而其使我可得常目而慰此心，則比諸一時面談之過耳成空，又自懸絶。擎讀珍翫，何啻百朋之錫？但以無似爲有一日之長，而猥有求益之意，則非僕之所敢當也。

僕本稟質昏愚，志氣懦弱。其於向上一節，固不可謂全然無意，而悔悟旣晚，作輟無常，秖今六十之年，了無一長可稱。徒以杜門斂蹤之故，厚竊虛名，濫取非分之爵，言念欺天之罪，實無措躬之所。鬼神在傍，斯言非飾。惟是過信游談，而不知其實者，間不無一二相從，然率皆垂橐而歸，其不爲世人之所笑者，亦幾希矣。今足下又欲向木居士求福何耶？愧赧之心，到此益增。第厚意不可虛辱，故聊陳迷昧之見，冀聞可否之敎，惟足下試察焉。

大凡今人之才氣發越者，當其年銳之時，苟無先覺君子爲之指導，則雖令有志於學，其不免於出入泛濫，自是理勢之無怪者。雖以程、朱大賢，其初亦有是患，反而求之，然後方得正當門路，況於其下焉者乎？

自夫世衰道微，俗學多岐，志於功利者，惟以科宦爲重；志於聲名者，惟以詞翰爲主，而此外又有尙氣節要作士大夫者，往往而出，無論卑高，類皆局於此數者，而至於吾儒家端的旨訣，看作笆籬邊物，以爲是非吾輩所及。設有讀聖賢書而探義理窟者，不過欲以爲談話之資。夫如是則斯道之不興於世，宜也非異也。

愚魯無狀，雖不敢與語於此，然尋常慨恨久矣。今觀足下之書，其有志如此，用工如此。雖隨俗應擧，而不爲功利所溺；雖慕古爲文，而不爲聲名所移。又知尙氣節者之流於一偏而不足與於大全之道，奮然勇拔，卓然樹立，而逈出於頹波之外，是非天資近道，地步超倫，高識遠見，獨存於胸裏者，其孰能及此哉？然且勇邁之志，愈往愈篤，學已進矣，而猶患其未至；業已精矣，而猶懼其未能。日用點檢之間，凡係病痛，無不按發。若此則卽其自訟之辭，而足下之不安於小成，已可見矣。此僕所以尤斂衽歎服處也。

雖然凡事之屬於旣往者，雖有欠闕，亦沒柰何。爲今之計，惟有益堅此志，益懋此事，使吾尊性、道學之工，不容須臾之間、毫釐之差，而其要又無過於一"敬"字。可以成始而成終，勝百邪取萬善，都由這田地得力。此其說具在方冊，足下之所厭觀而飫聞也。誠能用力於此，而實得其效，則足下所謂《論語》之九思、《大學》之誠意，次第皆爲吾眞有底。以之而窮天下之理，以之而體天下之道，無所往而不沛然有裕矣，未知盛見以爲如何？

昔嘗見大山 李先生，以爲子朱子嘗言"某得處無多，只在一兩句上"云云。故頃於奉晤時，已爲之闞說及此，其或記有之否？此箇話頭，人莫不知，便與常談無異。然如欲實下工夫，則捨此而又無他道理，故輒敢誦其所聞，仰復如是。蓋以其所不能者，望於足下，而冀以聞切當之諭。

且念此物之昏憒，去而益甚，古人所謂"老將至而耄及之"者，居然當我之前矣。以此尤思有賴於年少彊輔，或得免大顚蹶於左右扶護之間，而如足下落落相望，此亦未易，浩歎柰何？

所留盛稿，近地老宿皆謂足下少加之意，而至於純熟，則他日主盟於儒林必矣，蓋其所見同也。乃若於鄙見中，或不無未安處，則從當仰質，以求明誨耳。所欲言不止此，來使暮泊而朝發，呼草。不宣。

答鄭希仁

料外耑价又至，惠以德音，莊誦再三，欣感已極，且審冬令政履晏勝，尤庸喜賀之至。宗奉晨依昨，餘何足浼聞？前日仰復中所論“敬”字，竊觀來書，獨無語及於此。故認得盛見若將準備吾答語而故漏之。且此昧陋，捨是而又無可爲說，遂爲之僭易覼縷。然此實足下之所已知，而自家之所未能，則匹似無奇而不足採，政爾悚耿于心，乃蒙曲垂諒納，辱與相往復如是，使此昏憒而無可望者，亦得興起於下風。如足下豈非所謂“樂取人爲善”者耶？歎服歎服！

至於克己上工夫，苟非顏子紅爐氣力，凡干私欲，隨遇如點雪消去，儘是難事。況此花柳一關，是天下第一鐵門，故至此而誤平生者，世不知有幾人。雖以胡澹菴之氣節，猶且不免焉，則其所以遏絶隄防者，尤不啻其難。然此乃破骨之鋸，伐性之斧也。誠知其如此，自當斥絶屛遠之不暇，尙何患於駸駸然入其中哉？退陶先生與高峯書，其論此不啻詳焉，蓋亦以敗軍將自喩。

雖於矜持已熟之後，猶以爲時不無喜獵病，而愈加戒謹，則古人之寄一生於虎尾春氷，而常持雪未消草已生之戒者，良有以焉。然以足下盛年志氣，其一刀兩段，似亦不至爲甚難，制欲一款，愚不當深爲足下憂之。但別有所獻忠者存焉。

足下於天下之書，讀之不爲不博；於天下之理，窮之不爲不多。然此道精微，洞見實難，必須潛思積慮，毫分縷析，極辛苦不快活境界，無數經歷過，然後方得好消息來。

其於天命之所當然與夫所以然處，始有所眞箇體認，而古之學者，猶不以是而自足，又爲之廣遊四方，以資麗澤之益，蓋朋友講磨，又是不可已之道理也。固知足下之識解已到於高明，湖中諸益又不爲不多，而其在方進之業，想必以十分造極爲心，則思辨切磋之工，政當愈至而愈不厭。倘於解官之後，居閑之際，旣爲之益加勉勵。又以所得，發問於嶺外同志，則衆論合湊，理趣益明，不惟前日之所自信者，至是而愈可信，厥或有疑，亦可因此而得解矣。豈不美哉？豈不樂哉？

雖然，此則爲足下道問學而言也，乃若尊德性一節，姑未之及。然無論知行，其要莫過於敬，而向所獻“須臾毫釐”四字，又是喫緊語也。幷望加之意如何？感足下相與之厚，敢以瞽說添燈於日下，第諒其獻忠之誠，幸甚幸甚。

答鄭希仁【○戊午】

臨歲除，專价惠存，實出望外。又況滿幅瓊琚，滿紙肝肺，不啻如雙南百璧之贈，何足下惓惓於無似一至此耶？反復諷誦，感篆沒量。且審窮沍，政履起居，以時增重，尤庸仰慰之至。

宗侍事粗遣，而薄此殘臘，百感來集。他無足浼聞，只是秋冬以來，遠近朋友迭來相訪，其中有見識超詣者，不止一二，所以慰寂寞之懷者，殊不淺鮮，却恨不得與吾足下共之。今得來諭，又知足下亦有伐木之思，深以阻絶爲歎。蓋欲於義理上十分透徹而已，則從容講討之益，誠不可無，故僕於曩日書，已略陳此意，於是焉足下之信吾言，又可知矣。

乃若“敬”之一字，旣知用力之方，則但當勉勉孜孜，喫緊服膺，使無須臾之間斷，然後方得收功於始終，而顧此昏憒之物，常患其不能如意。私自循省，可愧者實多。今以來書觀之，則足下之眞切體驗於日用之間者，有如是焉，點檢飭勵，無非經歷中所言。乃知君子之篤實爲學，果非常情之所能及，而他日造詣之極於高遠，僕安得不拭目而望之乎？千萬益加進修，副此區區。

別紙

元善前喪旣新占，後喪當合窆，而用術家言，姑待利年，而權厝於階下十步內。地師云：“上下穴俱佳，待利年，告由改封築，合塋域，則墓祀自當合設，而妣後考前，則合設以祭，爲輕統於重之義。”墓祭今姑各設，而俟改封合域，未知如何？

合窆之節, 禮有明據。至於考前妣後, 合封爲一, 孤陋未之聞也。且其相去幾十步, 而但築其中間, 使之相連, 則墳形太長, 《記》所謂"馬鬣封", 亦不至此。均築其四方, 使之圓滿, 則墳形太大, 俗所謂"古禮葬", 乃或近似。未論於禮無稽, 其爲駭俗亦甚矣。愚意待利年合窆固好, 而若上下穴俱佳, 則仍存無動, 亦未爲不可。蓋同原至近之地, 墓祀之合設於考位, 或說不爲無見。蓋在神道, 亦當有以卑就尊之理。然既不合封, 則逐墓各祭, 亦何害於一致其誠之義耶?

> 元善伯兄早沒, 長姪承重。年前伯父之喪, 從姪亦承重, 而其婦欲從服矣。時有一知舊嘗游星湖門下者, 來主喪禮, 以爲姑在則不當從服, 故只依諸婦服矣。今兄嫂無恙, 故亦從前例, 或有訝之者。於是取考喪禮, 則《備要》成服條云"夫服齊斬, 一從夫, 承重同", 橫渠《理窟》、朱子《家禮》與時王之制, 皆云"從服"而無姑在否之說。

承重者之妻, 雖姑在而從服三年。蓋以"屬從者所從雖沒也服", 既是禮經明文, 故朱子《家禮》、橫渠《理窟》與近世《備要》, 其論皆如此。又是時王之制, 而一邊之人皆已遵行, 則固不可以"彼此"二字, 橫於肚裏, 爲私意所隔, 而廢却公共之理。但所謂"承重同"云者, 雖無姑在否之說, 亦無姑在必服之說, 則竊恐此亦直據從服之義而立制如此耳。

至於姑在與不在, 或未及致思而然矣。故退陶老先生特辨其姑在否之義，其見於本集者，不啻丁寧。其答寒岡問目，又有曰“禮曾孫爲曾祖承重，而祖母或母在，則其祖母或母服重服，妻不得承重”云云，觀於此，亦可見大意矣。以此嶺中法家，莫不遵行，未有姑在而婦承重者。但本服之外，衣裳不得純吉，而用淺淡色。夫以我老先生之大賢，立爲中制如此，則雖行之天下可也。竊意星湖之論，亦必祖述於此，而哀家當日主喪禮之人，其亦知所從違也。

答鄭希仁【○辛酉】

泣弓之痛，率土惟均，而如吾輩世臣之受異數者，罔極尤倍。矧惟日月不淹，山陵已畢，彼此血涕之外，尙復何喩？

頃者甘文使君，袖致長牋惠疏及所著箴若賦若干篇。傾倒披翫，其爲慰滿，有不可勝言。顧以沒便，迄未奉復，薄此歲暮，悵恨徒深。日昨自芝山又承遞來珍緘，就審哀履起居，一味支相，又何等幸荷耶？

宗頑縷苟延，而拊時崩隕，去益如新。加之身病不離，連事刀圭，要是衰氣使然，自憐柰何？因念此物固已矣，而若於知舊中有卓然可望者，則雖死無恨，歷數吾嶺，亦未多見。自得哀座下以來，尋常倚重，逈異於他，所以前書有所云云。

今蒙座下亦垂念采勤，辱示近日云爲，若是其備至，而檢省之切，鋤治之猛，研究之密，存養之深，俱足以仰見進修之日篤。欽歎之極，不覺斂衽於下風也。

大抵座下天資絶倫，不用箋註諸說，能通經傳奧旨，以若聰明，其於天下之理，何所不窮盡？學力出常，非有嚴師畏友策勵警戒，而貨、色、宦三關，又不啻如鐵門之堅，一朝而能透之，以若勇決，其於天下之慾，何所不屛退？循此以往，則計於此道，似已洞見而實體之矣。此猶不以爲足，而日有所事於居敬精義之工。吾知座下不造極則不已，若是者又何患於憂飢寒、好著述二念之難斷乎？意者佛家所謂“法中龍象”者，卽座下之謂也，千萬勉之！

四首箴、三篇文，大體幷好。其間不無些未安處，而不害爲喫緊着力。超然獨見之語，惟讀朱文一書，所隱暎指斥，似未免太露鋒穎，恐非隨時遜言之道。故一二同志之外，未嘗輕以示人，望須另加删改而出之。

乃若《五都賦》，其宏詞博辯，直可與班掾《兩京》、左思《三都》相上下。雖其祖述於彼，而文字間蹈襲，又不能無，然斯則古人亦不免焉。至其有典則可諷玩處，或當過之。蓋此等鋪張之作，自是我東方藝苑之不可無者，千載以還，得座下一鳴之，其亦偉矣。後生輩得此，又足以資其見聞之博，非小事也。但於人物品第之間，自嶺俗觀之，似或有疑於座下之權衡，而有紛紜之端，故亦未嘗輕以示人。今蒙還索如是，幸於修潤後，必爲更擲，使此病蟄老生，得以坐觀五都形勝暨風土謠俗、政治得失之故，而忘其匏繫之蹤如何？

別紙

國恤前葬未及虞者, 自朝家許行於成服後, 已有節目之頒下者, 豈其未及見耶? 此與他祭有異, 慰安魂魄, 不可不以時, 故如是。且於因山前無禁葬之典, 故葬者亦多, 而虞卒皆依常日行之云, 想緬禮亦一般矣。若爾則"庶羞"二字雖不改, 恐不至爲大未安耶。

因山前私家時祭及節祀, 依朝令廢之, 則忌祀似亦一般, 而但此乃喪餘之日也, 子孫情理有不忍虛度, 略具素饌, 以紙牓無祝單獻而行之, 亦自不容已者。蓋忌祀非他祭之比, 而西厓先生則當懿仁王后之喪, 以素饌奠墓, 夫豈未安而爲之哉? 然而展墓以其顯行於原野爲不敢, 世無行之者, 恐此爲合於時宜耶。

大祥及禫, 待因山後次第設行。其忌日則略設以薦者, 盛論甚當。如此則加服四五朔於其間, 是不得不然處也。且世人或再期後始葬者, 次月行小祥, 又次月行大祥, 而遂以過時不禫。今拘國葬而如是行之, 尤豈不當然矣乎? 但於略設以薦之際, 似當以退行大祥之意, 有具由以告之節。及其大祥也, 當日卽吉, 亦有所不忍, 姑着白衣帶, 間一日除之如何?

明春終制時, 祥禫服色, 如來示爲之似宜。但出門以後, 則恐難以上墓, 便着緇冠帶, 如何如何? 鄙家則禫服以素, 而不以緇。然國服是生布, 故亦不敢以熟者出行計, 無乃太拘滯耶?

答鄭希仁

春間堤峽，金甥袖致長牋，滿紙縷縷，如相對細討，慰瀉之極，還不覺山河之間阻。自非惓念之厚，其何能使我如是耶？區區感荷，又不可勝，而顧後風便亦斷，居然秋序已屆。際玆學味更如何？日夕傾溯，第切憧憧而已。

宗草土餘喘，又見國祥之奄終，莫逮之痛，彼此所同。況是忌疫之身，一向畏蟄，三年之內，一未奔赴，顧念分義，隕越罙增柰何？示意果然，當今之時，論理講學之外，誠無足掛諸齒牙者。且以足下之聰明精力，其於此道見解體驗，已自逈絶於流輩，而又得閑居靜養於寂寞之濱，前頭日月，皆爲吾進修之用，則其造詣之萬倍於人，尤當如何也耶？是乃天所以相吾人，而使得大有所成就也。足下又不以所至爲足，而益自勇邁，於凡天下之善，靡所不樂取。故雖如鄙人之言，苟其有當於意，則未嘗不曲採而虛受之，此尤不可及處。

然私憂過計，尙謂足下之於此理，恐當更就絲毛上，益加尋討工夫，又就本原上，益加涵養功力，使凡界限分別之際，一一透徹，而無毫髮之未瑩，日用云爲之間，念念存察，而無頃刻之或忽，然後方可以愈造乎高明光大之域。其於處世接物之道，亦無所往而不沛然有裕矣。何者？聖賢所說義理固爲明白，乍看似無不可知者，然親切玩索之久，又自有無限疑難生於其中，直令人憤悱而不能已，此卽所謂極辛苦不快活境界也。

然而旣思之又思之，旣繹之又繹之，期必貫通而後已，則好消息於是乎始來，而眞面目於是乎始露。一處如此，又一處如此，而向所未曉於心者，次第凍解氷釋，無復可疑矣。惟其旣悟而有猶未敢自信者，或苦思而有終不能自悟者，則不得不就正於有道而傍問於勝己。此古人所以貴夫師友之益，而亦必有如許篤實工夫，方好發以問人。凡此曲折，足下豈待愚言而知之乎？且愚嘗有所經驗者矣。世蓋有不能如是，而以博洽自負者，試問其中之義理，則類多黑窣窣也；以高明自負者，試問其中之精微，則亦多鶻圇呑也。

至如此物，於二者俱無可言，而亦自以爲不無窺斑之見矣。及遇眞知者而被其問，則亦茫然而莫之對也。若是乎義理之未易窮，而設令有已知者，尙可曰已知云乎哉？

足下天資明爽，其於格物一節，想已無餘憾矣，而區區之慮，猶恐其或少極十分理會之象，敢以是奉勉者此也。至於本原上涵養，別無可多着言語，在足下之尊所聞，加勉而已。然此心之操舍，只在毫忽之間，而事物之來，幾微之萌，又甚微而難辨。

氣質之性又易動而難制，苟以毫忽易忘之心，遇難辨之機，而任難制之性，則其所以發見於外者，愚不肖之人，固無可論，雖賢智之人，必將有過度而不中節者。評論人物之際，則不自覺言語之直截，而或不免於輕犯忌諱；憂憤時俗之際，則不自覺辭氣之峻激，而或不免於易招患害。是蓋與可語者語之，而別無他慮故耳。然元是無益之言，不如默之爲得。

又於立論之間，亦殊有未洽當，不見其果然處，參錯出來，是乃平日見解不甚端的，又爲慷慨不平氣所驅，以致於此耳。若是者，愚見多矣，間嘗以自已驗之，則雖於細微之事，心不存、幾不審處，輒有過誤之端，而未瑩之見，有激而發者，必也不滿於人意。設令人未及知之，而自覺其如是者，不一而足。是何也？非以本原之不能涵養，而閑氣之乘時故耶？

竊想足下天分甚高，其於涵養之功，固已幾矣，而區區之慮，猶恐其或少深密沈厚氣象，而圭角之有時或露也，故敢復以是而奉勉焉。此皆片片赤心，千萬諒採。如其不可，亦有以辱教之，俾知其誤，幸甚幸甚。

海翁輓詞七言百韻，摸寫得此老平生如畫，筆力文彩，汪洋煒燁，非足下蓄積之富、琢鍊之精，亦安能若此乎？大抵文章之作，本由於不得已。事有可記，而非是無以記，則不得已而記焉；物有可狀，而非是無以狀，則不得已而狀焉；言有可述，而非是無以述，則不得已而述焉。至於以之而明道，以之而垂教，又以之而酬酢萬事，皆不得已故也。厥或情性之所感發，有不能自已，不自覺寫之於文，而境與意會，語與神偕，邂逅之頃，詞理圓滿，則此雖與不得已者有別，然亦其適會不期然而然者耳。曷嘗有意於工琱篆、巧粉澤，以悅人之耳目，以求已之聲名哉？是以古聖賢文章，類皆達意而止，適可而止，未嘗爲不緊、無用之言。惟其道德充盛於內，而英華發越乎外，文明淸淑之氣，磅礴洋溢。故隨其所遇而書之，自無不燦然而成章，假令其言至澹泊而至淺近，其中亦有無窮之味，令人咀嚼而不厭，是何也？由其出於不得已及不期然而然故也。

又此亦只是枝葉而已矣，願足下更於根本上，益加培壅，使其深厚者愈深厚，而少無淺露向外之念，則發而爲文章也，未論其出於不得已及不期然而然，尤當豐不餘一言，約不失一辭，而的確平實，無復有絲髮可疵之處矣，未知盛見以爲如何？

感足下相與之厚，忘其僭率，而竭言至此。蓋以友朋相切磋之誼，有不容一於贊美，而不陳其所見以聽可否。然區區紙墨，亦何能盡其襞積耶？知欲更爲枉顧，而深以未能爲恨，此則勢也柰何？惟因風時惠德音，使精神常相暎徹焉，則此爲千萬之幸耳。

答鄭希仁

閏二月書，自堤上轉到於此，驚喜披讀。備審日用凡百，歷歷如指掌，積有馳想之餘，開瀉欣慰，已不可勝。且其省察克治之工，去益嚴密。足下之所追悔，不過微瑕細疵之去未盡者，亦無不點檢出來，不待人言，而思欲竝根本拔去之，倘非至明且剛，曷足以與於此哉？

曩僕之獻愚，雖出於相愛之至意，而言涉臆料，未必有中，故未知盛見以爲如何，今蒙一倂虛受，至謂將終身而服膺焉。所寄詩一篇大意亦然，十回莊誦，歎服沒量。誠如是，凡爲足下之友者，其孰不感動而樂告以善道哉？

但詩幅中二字稱號，極令人駭汗不已，甚非所以循例相從，俾安愚分之道。且其見笑於世必矣，千萬諒此，後勿復如是如何？因念與足下別，今已六年於此，而命駕相從，旣無其望，如僕衰暮之人，悵望之懷，殆不能堪。睠言涯角，只自佇立以溯而已。

示諭“居窮處約之中，凡事有時乎不能無累乎心”，此自古人已患之者。然今亦無他道理，但於理義上，益篤其工，使吾之得於內者，日造乎其極，則常自浩然而泰然，外物自不得爲累矣。人若未到於此地位，又有一箇“忍”字，可爲處貧之良方，而此則非所以奉告於足下者。惟凡事一循乎天理，而無容一毫私意，爲正當妙訣耳，如何如何？

答鄭希仁【○癸亥】

前十初辱復，晦間始得承見，慰豁不可旣。顧阻信又隔歲矣，卽玆新正，學味更何似？旋庸紆鬱之至。

宗魯私家不幸，前秋遭仲母喪，纔過襄禮，老婦又不起疾，種種情緒，曷可形言？加以精力之消亡，日甚一日，日用酬酢之間，失後忘前，十居七八。況於區區尋數之工，本未得力者，尤何望於萬有其一乎？以此自覺胸中枵然，直與木偶無別，自憐柰何？

盛諭中“心體如水”之說，取譬甚切。蓋程子此言只是形容得未發時氣象，而其理最微，學者猝難理會，如是取譬於水，然後方見分明。然元來未發之時，則思慮未萌，而知覺不昧。故自其思慮未萌而言，則以爲耳無聞、目無見可也，自其知覺不昧而言，則以爲見聞之理在始得，而所謂"亭亭當當，直上直下"者，卽指此境界而言也，亦何待於此說而足乎?

且所謂"無聞見"者，非謂其眞無見聞。彼其聲色之自然入於耳目者，初未嘗無也。但於此時心體寂然，非我欲見而見、欲聞而聞者，便與無見聞同。又未有喜怒哀樂之發，而萬事皆未萌芽，實無聲色之可聞可見者，則其謂之無聞見，良以此耳。《中庸》亦不曰"所不覩、不聞"矣乎? 然而當此之時，若無戒懼之工，則其寂遂歸於滅。故雖曰耳無聞、目無見，而必須有見聞之理在，然後方無此患，見聞之理所以在者，非以夫戒懼之工有以致之耶? 蓋當此時，雖非有所知覺，而若其能知覺者，未始不自在也，試以是體認如何?

答令族姪書中，其論致知之有資於力行者，又極痛切。蓋必力行而體之身心，然後其所知方親切而有實受用處。三復以還，不勝欽服。然至以《中庸章句》所謂"存心"者，直謂之力行，則却似未安。試以經文觀之，其曰"尊德性"云者，本上文"發育萬物，峻極于天"而說下來，以見道之極於至大而無外者。惟存心爲能凝之，故《章句》亦一從本意而釋之。雖於其中包涵得力行之意，而烏可直謂之力行耶? 今無用多說，試爲改之曰"尊德性，所以力行而極乎道體之大"云爾，則惟此"力行"二字，其於致廣大、極高明、溫故、敦厚之意，釋未盡，當何如也？

大抵《中庸》大旨，專在於知、仁、勇三德上，深致其意，故此段所謂“存心”卽所以爲仁也，所謂“致知”卽所以爲知也，二者之必極其至卽所以爲勇也。固是仁屬於行，行屬於仁，然曰仁曰行，各有攸當，其不可以仁而直謂之行，以行而直謂之仁者，亦自曉然。然則存心、力行之別，又安可不明辨之耶？

答姜伯玄【辛酉】

客冬令族叔正言君，歸自京師，投示惠疏一封，傾倒披慰，怳若更奉清範。且審學履連勝，覲行方啓，哀溯之餘，遠慰無已。第流光易邁，喬山奄封，莫逮之痛，率土惟均。然足下猶得攀號於廞衛之下，粗伸分義，豈與竝此而亦不能，徒灑血淚者比哉？

卽玆孟春，緬惟歡侍益福，仰慰且祝。宗魯頑不滅死，忍見三霜遒盡，隕絶之外，尚復何喩？因念足下所以惓惓於無似者，徒以其一日之長。謂或有管窺咫聞於方冊間，前後面叩書問，無非精微之義、切要之旨。然自顧庸陋，老益昏昧，枵然虛殼，直與木偶人相似，其何能發爲言論，以答厚意之萬一耶？又況足下之於此學，下工有年，其於立志之要，必已自得久矣，則尤不敢妄有所獻，以爲日下添燈之計。惟是平日所略窺，而未能者則有之矣。

夫人之所以發此志者是誠也，所以持此志者是敬也。誠敬相須，而志立乎其間，故苟無眞實心於其初，以爲之根本；又無專一工於其後，以爲之田地，則雖曰有志，其立也無日。蓋非暫立之難，而能常立之難；非勉强立之難，而能至於自然立之難。苟至於自然立之境，則又何患於道與德之不立也哉？是以古之君子，旣有此志，則必確定而不易，磨礪而益剛，要使貫徹動靜而無間斷，撑亘終始而不退轉。然後方可謂之立矣，而語其要道，則實不外於上所云誠敬二字。

誠而不懈，志益從而不懈；敬而無失，志亦從而無失。由生至熟，只在於自着力而已矣，夫豈外此而別有道於其間哉？此其所以窮理則至於知天命而後已，反躬則至於不踰矩而後已。十五志學之志，於是不待勉而自立，而道與德遂，能與天地竝立者也。

顧如宗者，雖能略窺此意，而氣質凡下，精力微殘，至今行年七十，依舊不立如此。夫以如此之人，出如此之言，誠爲可笑而可愧。然足下倘不以人而廢言，又能以我爲戒而居常惕念，惟恐其或似之，則其於立志之方，亦不爲無助，他山之石，庶有補於攻玉之用矣，如何如何？感相與之厚，縷縷及此，俯諒幸甚。

別紙

禍福之說，盛見甚當。人能知此，則必不求之於自己善惡之外。然《洪範》六極，弱又居一，是亦凶之類也。若能竝以爲戒，則尤有助於切己工夫，如何如何？

大抵善而福、惡而禍，理之常也。有時乎反焉者，氣數之變也，而從古以來，得其常者少，得其變者多，故或以爲理弱而氣强。然愚謂天下之莫强者是理，而氣終不可以奪。雖其暫變於一時，而亘萬古復其常者，果何物耶？雖彼天地之許大氣，向使無太極主之，則天翻地覆久矣，理之莫强，於此已可見矣。此所以君子卒還他君子，小人卒還他小人，而一時之禍福，不能易其善惡之實也。苟惟其常之恃而無懼乎其變，則其爲定力當益固矣，善乎！足下之有是見也。

祭祀鬼神之說，盛見亦是。但以屈伸之理言之，人死則其氣便須消盡，豈復與充滿於天地間者，合而爲一耶？瀜氷入海，合爲一水，橫渠《正蒙》固有是說，而究其指歸，則與佛家輪回之說無相遠。故古人已辨破之，此數句刪改爲宜。

程子所以語張思叔一款，鄙見偶如是，不敢保其必然，當以盛論爲正。然乃若"慾"之一字，恐不可以其朴茂而有溝壑之志，謂其能決意不徇。又其中最難制者是女色，故雖以蘇子卿、胡邦衡之氣節，猶不能無譏於後世。蓋於一念之間，少忽而不致謹，則便是忘生而徇欲者也。於此而能竦然惕然，凜乎若蹈虎尾而涉春氷者，未知思叔果能之否乎？程子之門人多矣，而必以語乎彼者，叵似有見於隱微之病，而彼顧不悟，至以先生之厚爲保生爲問。故默然之餘，發此一句話答他，而語婉而意明，切中乃如是。竊恐愚言終似近理，而未可全然舍之如何？

邵子之學，程子以爲安且成，又以爲內聖外王之道，則《遺書》及《語錄》所云，固爲可疑。然但念堯夫以天挺之人豪，英邁蓋世，而不曾施下學工夫。故雖其胸中洞豁，光明灑落，如空中樓閣，而其根本之不帖帖地者此也。又其平生用力，專在於《易》，其歷覽無際悟得至理處，誠爲卓絶於千古，而終是一數字，不能無其弊。看其意思，居常厭看乎其衰，怕處乎其盛，而類多便宜上占取。故使其見用於世而遇可爲之時，則必將有投機乘會，因勢利導，而惟期立功之擧，如其不然，才覺難，便曳身以退。略無置成敗於度外，而鞠躬盡瘁擔當做去之意者，亦所無怪，是其自私自利，去偏霸奸雄，果能幾何哉？此程子所以隣居三十年，未嘗一言及數字者也。蓋聖賢心中，只有一箇義字而已，至於命，自是初不足言者，故如是。然此亦推見其弊，而出於防微杜漸之至意耳，又豈可以是而不取他長處乎？鄙見如此，未知是否。

答姜伯玄

落落湖、嶺，嗣音未易，嚮風引領，祇切馳神。不謂惓念罙勤，伻書遠至，滿紙手墨，宛帶隔年顔範。第審春府政體欠寧，是庸貢慮之至。僕草土餘喘，僅保形殼，而自量精力日漸消亡，年在桑楡，無怪其如此，亦且柰何?

前去鄙說，雖似近理，而語非心得，有不足仰備一察，今蒙曲採如是。又就誠敬二字而發明得親切，從來玩索之精、體驗之密，又可槪想於此。三復莊誦，不勝歎尙。

然斯二者，自其始而言，則必有眞實無僞之心，然後方下得專一不貳之工，而雖謂之誠先於敬可也；極其終而言，則必有是專一不貳之工，然後方至於眞實無僞之境，而雖謂之敬先於誠可也。

大要使之敬者是誠，而敬之至則又只是誠而已矣。此其說古人言之已詳，而來諭所謂"誠則物之終始，敬則所以成始終"者，又何其約而盡也?《夙夜箴解》不云乎?"學者體天之誠，以求至於聖人之誠，亦惟用力於敬而已"。今請毋多談，但能用力於敬，使無須臾毫髮之間斷滲漏，則到頭自當有至處。其爲純然之實心與粹然之實理，愚可拭目而見之矣，千萬勉之勉之。

答姜伯玄問目

七情亦有理發，批誨誠是矣，但有見未到處，不敢不更稟。蓋本然之性之中，只有仁義禮智四者，故所發者，亦爲四端，而若七情則本非出於本然之性。故雖其當理而發者，亦是氣質之性之所發也。今若以七情之當理者，謂與四端同原，則性中又却添得七情之根柢也，未知如何？

退溪先生《心統性情圖》，敢不篤信？而但《中圖》所謂"四端"固出於仁義禮智之性，至於七情，則未見其所從發處。若謂其出於仁義禮智，則是與四端無別也，若謂其非出於仁義禮智，則《中圖》不言氣稟是七情者，便爲無根之木、無源之水，此豈非可疑乎？伏乞明教。

"七情之亦有理發"愚言，本於退溪《中圖》，而退溪此圖，亦有所本。《樂記》不云乎？"人生而靜，天之性也"。此性字卽所謂本然之性，而其下言此性之感物而動，則便以喜怒哀樂愛惡欲言之，此其七情之亦爲理發，一也。《中庸》又不云乎？"喜怒哀樂之未發謂之中"，而《章句》謂"喜怒哀樂，情也，其未發則性"，此性字卽所謂本然之性，而其發則便爲是喜怒哀樂，此其七情之亦爲理發，二也。程子《好學論》又不云乎？"其未發也，五性具焉"云云，卽又係之曰："外物觸其形而動於中，其中動而七情出焉。"五性卽所謂本然之性，而其動則便爲是七情，此其七情之亦爲理發，三也。

惟其如是，故退溪爲作《中圖》，而上一圈，惟書仁義禮智，以明本然之性，其下卽以四端七情合而書之，以明本然之性之發，不惟爲四端，而亦爲是七情，則七情之來歷苗脈，已不啻分明，何爲如無根木、無源水耶？

或者又疑此七情卽《下圖》七情者，非也。《下圖》七情是從氣質之性而發者，豈與此七情之從本然性發者比哉？蓋七情之從本然性發者，純粹至善，與四端只是一般而已矣，此所以與四端合而言之也。至其從氣質性發者，不免有善有惡，而雖其善者，與發於理之七情，自不相侔。此所以別書於四端之下層，以見其逈異者也。

第觀此《中、下二圖》，此意已不啻分明，而都緣後之學者不曾致意詳考，惟以四端理發、七情氣發之說爲主，而轉成鐵定見解。苟有涉於喜怒哀樂等名色，則都把做氣發看，而不復知亦有理發者。今盛辨雖多，似亦墮在此臼，而首尾所說，只是就《下圖》上說得耳，盍更就《中圖》細加玩繹耶？

> 未發已發云云。衆人則未發而有昏昧雜擾之病，已發而有乖離激戾之患。其未發也，雖或有霎時之中，而非吾所謂大本之中也；其已發也，雖或有一事之和，而非吾所謂達道之和也，未知如何？

竊謂：大本之中是此心之全體也，達道之和是此心之大用也，而朱子以爲"此心之全體、大用，無日不發見於日用之間"云爾，則衆人之未發而昏昧雜擾、已發而乖離激戾者，固不可與論於此。而若其有霎時之中，則卽此霎時之中，亦是此心之全體，發見於日用間者，而大本之中不外是矣；有一事之和，則卽此一事之和，亦是此心之大用，發見於日用間者，而達道之和不外是矣。

蓋道之體用無日不發見者，自如此，終是沮遏他不得故也。特患衆人之心，得有如此時者無幾，而又未能隨卽覺察，以致接續存省之工，故纔發見便因掩沒，直與無中和一般。若爾則雖有此全體之發見，何從而立大本；雖有此大用之發見，何從而行達道乎？以此言之，雖謂之非吾所謂大本中、達道和，亦未爲過，而其實大本中、達道和，只當於此等暫發見處，看取宜矣。蓋雖暫發見，其爲道之體用，故自如也。不然，朱子之言，曷爲丁寧如是哉？

理氣不可不分，亦不可相離，程子所謂"貳之則不是"者是也。蓋理氣元不相離，則合而言之，固無不可，而苟不分析，則指意不明故也。今以鬼神言，則天下固無無理之氣，而欲求鬼神本來面目，則但當屬之形下之氣而已。故孔子曰"其氣發揚于上"，程子曰"造化之跡"，張子曰"二氣之良能"，朱子則以二氣、一氣言之，從上聖賢之論鬼神，何嘗有一字及於理者耶？但卽其已然之跡，而究其所以然之故，則亦實理而已。侯河東以鬼神與誠分以爲言，有若鬼神與誠各爲一物。故朱子辨之曰"鬼神之德所以盛，以其誠也"，未嘗曰"鬼神卽誠也"，則立言之意亦可見也。至於周子所謂"陰陽一太極"者，亦因陰陽而推本爲言也，其實陰陽卽二氣也，不可直以陰陽爲太極也。故單說鬼神，則不可不謂之氣，而欲推本鬼神之所以盛，則不可不謂之理。鄙說所謂鬼神形而下者，而形而上之理亦未嘗不在其中者，幸更賜教焉。

所論甚當。理氣二物，要須分別得如此，然後方無認理爲氣、認氣爲理之患，而識見明透，可以橫說竪說而都無窒碍矣。然愚亦何嘗謂鬼神是理而非氣耶？只爲理氣二物，固不可不分，而氣之與理，元自脗然爲一。故雖但擧鬼神二字，而所謂德與道與誠，便可卽此而認取云耳。又此章大文及章句，終始只就氣字上說，而大文則結之曰"微之顯，誠之不可掩"，章下則總之曰"不見不聞，隱也，體物如在，則亦費矣"，是又非直就鬼神而言，不待別爲說而足者耶？

蓋所謂鬼神者，雖曰氣矣，而曰鬼、曰神，已與直謂之氣者不同。又其良能功用之如彼其盛者，以其無形聲之可見聞，則實與此理之無聲臭可聞嗅，脗然而爲一；以其體物而不可遺，則實與此理之爲物體而無不在，脗然而爲一。故大文及章下，所以直謂誠之不可掩、直謂道之費隱者此耳。然則愚之以爲鬼神之與誠與道，有不可二視，而不嫌其同辭者，又豈是全無所見之言乎？旣知二氣之分，而一從此章本旨爲說。如是則是非認氣爲理，認得氣之靈與理之妙相合，而聖人之言，眞有見乎此耳。且以聖人言之，聖人者，器也，非道也，而其曰"赤骨立底天理"，又曰"太極之全體"者何也？聖人之氣，與理爲一，故指器爲道，而亦不嫌於同辭，則鬼神之德，與理爲一，而指鬼神爲道者，果可嫌於同辭耶？侯河東不知鬼神之爲實理，而欲將鬼神與實理，析而言之，故朱子以"德之所以盛者以其誠"解之。

座下之以爲欲推本鬼神之所以盛，則不可不謂之理者，其言實本於此。又周子所謂"陰陽一太極"，座下以爲是因陰陽而推本爲言耳，不可直以陰陽爲太極者，其言亦是然。兩夫子之言，愚亦非不知其如是也，而所以於頃書云云如彼，今又云云如此者，蓋有以焉。幸更細入思量，以盡夫人言之意如何？大抵看道理爛熟後，則無論甚物事，見得說得，無處不活，今日吾輩，正惟及此境爲難耳。

知仁勇云云，批誨云"得天之高明而爲知，得地之博厚而爲仁，得天地之悠久而爲勇"者，最爲近之，而此亦恐有說不去處。《傳文》旣曰"不息則久，久則徵，徵則悠遠"，則悠久二字，分明是誠也。故小註云"久是誠積於內，徵則悠遠是誠積[44]於外"，《章句》云："悠久卽悠遠。"以此而言，則當曰得天地之悠久而爲誠，不可專以勇言也。至於知之貞固、仁之發達爲勇，則愚未敢知其出於何說，而以淺見言，則惟其貞固也，故能勉强；惟其發達也，故能邁往。恐亦不悖於義，而向所謂勇在知、仁之中者，亦可驗矣。

蓋此知仁勇，本以工夫言，而《傳文》旣謂之達德，故朱子亦訓以"天下古今所同得之理"。朱子旣謂之理，故後人亦當以五常知仁爲言，而其實則不過是行此達道

44 積 : 저본에 이 글자가 없으나, 《중용장구》 소주에 나오는 잠실 진씨(潛室陳氏)의 말에 의거하여 보충.

者。朱子所謂"知仁勇是做底事"者卽其本意也，今讀《傳文》，當從本意而已，未知如何？伏乞復賜提誨。

知仁勇所從來，愚則以天地之高明、博厚、悠久言之，而座下以聖人之高明、博厚、悠久當之，宜乎其不相合也。且所謂悠久者是言高明、博厚者之悠久耳，豈是高明、博厚外，有別一箇悠久哉？至於所謂"誠"，則於知仁勇三者無不有，故程子曰"誠者，只是誠實此三者，三者之外，更別無誠"，而今獨以悠久謂之誠。若爾則是所謂誠者，惟能誠實得勇，而於知仁則無復誠之可言矣，不亦未安之甚乎？

大抵智之貞固，仁之發達，雖似勇底意思，而此則只合屬之於二者之本體，以全其德可矣。又此所謂"智仁乃性，非工夫也"，則知此之知，豈是此智？體此之仁，豈是此仁？强此之勇，又豈是此知仁中貞固、發達者乎？是故愚嘗推本其所從來，以爲得天之高明之理而爲知此之知，得地之博厚之理而爲體此之仁，得天地悠久之理而爲强此之勇者也。是雖與此章本意，若有所不同，而知仁勇三達德是《中庸》一篇之大旨，故篇中屢言不一言。其極也，至於與天地同體用，則通融作一串意，而推本其所來如是者，又豈是別般說耶？

然而所謂得天地高明、博厚、悠久之理而爲知仁勇者，只在於此心。故致此心之知識，則足以知天下之達道而可極於高明矣；存此心之德性，則足以體天下之達道而可極於博厚矣；盡此心之氣力，則足以强天下之達道而可極於悠久矣。是知知仁勇三德，皆不外於此心，而由此心以知、以體、以强，以克造乎其極者，其理實的然也，是豈非天下古今所同得之理乎？ 若夫所謂五常之智仁， 只是理而已，可謂之性，而不可謂之心。今以合言於心者，欲言於性，故動見窒碍而不通透。試以此更入思量，而辱敎之如何？

立齋集

卷二十一

書

書

答柳公晦【徽文○乙亥】

昨年枉顧，得於傾瀉之餘，所以慰涔寂、警昏憒者，實不淺鮮，而自別以來，聲塵漠然，及此歲暮，尤不堪溯鬱之懷。屬奉遞便惠墨，忙手披閱，如復對晤，且審彼時經履起居連勝，欣瀉無已。

宗過此旬日，則便作七十九歲人矣，日間凡百，無非崦嵫光景，寧復有可道耶？

別紙所詢，昏迷中略此奉答，而其言之果爲中理，未可知。如其不當，切望駁示而俾改之也。

前托齋記，尙此因循，良愧不敏。然當俟早晩神氣稍蘇，奉副是計。拙詩之及於先蹟，偶吟何足爲輕重？而乃欲付刊如是，深庸愧縮。眩發只此不宣。

> 因其所發而遂明之所發，如見牛過闕等處可見，而朱子於克己，則云"若待其發動後克去，不亦晩乎？"此却言待發動而明之者，蓋以發其蔽痼與克去私邪，自有不同。然愚意竊謂云云。

朱子兩處所訓，主意各異。又"因所發云云"與"待發動云云"，其言發字則雖同，而一是指善念而言，一是指私欲而言，是豈容合而看之者乎？於是而因字與待字所以下得之意，斯可以見矣。

來諭"竊謂"以下云云，說得固是。但此遂明之之明字，是兼知行而在其中，今却說得行一邊去，而於知一邊，略不及，是亦於《章句》本旨，爲未盡合。幸更就上面詳玩之如何？

主敬之說，朱子於或問，以程、謝、尹三先生之說言之，而先儒之從而釋之者，詳矣。嘗列書于座右，時或試其用力之方，則纔整肅，便能收斂，纔收斂，便覺主一，如此雖不用惺惺法，而似不患不爲主敬之工。然用工不力，便自走作，走作之時，必須用惺惺法，然後乃復爲收斂、主一之工，則始知三說之不能不相須，而朱子所謂"其實只一般"者，其以是耶。

然這工夫，易見於靜時，而其於動處則用工爲難。是以收斂之時少，走作之時多。非不知病痛在於立志之不固，而所處僻陋，全沒提撕警覺。吾儒家亦有悟門，先生發軔之初，別有所謂"立志之方而以爲悟門"者耶？伏乞指教，以發愚蒙焉。

近來相從之人，於敬之一字，殊未見有喫緊服膺，以知其效之有無，如足下者。雖此身亦不免坐在裏許，常患於若存若亡，蓋至今距死日不遠，而了無所成就者此也。今得來示，不覺蹶然起敬，以爲其眞實用力，更誰能得似之？然於心又不能無些子疑。蓋此三先生說，其造語雖異，然若苟從一處下手，則三方入處，皆在其中，此非朱子說耶？

夫所謂"惺惺法"者，是從甚處得來？惟其外面能整齊嚴肅，裏面亦主一無適，故表裏洞然而無非辟之干。方當如許之時，其心有不惺惺者乎？且也主一之工，通貫於動靜，靜時之不偏不倚，亦主一之工也；動時之無過不及，亦主一之工也。夫如是則其爲惺惺，常如一而已矣，豈更有走作之時耶？

來諭以爲走作之時，必須用惺惺法，以收斂之。然愚則以爲只此走作，便已不惺惺之致，其不能惺惺，又由於整齋嚴肅、主一無適之工，有所間斷之致，苟其間斷如此，則於其走作之時，用何術以得其惺惺矣乎？以故愚嘗謂學者持敬之方，莫過於程子此二句語。是固自家實得力語，而尹、謝二公，亦從此實得其力，各隨其所自得而立論將去，皆非懸空揣摩摸索爲說者之比。

然惺惺法三字上着一箇常字，似尤警切，若暫然而不能常然，豈可謂下得敬工夫乎？蓋整齊嚴肅，是外面工夫也；主一無適，是裏面工夫也。此之若無所間斷，則"常惺惺及收斂不容一物"云者，皆從這裏眞實見得，而無復有走作之爲患矣。如何如何？

承以無提撕警覺爲悶，而欲知吾儒家悟門，以爲進學之地。然此惟在於自着力做去，而非他人之所能助。至於吾儒家悟門, 似亦舍是而別無方法。

乃若立志二字, 亦非抵老死志不立者之所敢言。然妄謂發此志者是誠, 持此志者是敬。故必也誠敬相須, 而無或有欠闕時, 然後志方立乎其間, 以之而亘乎一生。蓋非暫立之難, 而能至於自然立之難。苟至於自然立之境, 則其爲敬也至矣, 尙何患於見理之不明, 而體道之不剛也耶? 區區於此了無所得, 而平日見解則如此, 故敢以獻於足下, 不以人廢言幸甚。

答崔幼瑞【廷鎭】

頃修咫尺之慰, 而悲溯之懷, 無由盡攄, 有時引領, 第切悵結而已。卽因外孫之來, 獲承俯答, 兼奉別幅。就審哀履起居支相, 斯已仰慰之甚, 而滿紙辭意, 極其繾綣, 道舊話今, 不啻如相對穩討。三復以還, 令人感愴, 又一倍也。

鄙於先丈, 傾嚮有素。常謂衰境會合固未易, 然時因便風, 咫尺往復, 尙有餘日, 故尋常以是而自慰。一朝人事遽變, 此路遂絶, 所以馳想於典刑之所在者, 尤非疇曩之比。顧哀座下方斬焉在憂服中, 此物亦哭一弟於白首殘年, 衰瘁尤甚, 其得奉拜於他日, 又何可期耶? 念之悒悒, 實難爲懷, 想聞此亦爲之怛然以傷也。

所索述行之文, 誼豈敢辭哉? 而目今精神消亡, 些少耳目之所睹記, 亦盡歸烏有, 雖欲闡揚一二, 而不可得。幸詳著遺事，俾得奉玩如何？

答崔幼瑞《中庸》問目

戒懼、謹獨，朱子於此兩段，旣以存養、省察，分言其工夫，而東儒以戒懼屬靜，謹獨屬動，乃朱子初年所見，而非定論也，其說恐過矣。未知如何？

戒懼一節，固是通動靜言之者，而通動靜中，其主意歸宿則在於靜工夫。蓋"道也者，不可須臾離"一句，已是兼動靜說。故章句亦曰："君子之心，常存敬畏，雖不見聞，亦不敢忽。"旣曰"常存敬畏"，則其兼動靜說可知，其下"雖"字、"亦"字，又帶此意而言。

然觀子思於此，不暇他言，直曰"君子戒愼乎其所不睹，恐懼乎其所不聞"，則其主意歸宿之有在可知。此又與下節謹獨相對，而謹獨是動工夫，則揆以立言之法，有不容疊言於此，而末段致中卽指此節而言，致和卽指謹獨而言，則今謂致中亦兼動工夫可乎？朱子之謂"各是一事，而實相爲用"者，十分是當。恐未可歸之於初年所見耳。

尊德性而道問學章小註，胡雲峯云云。

《中庸》一書，皆以知行爲言。此章句釋上一截，則此皆存心之屬，釋下一截，則此皆致知之屬，而胡氏以陳氏所謂"存心是力行工夫"爲非，乃曰："不必其中分知行，致知工夫，却自兼行而言。"胡說似不穩當。

《中庸》大旨，以智仁勇三達德爲入道之門，則尊德性是仁一邊工夫，道問學是知一邊工夫。使二者，俱極其至，是勇工夫之自在其中者。

蓋存心云者，是承上文洋洋乎發育萬物，峻極于天而言，致知云者，是承上文優優大哉！禮儀三百、威儀三千而言，則今曰"存心以盡道體之大"，則可，若曰"力行以盡道體之大"，則惡乎其可也？胡氏之以陳氏所謂"存心是力行工夫"爲非者，似有見於此箇意思，而來諭乃謂"似不穩當"者，何耶？蓋惟以尊、道之極其至爲勇，而謂力行意思在其中，然後方合於此章之本旨。未知此說果如何？

答權肅如【顯相】《大學》問目

明明德。虛靈、具衆理、應萬事者，皆德也，而諸家多以心釋之，則虛靈不昧其心也，具衆理其性也，應萬事其情也。然則明德，卽是心而無別否？具之應之者，皆是心否？若以虛靈爲氣，則氣能具是理，應是事，而爲之主否？

章句之釋明德云云，是以本然之心性情，言之也。惟其虛靈不昧，故能具衆理、應萬事，此則聖凡之所同，特以氣質有拘，物欲有蔽，故聖凡於是乎別。《或問》亦言之詳矣。

然必如聖人之至精粹，然後方可謂明德卽是心，而心卽是明德。自聖人以下，終是濁駁雜之，未可便謂之明德。心固是氣之精爽，而統性情爲主於身，則是乃命物，而不命於物者也。當曰"理爲之主"，而不可曰"氣爲之主"，更須精察而明辨之如何？

物格而后知至。着一后字，有先後。退溪先生謂"物物格而后"者，似得之，外此而別有說否？

觀章句所釋及補亡章所言，則物理之極處，無不到時，吾心之所知，已無不盡，衆物之表裏精粗，無不到時，吾心之全體大用，已無不明，物格、知至之間，似着"而后"字不得。故尋常致疑於此，及得老先生此說而後，方始釋然。

蓋章句就用工旣到處言之，老先生自用工得到處言之，故所以不同。然若其"而後"字着得之故，則必依溪訓看，方爲明白耳。

心不在。心之所在，在視聽上否？在軀殼內否？

心在於視，則視而能見；心在於聽，則聽而能聞，來諭以在視聽言之，固是。然只此在視聽，乃其在軀殼內之致，未可以二視之也。

答柳彛好【懿睦】

邦慶普抃何極? 前秋得遞便書, 今又垂問勤摯, 感慰無已。信后有日, 卽玆庚炎, 侍學更何似? 知以事務牽掣, 不得更枉, 良用奉歎。

然竊觀滿幅辭意, 深有慨於工夫之未能專一者, 可想其念念在此, 孜孜不怠。推是心以往, 其進豈可量乎? 望益加勉, 必令硏窮到明白處, 體驗到眞實處, 日用之間, 見得有天理流行之妙, 則吾儒之學, 無過於是。若然者雖使不免於離闊, 亦無異於合堂同席而處矣。其或有閒暇時, 可以相從, 便將己所講究與己所踐履者, 一一說與, 而凡平日之疑難未釋然者, 亦爲之對討多少, 以得究竟之地甚好。

蓋道理無窮, 愚之所領會, 只是萬分之一耳, 豈能使賢者有所開發哉? 但於相長之道, 彼此傾倒叩竭, 莫相掩覆, 須教共見到十分, 乃爲大快底事。未知此意果如何耶?

寄示二首詩, 諷玩以來, 深慰鄙懷, 而近來精神昏耗, 無由卽和以呈, 容俟後日耶?

答柳彛好

暮春晦遞來書, 果得承見, 而滿紙縷縷, 無異對討, 闊別悠戀之餘, 欣慰不可言。秋涼乍生, 未審侍餘學履, 連獲沖謐?

審有廢學之意, 至形於詩句, 固知足下志尙素高, 於向上事，得味又深，其不欲隨衆作一例忙者，非不超然出於塵俗之外，而聖學眞工，從此可專一做去。但奉老之下，便能謝絶旣未易。又況諸父兄長上，咸欲其依舊從事，以就科第，則必不許無端坐停，亦何能堅執己見耶？且以賢史之文識，其於功令之業，所成就計已不淺，而古來先輩之抱負經綸者，由科目出身而得展布於世，亦可指數，則姑且俛首應擧，一以副慈闈之望，一以順門老之敎，亦是面前道理。以愚策之，未見其爲不可。然却念魚之飮水，冷暖自知，而非遠外之所能勸沮，惟在熟籌以決之如何耳。《大夢軒記》，更加鍛鍊似好耳。

答金南白【是珩○乙丑】

客冬枉顧，忽已爲隔歲事，悠悠傾溯，無日不在於那邊，顧無更嗣音路，政此泄鬱。匪意珍緘忽墜，驚喜披玩，無異得各天音。

且審春暮，省餘學履益勝，尤何慰如之？左右之志與工，吾已諒悉久矣。且所謂“學問”者，不過欲操吾心不放。要得見理精信道篤，而不知不覺，轉造乎其極而已。竊觀賢者於此，已自有優爲底田地，無復墜下之可憂。故尋常期待於心，實有倍蓰於他人者。幸須勿爲謙退，益勉勵，以副相愛者區區之望如何？

别紙俯詢，昏忘中略此奉答，而其言之中理，未可必。

如有謬誤處，一一駁示，俾歸至當爲望。

二者，雜於方寸之間，而不知所以治之治字，專指人心否？

不知所以治之此"治"字，當兼"精一"二字意看。下文所謂"察而不雜"，"守而不離"者，卽所以治之之法耳。

吳臨川，以思無邪屬之誠意，閑邪屬之正心。然則無邪誠"誠"字，方爲誠其心之謂，存其誠"誠"字，已誠而且存之不已，前是功而後是效歟？

思無邪一也，而《論語》以詩之用言之，《易》則以聖人事言之。故吳氏解之以爲邪念、邪雜，分言於誠、正者此耳。

然而程子之於《論語》此段，直曰："思無邪者，誠也。"竊意程子之意，但說思無邪三字義，到極處而已，非必就上面，分《語》、《易》所指而然耳。此等處，又恐活看爲得耶？

來諭謂"存其誠'誠'字，已誠而且存之之謂"者，儘是。是固無斁亦保之意也。然至謂以效言，則未見其然。

答金南白

來諭縷縷，足下所以自檢省者，可謂至矣。其中得一言終身行之之云，尤爲切實而有味，苟非轉有見於眞箇意思，則其何能如是？

大抵博學而詳說之，將以反說約也。如其不然，雖讀破萬卷，窮盡萬理，有何所益於自己心身乎？

昔嘗見大山李先生，則先生以爲"子朱子嘗謂'某得處無多，只在一兩句上'"，向我再三言之。所謂一兩句，雖不敢揣知，而第以其《名堂室記》觀之，則如敬以直內，義以方外等數句，亦是也。當時，雖領此意，而至今未能親切受用，依舊作無狀人如此，言念孤負之罪，未嘗不愧汗沾衣。

願足下姑且從事此數句，以期其有得如何？又如顏子之克己復禮，仲弓之主敬行恕，曾子之三省、三貫，子思之三達德、一誠字，以下諸聖賢得處歷數之，擧皆無多如彼，苟能有得於此，亦何用多着言語爲哉？

至於居敬精義之方，古人論之已詳，在足下篤信力行之如何而已。所示許多病痛，亦將次第消磨，而無復足慮矣。

觀兒終是文章意思，驅遣未易，尙不肯屈首下工於此邊可悶。早晩得渠回頭，則何幸如之耶？

答金南白問目

程子曰"論性不論氣，不備；論氣不論性，不明"，【吐】柳致明讀曰【尼】，是珩讀曰【五】，未知如何？

作三層說看似好。既曰"不備、不明"，則其病之之意，已足矣，又何複說以爲不是乎？蓋"二之"云者，雖使論性而幷論氣，論氣而幷論性，無不備、不明之患，只此幷論之際，幷將性與氣，分而二之，使不相干涉，則性與氣，本不相離，又豈容如是乎？所以言不是者此耳。來諭看得儘精。

《中庸》首章致中和章句戒懼，稟于損翁，則以統同底工夫爲教。或云："約字，是收斂近裏之義也，自動時收約將來，以致極乎至靜之中。"若然則戒懼，只作動時工夫，而靜時，別有所謂約之之事耶？蓋戒慎恐懼於不睹不聞，則其爲統體工夫，大抵然矣，而下文謹獨，就未發上兼言，又何不可之有？不睹不聞，必欲兼睹聞看，則獨不可以人不知、跡未見之獨處，而兼乎所共知、所可見而言之乎？謹獨之工，何所往而不爲切至？而於謹獨則不能移易，於戒懼則統而說之何也？

戒懼一節，作統體看，既是，則所謂"自戒懼而約之云"者，是亦本"常存敬畏"四字來，既曰"常存敬畏"，則是何時、何處而不然者乎？此四字說得廣闊，故於此更下得"約"之一字，以見致中底工夫，專就至靜中下得之意。雖以收斂近裏，解約義，然豈戒懼之外，別有約工夫之謂耶？試更思之如何？

謹獨一節，是既常戒懼中，尤加謹者，則亦是統體中工夫，而惟於幾纔動，人不知處，猛加省察者。其占地步，雖若狹小，然觀章句所謂"自謹獨而精之，以至於應物之處，無少差謬而無適不然”，則又不是但局於此，而移易不得者。

來諭云云，無乃爲太深思而反滋惑之歸耶？ 大抵戒懼一節，是存養之要；謹獨一節，是省察之要。故章下總論，亦以要字言之，只此一箇要字，括得大意盡矣。

> 致中和，天地位、萬物育，經文作一統說，而章句中截然分配，安有致中之效，只能使天地位，致和之效，只能使萬物育乎？然則有是理，必有是事，然分配處，終不若以理看了，不以事局定說之爲愈也。未知如何？

朱子於章句，既分配言，而下文又曰："是其一體、一用。雖有動靜之殊，而必其體立而後用有以行，則其實非兩事也。故子思於此，合而言之，以結上文之意。" 所謂"合而言之"者，謂不曰"致中、致和"，而曰"致中和也"，學者於此，但當默會其理於心，不必苦覓其事於外。

愚意今日吾輩所急，惟在戒懼謹獨，以致中和，到得實造其眞境，然後方能實知其眞際，而如是想像揣摩，恐徒勞無益。如何如何？

> 第四章人莫不飮食此一節，似以飮食一端，譬道之全體，以結上文不行、不明之意。然則鮮能知味之"知"字，謂之專言知對行說耶？

此知字與察字義同。故《章句》亦曰"道不可離，人自不察云云”，此乃摠賢知之過與愚不肖之不及，而言耳。豈專言知對行說者耶？

第十二章，費隱云云。

費與隱，皆以道言。然費是率性之道，隱是天命之性也。今且以在人者而言，則率性之道，見於日用，其散而爲萬殊者，固燦然可見，是非所謂費乎？然而天命之性，具於方寸，其合而爲一本者，實渾然而不可見，是非所謂隱乎？

蓋自其燦然者而言，則彼其化育流行，上下昭著，莫非此理之用，而亦與此燦然者，一般而已矣。自其渾然者而言，則彼其至誠無息、於穆不已，實爲此理之體，而亦與此渾然者，一般而已矣。不論在人在天，其所當然者，固見聞所及，而其所以然者，則豈見聞所及乎？所謂見聞與所不能見聞，雖有用與體之別，而其爲道與性，則未始有異。幸細思之如何？

第十六章，鬼神之爲德云云。

程子所云“天地之功用，而造化之跡”，是指鬼神之屈伸往來處言，欲人之易曉。然此與章句所云“功效”一般，彼其體物而不可遺者，固流動充滿於天地之間，而乃若二氣之良能，則其至而伸、反而歸之靈，實非見聞所及。

且也理氣二物，分而言之，則固理自理、氣自氣，而這二物元不相雜，合而言之，則理亦氣、氣亦理，故此章鬼神，以氣看亦得、以理看亦得。用是朱子之於此，旣以二氣、一氣而爲言，又曰“其德卽天命之實理，所謂誠也”者，此也。又其釋君子之道費隱處，其曰“費用之廣也，隱體之微也”，所謂體、所謂用，是專以道言之者，而此章下直曰“不見不聞隱也，體物如在則亦費矣”，其以鬼神之費隱，直爲道之費隱，而略無所分別者，亦此也。

以此言之，旣看得理氣二物之不相雜，旣分明，則又於其不相離處，合而看之，便以鬼神爲理、爲道，亦何傷之有乎？

張子所云“二氣之良能”，固亦以氣言，而以良能狀其靈最切。然如愚之說，則雖謂之兼理氣言，恐未爲不可耳。

答郭汝遇【漢泰】問目

> 《論語》。首章三節，皆言“不亦”者，是敎人興起之辭歟？集註程子說，蓋兼知行言，而朱子謂專在思索，集註中，順而易、逆而難，以理言歟？其言德之所以成也，不及於樂者何歟？

三“不亦乎”等句，是聖人辭氣間，自然有鼓舞人處，深味之可見矣。程子二說，皆主知而言，故朱子云然。順逆二字，以理言者是也。於此旣說樂矣，而又但就德之所以成處言之, 則下言不復說樂字, 不亦宜乎? 大抵此三節, 工夫專在首一節, 而下二節, 皆以其功效言之耳。

夫子至是邦章集註云"其德盛禮恭", 拈出一箇恭字, 特言之何也?

德盛禮恭, 是繫辭之文, 而恭之一字, 在五者較重。自夫堯之允恭、舜之溫恭、文王之懿恭, 凡聖人之盛德光輝, 發見於外者, 無不在是, 則於此特言者, 恐或以是, 而亦擧一, 以見其餘之意耳。

貧而無諂章集註, 《大學》淇隩章集註, 所引者同, 而所釋者異。

凡朱子集註之法, 一從本文命意而釋之。故此章則爲其已能無諂無驕, 有旣切之旣琢之者存, 故於切琢下, 各下"之"字。《大學》則爲其方下工夫時, 未見有所切所琢者, 直須自旣切, 而因復磋之, 自旣琢, 而因復磨之, 故所以於切琢下, 不下"之"字者此也。

治之已精而益求其精及治之有緖而益致其精者, 語若相近, 而意則自別。

蓋子貢前日之無諂無驕, 其於自治, 可謂已精, 而方來之樂與好禮, 又有更一層進步處。故曰: "治之已精而益求其精。"《大學》則致知之中, 有許多條理, 力行之中, 又有許多條理，此其緖不可紊，而皆當造極而後已者。故曰"治之有緖而益致其精"，此其所以異也。

《孟子》。曾子之畏子路，當於何處看得？

見賢思齊，是曾子語也。夫旣見賢而思齊，則恒見己之不足，而只見人之有餘，以己方彼，孰非可畏？況如子路者，喜聞其過，未之能行，惟恐有聞，則一時同門人之所鮮能，而以曾子之誠篤，畏子路之如彼者，不其然耶？

四端之發，每每相因。己有不是，則羞愧而必自傷，人有不是，則惡之而曰"哀哉!"是羞惡、是非與惻隱之心，相因也。見人貧困而推吾財與之，則是惻隱、辭讓之心，相因也。未知如是看否？

四性之發，元自如此，每一端發，其餘未嘗不相因而發。然其主賓、先後，又各有條而不紊。故惻隱發，則惻隱爲主而餘爲賓，羞惡發，則羞惡爲主而餘爲賓，後者助先者，而先者賴後者，以成其德，深體之則可見。然自其未發之前，渾然之中，已具燦然之理，思量到此，儘不易也。

"吾何爲不豫云云"章內兩豫字，以集註觀之，若有不豫之豫，釋之以悅字，何爲不豫之豫，論之以樂天，似不可以一串看了。

兩豫字，固似有淺深之別，而方其不豫也，樂天之誠，未嘗不在於其中，及其豫也，憂世之志，未嘗遽忘於中，不知是因甚如此？此蓋理一、分殊故耳。理一，故欲同吾樂於天下，而不得不以不能爲憂，分殊，故雖不能同吾樂於天下，而在吾者固自如也，用之則可能，夫何憂之有哉？

以此言之，憂中有樂而樂中有憂，斯可見矣。且理一與分殊，初未嘗相離，此所以憂樂二者，常幷行而不悖。然要是樂天之誠，比諸憂世之志，似較深。嘗如是看否？

"景春問儀、衍云云。"

禮之以正位言，據立字觀之可知，此蓋君子之所履故也。

此章大旨，孟子聞景春之言，遂說大丈夫之道，其實擧自家胸中義理平生所受用者，傾倒出來，直是灑落快活，可以伸於萬物之上而無所滯礙。讀者但當求其所以能者如何，而深究實體之可也。正不須於大旨外，插入外來義理而爲說，以亂本意也。

牛山章引孔子之言，曰"出入無時"，范淳夫女言"心豈有出入？孟子不識心"，程子曰"雖不識孟子，却識心者"，其無出入之謂歟？

西厓先生嘗曰："常人心有出入，聖人心無出入。凡宇宙內四方上下，皆心之境界，不可以在內者爲入，在外者爲出。"未知如何？

心之出入，孟子以操舍言。范淳夫女但知心之無出入，而不知心之有出入，故以爲孟子不識心，政如無病之人，不識人有病一般。然其以爲心豈有出入者，却甚是。

西厓先生之言，眞可謂善說得此理矣。夫宇宙間上下四方，皆心之境界，則何可以在內者爲入，而在外者爲出耶？竊意范女所見，政亦如此。故程子之許以識心者此也。但心之境界，固如厓老之言，而此亦操而存者爲然耳。

> 知其性則知天，而集註曰"云云"，則知性與知天，其間更不容下工夫矣。然孔子之四十不惑，五十知天命，而其間有十年加勉，則孟子之言，與彼相戾何也？

性與天，字雖不同，然所謂"天"者，卽性之所自出而實不外於性，由知性而便可知天。故孟子於中間，着一箇"則"字者此也，豈謂知性之日，尙未知天云爾耶？

小註以不惑當知性，知命當知天，而以吾所見，則所謂"不惑"只是識事物當然之理而已，恐未可便以知性言之。蓋性與天道，只是一箇物事。故纔知性，便可知天，而所謂事物所以當然之故，卽性也天道也。此如不然，子貢之聞性與天道，只是一時事，豈可謂聞性之日，只聞性而不聞天道耶？

以此言之，集註之解，至當不可易，而小註說，誠未安矣。

答崔望而【鎭邦】問目

《大學》。章句於知止、知所先後，皆無釋，而獨於致知之"知"字，釋之曰"知，猶識也"何也？

知止之此知字，只如善事父母、善事兄長之善，便屬虛字相似。致知之知字，卽指此心之神明，妙衆理、宰萬物者言，而又恐與五常之知字，混看，故釋之曰"知，猶識也"，繼之曰"推極吾之知識"，此知字，如以善及人之善，本屬實字相似。未知果如是認取否？

致知在格物，不着欲與先字，而必着在字，此可見致知格物之爲一事。而下文曰"物格而后，知至"，又似分爲兩項地頭。

雖曰"物格而后，知至"，然物格之日，知已至焉。故章句曰："物格者，物理之極處，無不到也；知至者，吾心之所知，無不盡也。"蓋無不到之日，卽無不盡之日，則其爲一事明矣。特以衆物皆格而后，知乃至，故據其始終，而着得"而后"字於中間者此耳，豈分爲兩項地頭而然耶？

誠意章，毋[45]自欺而後，可以自慊，而章句，自慊先於

45 毋 : 저본에는 "母".《大學章句》에 근거하여 수정. 이하 "毋"는 동일.

毋自欺，何也？

章句之釋誠意，既曰“實其心之所發”，則其下不得不先言自慊，而欲其必自慊而無自欺矣。又況雖至於自慊境界，毫忽不謹，已陷於自欺，則欲其必慊之後，安得不以無自欺繼之乎？又“無”字與“毋”字不同，毋字是禁止之辭，無字是無復可禁止者之辭。自慊者正如是，其先後之異，尤恐非所疑也。

誠意乃致知以後事，而又說毋自欺。此所以爲知行兼進，而不是知了後，方可以誠其意耶？

自欺與否，非致知之工極其至，有不能隨卽覺察。然所謂“毋自欺”是誠意底事，今必據此而謂知行兩進者，恐不免於分別界限之有未盡。如何如何？

大抵以造詣之序言之，則致知後，方可以誠意，而致知非一日可了底事，誠意又非一日可緩底事。故愚意一日之內，也有致知時、也有誠意時，二者之工，俱不可不幷爲下得。若待致知了後，方可以誠意，則是爲誠意之無其日，而其所致知，亦無所用矣，是豈聖門設教之意耶？來諭及此，見得誠是矣。

胡雲峯曰：“或疑傲惰不當有，殊不知本文人字，非爲君子言，乃爲衆人言。”竊意本文人字，雖爲衆人言，而以其有辟而言也，且朱子曰“如何却不得敖惰”，胡說，誠有可疑。

胡說誠可疑。若曰"君子不當有敖惰"，則孔子之取瑟而歌，孟子之隱几而臥，是非敖惰而何？此其說，《或問》已詳之。君子之於傲惰，特不辟焉耳。又傳之所以特擧衆人言者，不惟以見衆人之辟如彼，而亦所以戒夫君子，使不至於辟也。以此意看得如何？

《孟子》。浩然章，先說氣配義與道，又曰"是集義所生者"，或曰"是集義、養氣之工，交致其極"，或曰"集義乃養氣之工"，二說何如？

二說皆通。此蓋如克己復禮，非克己之外，別有復禮之工，而須說復禮，方見克己之工爲是也。則夫所謂"集義、養氣"者，亦與此同，非集義之外，別有養氣之工，而須說養氣，方見集義之工爲是也。

"仁之於父子也，【止】聖人之於天道也，命也，有性焉"，以性而言，則天道亦不外乎仁義禮智之中，而此復言天道者何也？

所謂"天道"者，固不外乎仁義禮智之中，而天道是擧全體說，仁義禮智之於父子、君臣、賓主、賢否，則是各擧其一性而言者也。各擧其一性而言之之後，擧全體說者，得不歸之於聖人乎？此所以旣說仁義禮智，於此復言天道者歟。

> 因不失其親，亦可宗也。此如先主之依劉表，孔子之主司城貞子是也。然學者隆師、親友之道，亦可如是否？

有子此一句，亦是使謹於始而慮所終之意，則一時之因，尙當如此，況所謂師與友，乃終身服事而與交者乎！尤不可不謹於始而慮所終云耳。

> 集註旣言"聖人，固無積累之漸"，而又言"獨覺其進者"何也？以此推之，雖謂聖人有積累之漸，或無害否？

無積累之漸，是以聖人之質而言也，獨覺其進，是以聖人之學而言也。

聖人之質，極其淸粹。故生知、安行，自來已然，宜若無積累之漸。然至於聖人之學，則其心未嘗自謂已至此。故日用之間，獨覺其進，而自志學以下，許多近似之名，是則乃所謂積累之漸也。集註之言，實因聖人之自言而云云如是，自學者爲則而言之，其有益，何可勝耶？

> 熊氏曰："程子專指禮樂之體，李氏專指禮樂之用。"竊意程子言序和，而序和是仁之發用也，則似兼用而言，李氏言待人而後行，而人是仁人，則似兼體而言。未知如何？

序與和，固是發用後可見者，而熊氏所以謂之體，本仁者，天下之正理一句而言。天下之正理，其發也，豈有不得其序與和者乎？以此言之，今謂兼用言者，未爲不可。下所謂“兼體言”者，亦似看得是。

但此章所言，專謂惟仁者，方能用禮樂，而禮樂，亦惟於仁者爲之用。不然則人心亡焉，不惟人之於禮樂，無如之何，而設令欲用之，禮樂亦不爲之用。且看此不爲之用一句，彼其用禮樂之際，玉帛交錯，鐘鼓鏗鏘[46]，則是禮樂似爲之用，而柰何云不爲之用也？

請於此更着精神看得，一語分曉以來幸甚。

哀公問社於宰我，【止】使民戰栗云云。

古者立社，各樹其土之所宜木，而宰我使民戰栗之對，其妄甚矣。

嘗見柳子厚解此章，以爲：哀公之問社，是爲三家强僭，社稷將危。故宰我所謂“使民戰栗”者，欲其除去三家而有此對。顧朱子不取，今何敢以其說爲必是耶？

不仁者不可以久處約，【止】知者利仁。處約之先於處樂者，其或處貧難、處富易之義否？且此章與下第五章，似當參看。君子去仁，則久約必濫、久樂必淫。此是

46 鏘：저본에는 “장(瑲)”.《論語集註》에 근거하여 수정.

利仁之事，而亦或及於安仁地位否？

處貧難於處富，故此亦以處約先於處樂。然不論處約、處樂，其得長久能之，惟仁者爲然。若不仁者，必不能一朝居，而淫與濫，隨之矣。且如利仁之人，是深知篤好而必欲得之者，由是而進於安仁地位，是乃次第事耳。來諭看得是。

有能一日，【止】力不足者。夫子言一日，而集註言一朝，則亦可見朱子勉人之深切。

說得甚切。所謂一日、一朝，乃指當初奮起時而言，自此以後，則必須頃刻不舍，然後方得以至焉。若愚者，常不免悠泛度日，語及於此，不覺怵然以懼也。

博學於文，約之以禮。此與四教章，似當參看。侯氏云："博文是致知格物，約禮是克己復禮。"然則誠意、正心，亦不可謂約禮耶？

大體言之，固如是。聖人初無二教，如《虞書》之精一，此書之博約，《大學》之知行，《中庸》之明誠等，雖其立言之各異，要其歸趣，未始不相合，蓋所謂殊塗而同歸，百慮而一致。

然自學者言之，又必各就其立言地頭，而深究詳辨，切體力踐，然後方有以見其實然而不可易，決然而不可違矣。

惟當隨處硏精，仔細理會，則古人立言本意，於是乎曉然呈露。其所以不曰“博文”而只曰“文”，不曰“約禮”而只曰“行忠信”，及不曰“博文”而必曰“致知格物”，不曰“約禮”而必曰“誠意正心”之義，夫豈無端而說得如此耶？要在各隨其義而用力將去，積眞之久，許多名理，自不覺會通爲一而已矣。

默而識之。學貴自得。故曰“見其過而內自訟”，“見不賢而內自省”，“默而識之”，此皆省察操存之意否？

內自訟、內自省，固皆默而然矣。然此“默而識之云”者，註謂不言而心解，則不但屬於省察、操存，而於物理、事理上，亦不言而心解之謂也。試體驗看如何？

吾誰[47]欺，欺天乎，凡學者一動靜、一語默之間，苟有一毫自欺之心，則便是欺天。

本章之旨，雖不及於來諭所云，而一不循理，便陷於欺天之罪云者，語意警切，直令人悚然以懼。此蓋唯知幾謹獨之君子，爲能如是，常持此戒，毋或少忽如何？

忠告而善道之，【止】無自辱焉。君臣、朋友，皆以義合，故其事同耶？

47 誰 : 저본에는 “雖”.《論語集註》에 근거하여 수정.

事君數斯辱矣，朋友數斯疏矣。聖人之戒，不亦至哉？愚於不可則止一句，竊謂其義似不止於無自辱，而又有愛朋友之心無窮。彼其落落難合，則姑且爲之寢默，以待容其更思於日後而受吾之說者，亦出於忠厚之意，蓋乘其厭聞，而强聒不舍，又非所宜施於從容酬酢、懇切期勉之地故也。未知此意果如何？

　　無欲速，無見小利。不但爲政，學者爲學之道，亦當如是否？

推說亦好。蓋自爲學時而如是，方於爲政時，亦能如是耳。

　　居處恭，【止】不可棄也。恭、敬、忠，只是存此心，而心存則仁便在是也。且居處恭、執事敬、與人忠，是無時不然也，之夷狄，不可棄，是無適不然耶？

"心存則仁便在是云"者是矣。至所謂時與處，不必如是分看。蓋言時則處在其中，言處則時在其中，無截然獨爲時，獨爲處之理也。

　　行己有恥，【止】可謂士矣。
　　無乃此"可"字爲僅辭，而有未足之意否？

此爲子貢問士，故夫子告之如此。雖若未足而止爲僅辭，然若擴充這二句所言，而於行己，果無一毫之恥，【有恥者，正欲其如是故云。】使於四方，而於君命，果無一毫之辱，則其爲士，斯足矣，豈容以僅辭看之耶？

剛毅木訥，近仁云云。

剛毅木訥，是以氣質而言也。凡氣質如是之人，類皆心不外馳，一直無計較私做去，故夫子以爲近仁耳。

士而懷居，不足以爲士矣。士尚志而懷其意所便安，則是乃志不立之致，而終歸於懷土之小人。

首篇子曰"君子食無求飽，居無求安"，而集註以爲不求安飽者，志有在而不暇及也。來諭以懷居爲志不立之致，而又曰"終歸於懷土之小人"，說得甚當。

君子哉！蘧伯玉，【止】可卷而懷之。集註以爲出處，合於聖人之道。然但可卷之"可"字，有僅可之意，此可見不能及夫子之行藏也。

可卷之可，何必以僅可之可看之耶？上論史魚處則其如矢於有道、無道之邦者，是已然之事，故道字下，不着則字，此論伯玉處則其仕與卷懷，是將然之事，故道字下，皆着則字。然伯玉時已始仕衛，故於仕則不言"可以仕"者此也。

或疑伯玉仕於衛，則衛豈是有道之邦？而夫子乃云爾。然朱子不云乎！所謂有道，如天之將曙，雖與已曙者不同，而大抵自此漸向明去。【不記本文，大意如此。】竊意是時衛必有如此之像故耳。是其仕特爲之兆而已，未必其因遂仕也，故所以亦着則字者此也。至於夫子之用行、舍藏，其行之、藏之，自有脫灑，無毫髮累者存。故獨謂顏子以惟我與爾有是夫。伯玉出處，以其大體，則雖云合於聖人之道，然豈與孔、顏此意像，得一般也耶？

答權君重【載華○戊辰】

日月易邁，節序累換，緬惟孝思崩霣，去益罔涯。際玆哀履何似？每念哀資質異常，志氣超倫，蓋因孫婦與孫兒而聞之稔矣，奇愛之心，實切于中。尙謂哀年紀幼沖，不免以孺子視，只一循例替慰之外，未克以數字道此區區。乃蒙辱先惠疏，滿紙縷縷，說盡衷曲，又其文辭贍敏，無異老成口氣。嗟乎！故家遺澤之無窮，豈不今而後益信？而向愚之不以書先之者，豈非淺之爲知哀乎？

大抵哀之所遭，以常情論之，震剝餘生，必將消縮無餘，惟苟全性命之是圖，而乃能念先業之易墜，恐此日之虛擲，慨然發憤，卓然立志，而有此振勵邁往之心，吾知哀眞可與共學，平日所期望，果不虛矣。向使先府君與王大夫無恙在世，則其所以策勵誘掖，涵育薰陶，使至於成就者，當如何哉? 而人事已變, 言之無及, 宜哀之痛迫如是。然孝子之於其親, 思慕效法, 只得沒身而已。故曰“事死如事生, 事亡如事存”, 苟能體遺意, 念念不忘, 以克紹家聲, 爲早夜息壤, 而於讀禮受弔之暇, 常常收拾精神, 硏究墳典, 期於得聖賢親切之旨, 則不待他日, 而本領必立矣。又況貴門中先進, 不止一二, 其爲之提挈指導, 政不比尋常。幸須益自刻勵, 以副相愛者之望, 如何如何?

答權君重《中庸》問目

子曰: “中庸【止】久矣。” 《論語》無能字, 而有“之爲德也”四字, 此章無“之爲德也”四字, 而有能字者何也? 趙格菴曰“無爲德字, 故有能字”, 其說尤未解耳。

“之爲德也”四字, 只中庸二字已包之。故章句亦曰“過則失中, 不及則未至。故惟中庸之德爲至”者, 非以是也耶?

至於民鮮能之“能”字, 《論語》所無, 而於此特下之者, 煞有意義。此蓋與下文諸“能”字及聖者能之之“能”字, 相叫應者也。人之所以得中庸者, 專賴此一字骨力, 而勇便在是。章句之特言“《論語》無能字者”, 政要人着精神看。如何如何? 趙說, 亦豈未解而云爾耶?

第六章章句擇之審。聖人不待思勉, 而從容中道, 則未可以"擇"字言之也。

聖人雖不待思勉，而從容中道，然好問、好察而執兩端用中，便是擇之審也。故下章擇乎中庸章句，亦曰"卽上章好問、用中之事也"，何得曰"未可以擇字言之"耶？蓋不待思勉之中，亦有此意思在。但比學者之擇，則爲無所費力，而不害爲從容中道，正不可拘泥看也。

君子之道，【止】先施之未能也。此獨言四倫，而不及夫婦者，此蓋以責人之道自責，而獨不可以責婦之道責己故然耶？聖人非眞不能也，而章下註曰"某未能一，聖人所不能"者何也？

"不可以責婦之道責已云"者是矣。君子之道，雖止於四倫，而四倫之中，其道實有無窮盡者存，雖聖人，亦有所不能，故章下註云然。蓋非獨不得位與博施濟衆，爲聖人所不能而已也。雖以孝一事言之，不得，不可以爲悅，無財，不可以爲悅者，亦何可勝數耶？

鬼神章章句張子曰："鬼神者，二氣之良能也。"風雨、寒暑、屈伸、晝夜之所以然則理也，而專指氣而言何也？

固是有是理，故有是氣。然所謂是理，舍是氣而於何處見得？愚謂是氣之能如此者，卽是理之所爲，而未可以二視之。故此篇中費隱二字，是指道之體用而言者，而朱子則直曰“鬼神之不見不聞隱也，體物如在則亦費矣”，蓋合理氣爲一而言者也。以此觀之，張子所謂“二氣之良能”者，雖若專指氣，而所以然之理，便在於此，又何得不以理看乎？

是故理氣，固不可不分看，如夫子所謂“形而上爲道、形而下爲器”，而又不可不合看，如程子所謂“器亦道、道亦器，然後方得其實，而無墜於一偏之患。”又今所當知者，良能二字爲最緊，這良能，是因甚乃爾？卽實理自然而然者也。尙可曰：“所以然在良能之外，而疑其不言理耶？”

答丁公簡【義選】問目

> 宗孫親盡則神主當遷於長房，而長房貧寒漂泊，無遷奉之勢而神主尙在，宗孫家忌辰時祀，極有難安底道理。無祝則祭禮未備，有祝則代盡者不可爲也，何以則合於情禮耶？仍此遷就，尙未改題，此則尤極不安，當改題而無傍題乎？

長房旣不得遷奉，則神主當別龕以奉，祝文以長房名替告之外，似無他道理。

至於改題一款，世或有行之者，而愚意宗統至嚴，恐不可以一時權奉，輒書支孫之名。如何如何？

獨子而爲伯父後，而攝祀於本生考妣者，題主叔考叔妣之說，已有陶翁定論，而叔之一字，實有私情之切迫，以本生字題之，恐或不悖於情禮。未知何如？

惟其爲本生也，故題以叔考叔妣，則叔之一字，似無私情之切迫，而世俗以本生考妣書之者，亦不無焉，雖未有考據，從俗或無妨耶。

立齋集

卷二十二

書

書

答趙洛應【龜燮】問目

> 母葬時，遷父墓合窆，而改葬之虞，行於幕次，新葬之虞，返行於家。考沙溪《問解》，則有：“問：‘父喪遷母墓同葬，則葬雖先輕，奠當先重，而新葬之虞，當行於家，改葬之虞，當於墓次行之否？’答曰：‘據《禮記》及朱子說，父之虞，葬日返哭後行之，母之虞，翌日行之云云。’”此則所重，在新葬而然耶？

哀家已行，正合禮意。乃若《問解》說，則是改母葬，而合葬於父之新葬者也。先後輕重，與此自別，何必以是而爲疑耶？

答朴頤龜喪祭問目

> 父在母喪，大祥禫後，或以緇網、或以騣網，當從何？
>
> 二十五月後，雖更無禫，以緇服而終其月數何如？或以大祥後不撤筵而廢上食，不乖情禮否？

緇笠緇網可也。然世或有騣網者，不知何所據而然也。

至於除服之節，雖曰無禫，準二十七月，爲從厚之義也。十三月而撤殯，本是正禮，而孝子之心，有不忍者焉。故先儒之論，亦許其不撤，只爲上食而然也。若廢上食，不撤筵，果何義耶？

承重孫，及其祖父母禫月，而遭母喪，則其諸父，只設位於私室，而除服否？

承重禫月，遭母喪，則廢禫無疑。其諸父除服，恐如來示。

傳重之家，或不爲子立后而爲次養，則其人死後，當有主婦，而次養之妻，亡者之孀，誰當爲之耶？

此等事，次養已違經法，末後豈無難處之節？愚意莫如爲無后者，立后以主其喪耳。

大宗祧遷位，奉之別廟，而又有小宗祧遷，貧不能各立別廟，則不得已同奉一廟，而其位次旣非昭穆，則分東西亦未安，折一廡序次奉安否？各自辦供，則品式或異，各以長房爲初獻，則一廟而二主，皆未安何如？

雖是祧位，大小宗旣異，則恐不可同奉一廟，而今爲苟簡之事，故位次與饌具，節節相妨，一廟二主，亦甚未安。如來示折一㢀序次奉安，似勝於分左右若昭穆耳。

答申景伯【鼎周】

昨冬獲奉遞寄珍緘，披讀以還，如復接別後顔範。且其滿紙辭意，皆出悃愊，足見反己求益之切，區區慰滿多矣。即玆新正，學履起居如何？

宗行年幾滿八旬，日間凡百，無非晻𡉫光景。其中精神尤覺昏亡，不論某事，無復討頭緖酬酢如人之望，必是符到不遠之候，何足歎哉？

別紙所詢，平日見解，盡歸烏有，艱得追記而備文仰對。如其不當，望須駁示，以爲反復究竟之地，如何如何？

別紙

"君子之中庸"章句，只言戒懼何也？旣言"戒懼而無時不然"，則謹獨之工，自在其中故耶？

見得是。於此又可見戒懼之通動靜，而凡立大本，尤爲工夫之最要矣。

《論語》忠恕章下集註，程子曰"以己及物，仁也"，不言忠而必言仁者何也？仁與忠，有大小之別，而聖人之忠，則固可謂之仁耶？若謂之聖人之忠，則其下係之曰“違道不遠”何也？

忠恕二字，在學者、在聖人、在天道，固隨所指而不同矣。然天與聖人，只是一般忠、一般仁，則今謂“仁與忠，有大小之別”者，得無未安矣乎？程子所謂“以己及物，仁也”者，亦與忠字，微有分別。蓋聖人之忠，只是至誠無息，而遽以及物言之，則這仁字乃幷使萬物各得其所，自在其中。來諭所謂“聖人之忠，固可謂之仁”者，似有見於此矣。

又程子所以不言忠而必言仁者，只就及物處言之，是其所言之地頭，亦不得不然矣。若所謂“違道不遠”，是以推己及物者言，蓋亦只就恕字上，論其所以不同者此耳。

孔子欲以微罪行，此“罪”字註說以爲君上之罪，朱子答門人曰“自爲也”，此則似以爲己之罪。

罪字，於君上着得未安。孔子旣不欲顯其君上之罪，則“自爲”二字，正得聖人意。蓋以不致膰胙而去，則人必以爲自家有微罪，故不致膰胙而去，無怪云爾。“自爲”二字，如是看如何？

答尹聖郊

俯詢諸條，座下旣類集先輩至論，其於學問之大源頭、大綱領，可謂見得是矣。倘微留意之久，用力之多，其何能及此？奉讀再三，不勝歎尙。

顧於其間有不能無疑於鄙心者，未論其言之果是與否，悉暴無隱，以相與講磨切磋，期至於十分融貫之境。故玆就盛論中二三段，仰陳如左，俯諒如何？

第一段，論心、性、情。

所論大槩得之。但人心之所以必曰危，以其生於形氣之私，而易流於人慾故耳，今謂"須臾或放，而易入於危"者，是將人下工夫處，參入爲說；道心之所以必曰微，以其原於性命之正，而其發也微妙難見故耳，今謂"毫芒或失，則必至於微"者，是亦將人下工夫處，參入爲說。俱非當初所以只就人道心上，平論其理之意。

又四端固純善無惡，而七情則是兼善惡者。故其發也，氣若聽命於理，則斯中其節而無不善。今謂"氣全用事，理不能使氣，故不得中節而爲惡"，則是以七情爲純惡而無善矣，得無未安矣乎？

至如心之一字，程、朱之論，發明已盡。性猶太極，心猶陰陽者，又是朱子之說，《大學或問》亦曰"惟人之生，得其氣之正且通者。故其性爲最貴，而方寸之間，虛靈洞澈，萬理咸備", 或者之以心專屬於氣者, 似本於此。又須先見得此心是合理氣、統性情底物事分明, 然後方無流於一偏之患。

彼釋氏之以作用爲性者, 是徒知心之爲氣, 而不知理在其中者, 有仁義禮智之性故也。陽明之以致良知爲學者, 是徒知心之有理, 而不知氣之在其中者, 有清濁粹駁之異故也。

子思所謂"喜怒哀樂", 是渾淪言之者。故就其中拈出善底, 以爲四者。然孟子之言四端, 是直就仁義禮智之性, 而指其從這性發者, 言之耳。天命之性章句, "天以陰陽五行, 化生萬物, 氣以成形而理亦賦焉", 則纔說命時, 固不可舍氣而言。然健順、五常之性, 是豈將氣字參錯看處乎?

且所謂"性卽是理", 則此與言心不同, 而今謂"合理氣看無害"者, 亦是未及思之致。然理若不墮在氣中, 不名爲性。故程子曰"才說性時, 便已不是性", 此亦不可不知耳。

第二段, 論格致。

此段所論, 亦大槩得之。其曰"格致之際, 必先易而後難, 先近而後遠, 因其所已知而及其所未知, 因其所已達而及其所未達者", 是乃從淺至深, 自卑詣高之一妙諦。誠如是, 何患格致之不造於其極乎? 況所謂"日用工夫, 必須接續無所間斷, 然後可以至於脫然貫通"者, 又可見眞實用力之至意, 誠爲歎服。

然但非言之艱，而行之惟艱。蓋必喫緊理會，雖於舊所讀似已知處，更須反復詳玩，求觀聖賢立言本意及道理之隨處異名，則必有疑端節節而生，其於思索之際，極辛苦不快活境界，將見其無數矣。

然此乃好消息之端，又是將大進之幾，切勿因其難而自沮，亦勿用私意而强通。涵泳從容，磨以歲月，以俟其自得，則當見所疑者節節以次而解，漸至於融釋脫落之境。意者，古人所謂"豁然貫通"者，正指此而言。感座下發願之切，聊誦所聞。

第三段，論誠敬。

來諭所謂"誠只是去了許多僞，敬只是去了許多怠慢"者，其言約而盡矣。然非至明，何以知許多僞？非至剛，何以去許多怠慢？惟此至明與至剛，又以何術能辨得耶？此其術無他，只這誠敬二字，使其必至於十分誠、十分敬，則這誠敬二字，又却打成一片，敬卽是誠，誠卽是敬，而周子所謂"聖可學"者，便在於是矣。

答尹聖郊稟疑

程子之學，本於周子，而朱子於《庸學·序》，直曰"兩夫子出"，而無及於周子。或曰"是主於書而然"，然否？伊川於《明道墓表》，無及於周子，又未嘗以《太極圖》示人，朱子以爲必有微意。恐是始雖發端於周子，而畢竟成德，未必全資於周子故耶？

《庸學·序》及《墓表》之不言周子，或說及來諭所謂“不全資於周子之意”者，見得良是。

蓋以周子《圖說》及《通書》，較看於《庸》、《學》，則義理未始不同，而立言各異。故序所以不及者此耶？兩程夫子自見茂叔吟風弄月以歸，則是不特止於發端。然若其畢竟成就，則得之經書者爲多。故直以孟子後一人，言之，而無及於周子者，亦以此耶。

獨其不以《太極圖》示人，其微意終似難知。然其後得見者，但謂用意高遠而已，則朱子所慮視以爲《陰符》、《太玄》之類，亦無恠故耳。以此言之，其微意，亦可知也。

心之虛靈知覺，一而已，則幷言體用，而所以爲知覺者不同，則遺體而擧用何歟？雖單言知覺，而虛靈亦在其中矣。

是故大山先生嘗加虛靈二字，而曰“所以爲虛靈知覺者不同”，亦自成說，蓋虛靈知覺，爲體則皆爲體，爲用則皆爲用故也。今必以虛靈爲體，知覺爲用者，誠未見其然。

審如是，則思慮未萌之前，知覺炯然而不昧，思慮旣萌之後，知覺了然而不亂者，是何謂耶？思慮未萌之前，是指寂然不動之體，思慮旣萌之後，是指感而遂通之用，而知覺之炯然、了然者，於體用皆有之。故先輩之論此，以爲知覺卓然於內外始終之間者，是實洞見底語也。來諭所謂“雖單言知覺，而虛靈亦在於其中”者，庶幾近之。幸更仔細翫味如何?

泰伯、文王，夫子皆謂之至德。然文王則三分有二，故朱子曰“泰伯又高於文王”，抑至德有淺深之可言耶?

三分有二之“有”字，是據當日人歸而言。若文王之心，則初無此有字，故率商之叛國，以服事殷，所以爲至德也。若朱子所謂“泰伯高於文王”，特以其跡言之，至德豈有淺深之可言耶?

一士友遭大故，兄及兄之子若孫俱沒，不可不用兄亡弟及之例。告文請製示焉。且其兄喪朞而撤耶? 祔廟當於何時? 傍題書孝字何如?

旣用兄亡弟及之例，則似當趁其葬時，先事告由，而幷及於兄可矣。

告文似當曰:“家兄旣歿，子孫俱亡。曾孫立后，又無其望。主喪奉祀，惟子一人。禮許弟及，例有可援。玆不獲已，敢題主傍。變節至此，彌極痛傷。”

告兄則似當曰:“大人之喪，兄當主之。云胡不勝，又絶后焉？主喪之責，弟外無他。禮既許及，重又有在。玆以弟名，傍題奉祀。痛割之極，謹此仰告云云。”如是措語，未知何如？

至於兄喪，旣無爲之三年者，則待自家服盡朞而撤，因祔祖廟，旣用亡及之例，則傍題書以孝字恐宜。然皆不敢質言，更詢禮家，而處之如何？

答樂育齋生尹秉恒，《大學》疑義問目

> 知止而后，有定。知止，對格致看，則知止爲功効，對定靜安慮得看，則知止爲工夫。至若定靜安三者，在誠意時亦定靜安，在正心時亦定靜安，以至於修齊治平，恐皆如是。未知如何？

知止者，旣是格致之極，而到得知止後，則定靜安慮，乃其自然之功効，豈可以知止對定靜安慮而作工夫看乎？但定靜安，於誠正修齊治平，無所不在於其前云者，不易看得。

> 定而后能靜，靜而后能安。小註曰：“靜就心上說，安就身上說。”愚意則心靜裏面，已占得身亦靜之意，身安裏面，先包了心已安之意。

靜屬心、安屬身兩句，細推之，固如來說。然此乃知止后功効之不期然，而次次然者，則今日所患，惟不能格、致之至於知止而已。亦何必懸空揣摩，苦意解說，然後爲得耶？

慮而后能得。愚意知止，旣是知得其所止，則能得，專是行得所止。未知是否？

是然。慮是從知上來者，而所以使行得其止者，此意又不可不知也。

正心章，不得其正。此正字，胡雲峯、羅整菴皆云"指心之體"，章句云："其用之所行，或不能不失其正。"愚意則經言正心，兼心之體用言，傳言正心，專以心之用言。如是看如何？

傳者之釋經，一從經義而已，豈有經言正心則兼體用，而傳釋正心，則專以用之理乎？《大學》工夫，專就發處用工。故不論經、傳，皆言心之用，而朱子亦從而釋之如此。胡、羅之說，雖於論心處，無所不可，然柰非《大學》本意何？

心不在焉，視而不見云。此"在"字，謂心在於腔子裏乎？在於視聽上乎？

心惟在腔子裏，故能在視聽上。視聽上所在之心，卽腔子裏所在之心，豈可分而二之乎？須有主宰卓爾，要視而視，要聽而聽，其見聞方分明。不然雖或心在視聽，而能見且聞，便是逐物在外，而未可以在腔子裏言也。

傳七章章下，"但知誠意，而不能密察此心之存否?"夫意者，心之發，而誠之者，亦心也，則焉有誠意而心不存者?豈以誠意在於所發，而存心在於內而然耶?

所謂"誠其意"，但令心之所發於爲善去惡，得其快足而已。此譬如一帶水，淘去泥沙而復其清潔。至於正心工夫，又欲此心之常存而不放。譬如水得清潔後，常使之澄然恬平而不起波浪，則可以涵暎萬象而無毫髮不照之物。此卽於誠意後，密察心存與否之法耳。

所惡於上云云。絜矩之道，兼言好惡，而此四句，只言其所惡何也?

方於事上而好人佞己，爲尉則凌守，而爲守則易尉者，常人之情，大抵皆然。故此言絜矩之道，必以所惡言之者此也。然所惡旣勿施，則所好之當施，自可知矣。如何如何?

《心學圖》虛靈卽體、知覺卽用，而神明則體歟?用歟?且心思一圈，思旣心之發，則程氏之必置此於戒、操之下何也?【以下《心經》疑義。】

神者虛靈之極也，明者知覺之至也。分而言之，則神，與虛、知爲一類，明，與靈、覺爲一類，而所謂"知覺"者，雖對虛靈而爲用，然思慮未萌之時，炯然而不昧者，獨非知覺乎？是則知覺，亦未必不爲體也。

至於心思一圈之置於操存之下，元來林隱此圖，但擧大綱而分之，思固是心之發，而纔發而未形，依舊是操存境界，則其以系操存之下，又豈不可耶？

> 吳臨川，以思無邪、閑邪存誠，分屬於誠意、正心者，未敢信其必然，而其中物接乎外，閑之而不干於內，尤爲可疑。

思無邪一句，是從感發、懲創處言之，故屬之於爲善、去惡之誠意。閑邪存誠，是就聖人分上無邪可言處言之，故屬之於一有必察之正心。其爲說儘精。但物接乎外，閑之而不干於內一句，爲近禪學，故退陶先生，已辨其謬，試爲取考如何？

> 小註，【自】"問'程子彈琴'"，【止】"是就已知處言"，見知之見，他本或作人字，而下條蘇、楊氏之說，終未曉。

見知之見，《語類》亦作人字，恐當從之。

下文蘇昞[48]所問，別是一義，非可與論於此。若其楊氏說已知處，第看此問中大義，亦可領會。今但於莫顯乎隱、莫見乎微二句上，眞切體認，以爲愼獨之地似好。

潛雖伏矣章註，不愧屋漏與謹獨，是持養氣象。夫謹獨，是省察，而此之謂持養何也?【或曰"持養與涵養乍異"，此說何如?】

不愧屋漏與謹獨，觀其着箇一與字，可知其析而二之矣。但其語勢短促，未易看出。故朱子於《中庸或問》，已詳言之，何得謂此一句之通爲一事耶?

持養二字，雖與存養一般，而元來戒懼之以存養言者，朱子以爲通動靜統體工夫，則今并謹獨而謂持養氣象者，不亦宜乎?

至於涵養，退溪以爲兼動靜，而觀其造語匜，似屬靜意多。今謂與持養乍異者，看得儘孜細。

所謂"修身章附註第九條，撑船須用篙，喫飯須使匙"，未知篙與匙，指心而言耶? 指敬而言耶?

旣曰"心者，身之主"，而繼之以此二句，其下又曰"不理會心，是不用篙、不使匙之謂"，則所謂篙與匙，固以此心言之。然此心之所以能爲一身之主者，敬而已，恐未可二視之也。

48 晒 : 저본에는 "炳". 《心經附註》卷1 〈中庸·天命之謂性章〉에 근거하여 수정.

《樂記·禮樂》章附註李端伯條言:“不莊不敬云云。”竊意養心只有敬字工夫, 而敬之用工, 自言貌上先耶?

是然。言貌不莊敬, 則心亦不能和樂。蓋和樂者, 雖其得之之極於深至, 而終是莊敬得外面者, 爲之防範故耳。

廖晉卿條先擧《辨奸論》, 而繼言淳叟事者。意謂淳叟之獨去打坐, 亦不近人情, 且答晉卿讀書之問, 而擧此以告之, 亦何意也?

淳叟之獨去打坐, 儘不近人情。故擧《辨奸論》中此語, 而告晉卿。想晉卿於當日心放已久, 亦必有近似於此者。又凡讀書之法, 須肯聽人說話入心, 然後方能從其所誨。此蓋朱子把淳叟來以大警動晉卿, 而使屈首下心, 恭聽指敎, 則其爲有益於讀書, 可知矣。

呂與叔條“又如絶四後, 畢竟如何? 云云”, 其意蓋云絶四後, 亦不可如槁木死灰, 而畢竟如何之義, 終未分曉。

是言意、必、固、我四者, 旣絶無後, 則此心活而不滯, 可見箇裏有灑落氣象。故問“畢竟如何”, 要人識得此意思出耳。故下卽系之曰“又幾時須如枯木死灰”, 蓋以此心旣活, 灑落如是, 則雖欲如枯木死灰, 亦不可得故也。如是看如何?

鷄鳴章附小註, "博文約禮之工, 有所施", 此義未瑩。且博約之施工, 何必待透名利也?

不透名利關, 則此心常膠膠擾擾, 未有休歇時節, 不知何所據以爲田地而施得博、約之工乎? 是故必將名利二字, 斷絶於心頭, 透得此關, 而使方寸虛静恬澹, 然後方是立得脚定, 而就此可施博、約之工。竊觀上蔡及朱子語意, 其說此極分明耳。

答李周胤《近思錄箚疑》問目

《圖說》無極而太極。朱子曰: "無形而有理。" 退溪曰: "上極是假借有形之極, 下極是指名無形之理云云。"

此段所論, 看得極精。審如來說, 則假有形之極, 作無形底極, 然後語意尤分明。然旣以上下極, 作一義看, 則雖依舊解看, 亦無妨。

五行各一其性。各一云者, 一各具五耶? 五各專一耶? 竊意一各具五者, 本然之理; 五各專一者, 氣質之性。

如此看, 固不妨。然須於五各具一處, 見得一各具五, 方得周徧而無滲漏。

又此所謂性，專以太極言。故朱子註以爲五行具，則造化發育之具，無不備矣。旣曰“五行之生”，則不必更將氣質性來參錯爲說。

蓋各字是以氣質言，而一字則已以本然言者也。理雖不雜乎氣，亦未嘗離乎氣，則今欲見理，不得不就氣上求之，而要須看性字透得。未知如何？

> 中、正、仁、義而主靜。靜者兼指四者之靜耶？只指正、義之靜耶？朱子於《圖解》則以正、義爲體，屬靜，而《答張、呂書》則又却以中、仁爲體，屬靜，是四者互爲體用，而皆有動靜。退溪亦曰“此兼性情言”，詳此則似兼指四者之靜。故果齋曰“五性[49]，皆有動、有靜，惟聖人能定其性而主於靜”，此說却分曉。若必如《圖解》正、義之爲體，屬靜，而只主正、義，則五性之爲人心之太極者，體用各得其半，而恐不能爲全矣。

《太極圖》以陰靜爲體，以陽動爲用。今此所謂正、義卽《圖》之陰靜之理，中、仁卽《圖》之陽動之理。故濂翁之說主靜，朱子分明見得是主於正、義，遂爲之解釋如此。此蓋與泛論人性而言體用者，自不同也。所以《答張、呂書》則雖如彼爲說，而於此，必如是爲說者，非以此故耶？

然而濂翁旣曰“五性感動”，則又未可以正、義爲常靜不

49 性 : 저본에는 “行”. 《近思錄·卷一·道體》에 근거하여 수정.

動底物事。其動、其靜，當與中、仁一般，其所以自全夫動靜之德者，旣常本之於靜，而所以一天下之動者，又惟本之於靜。

其曰"定之以中、正、仁、義，而主靜而立人極"者，固以正、義爲主靜之大體。然觀於其正、義，亦必曰"處之也正，裁之也義"云爾，則又豈非據其所有而以主靜爲體者乎？且如行之也中，發之也仁，乃卽其用爲說。然元來定之二字，已是對衆人失於動處生出來。故朱子之釋，亦一本於此意，所謂"行之、處之、發之、裁之云"者，無非所以體貼定之二字而爲說者也。

且以圖象觀之，則陰靜之中，已有陽動之理，卽中之白是已，陽動之中，已有陰靜之理，卽中之黑是已。

以此推之，正、義之中，已含中、仁，中、仁之中，已含正、義。雖曰正、義爲體，而體未嘗不具夫四者，雖曰中、仁爲用，而用未嘗不具夫四者，元未有得其半、失其半之理。未知如此看如何？

《西銘》。尊高年，所以長其長，慈孤弱，所以幼吾[50]幼，《語類》云"'大君'以上，凡言一體，'于時保之'以下，方是下手處"，此基盤、着基之別也。然則曰尊曰慈曰長，其曰幼吾者於一體中，已有下工意何也？豈以長幼分殊處，尤不可以不嚴，故特寓親仁差等之意耶？

50 吾 : 저본에는 "其". 《近思錄》과 《古文眞寶·卷10·西名》에 근거하여 수정.

此二句，只是論其理當如是而已。然必於長幼上而云然者，如來說看無妨耶。且不獨於碁盤處有此二句，於着碁處亦有，只論其理者，如“富貴福澤，將厚吾之生”，“貧賤憂慽，庸玉汝于成”，二句是也。

蓋一體與下工，元自相貫，故各有此等句於其中，要在人領會將去耳。

> 浮圖明鬼云云。一出於佛氏之門，《語類》詖、淫、邪、遁，竝指楊、墨、申、韓刑名功利。然則通謂之佛氏何也？抑其傷倫敗教，淺深不同，而總之一出於佛學者流耶？

佛氏之以慈悲爲心卽墨之道也，以登天堂自期而至不顧父母之養卽楊之道也。只此二事，其爲異端之祖，而凡諸刑名功利之一出於佛氏從可知矣。

西山以老氏爲異端之祖，而愚謂佛氏亦然。《語類》此言，豈非的見而云爾耶？

> 幷秋殺盡見。此只言秋殺氣象，一幷盡見耶？幷字裏面，莫無所包否？

幷字裏面，恐包春生之意，且只如三宿出晝，豈不是春生氣象耶？然而此氣象却少，發見者多是秋殺，政如好仁惡不仁者之各成一般氣象，則不得不從其多發見處，言之耳。

答全君說【熙一】問目

“至善章如切、如磋云云。”切而又磋，在於五事，未止前工乎？琢而又磨，在於五事，既止後工乎？一部大旨是敬，而獨於止至善言之何也？

切磋是就五事上講究，判斷得善惡既分明，然後惡者便卽舍之，是所謂“如切”也。又就善者而講究之，得其十分善而後已，則是所謂“如磋”也。此則固可謂在五事未止之前矣。

琢磨是就五事上省察，吾意之發於其間者，實則是善，不實則非善，故必爲之去其不善而得其善焉；吾心之應於其間者，正則是善，不正則非善，故必爲之去其不善而得其善焉；吾身之接於其間者，修則是善，不修則非善，故必爲之去其不善而得其善焉。夫去其不善卽所謂“如琢”，得其善，而猶恐其或有未善，必得其十分善而後已，是所謂“如磨”者也。必下工如是，然後方可以止於至善，烏得以琢而又磨爲五事既止後工乎？

至於敬字之必言於止至善章無他，止至善是合明德、新民，而要皆極其至，此之言敬乃爲貫通於明德、新民之義故也。引《詩》本意，雖重在止字，而就上面切當又如此，則安可不理會得如是耶？

答崔象龍問目

> 禮者，仁之著；知者，義之藏，若以性之德言之，則仁之著於禮，義之藏於知，何處見得？

禮與義固亦性之德，而此非平說本然之比。乃以發用收歸處言之，則三百三千，何莫非仁之著？而收斂萬事之宜，以入於機緘中者，又何莫非義之藏耶？第觀春之生者長於夏，秋之斂者藏於冬，則可知其理之只一般矣。

> 四端發於四性，則方寸之中，四性各占間架，故四端之發，各得條理耶？

以老先生《心統性情圖》觀之，則四性於方寸中，雖各占部位，而其實非有如墻壁之遮攔，只是渾然自在而已。及其感通之際，各有條理而不可紊者，方始著見於外，可以溯流而知源、由末而見本。然此處極難狀，惟在深體而默識之耳。

> 盡心之心字，朱子釋之與《大學》釋"明明德"大同，而只神明二字不同何耶？

神明二字，固是包虛靈不昧在其中。然虛靈不昧是釋明德，而只平說聖、凡之皆然者也。此章及《或問》、程林隱《心學圖》，皆就爲學者說。

此章則以盡心之工專在於知性知天，故釋之曰："心者，人之神明，具衆理應萬事。"《或問》則以致知之工專在於格物、窮理，故釋之曰："知者，人之神明，妙衆理而宰萬物。"《心學圖》則以其下有不動心、從心之効，故於心圖中，特列書神明於虛靈、知覺之下。

以此言之，又豈可以此二字包得虛靈不昧，而不別言之，以示夫知性、窮理與不動心、從心之事有賴於此乎？ 此意甚明，試思之則可知其然矣。

"仁也者人也，合而言之道也"，率性之道，兼人物言之，而程子引而證之，兩道字，果無分殊耶？

仁者，不過人之所以爲人之理，而本具於身，則仁與人元自合焉。但以仁是理、人是物，故學者多將仁與人各言之。此孟子所以將仁與人合言之，以明仁雖是理而這理實在於人，人雖是物而這物實具夫理，靜而存於中，以爲體之道，動而發於外，以爲用之道耳。

至於率性之道，若單就仁與人合言處，而曰"人率人之性而有當行之路"者，則又何兼人物之可言乎？ 凡此皆不詳本文、本註之致，更願熟讀精思如何？

答崔象龍

政此懸想，即承手滋，審春令侍學珍勝。滿紙縷縷，無非發憤欲向前語。推是心也，尙何間斷之足憂，而成就之未易也？又況所問諸條，雖未及詳見，而大抵非思索之精，則不足以及此，何慰如之？

老拙衰邁轉甚，自哭杜陵喪，益覺此身之孤。其山變又出於意外，豈意世道之不測乃如是耶？

別紙

曾子三省工夫，若在未接物時，則恐近於期待。

曾子以此三者日省其身，則這忠信與傳習，必常參前倚衡，豈特臨事而爲然乎？此實卓然爲主於中者也。夫然後方能隨事精察，而有則改之，無則加勉，恐不得以近於期待疑之。

謝氏曰“不知有餘在己，不足在人；不必得爲在己，失爲在人”，輔慶源以上四句謂理，以下一句爲事，恐五句皆就事上言之，而理在其中。

顔子所以不知有餘在己，不足在人者，是見得所謂“理”者，人與己皆有之故也；所以不必得爲在己，失爲在人者，是見得所謂“事”者，人與己不能無得失故也。

輔氏之言，未可便少之。且道顏子所以如彼者其廣大公平從甚處來，恐非但由於天資之爲亞聖而已，則會須汲汲焉學其所學，先得此本領而有諸己，然後己亦得以如彼矣。恐此爲急務，如何如何?

子在川上章程子曰:“此道體也云云。” 其曰“與道爲體”者，有若道爲一物，此爲一物者何歟?

天地之化，無一息之停卽夫子“逝者如斯”之義也。如來說則是直以逝者爲指水而言，奚可哉?

今程子所謂“與道爲體”者，蓋卽器而指道，以明道之於器做他那骨子耳，是則器與道，其爲二物與非二物，亦可知矣。然今日所當汲汲受用，最是“自彊不息”四字。未知如此用工否?

可與共學章程子曰“權只是經也”，朱子曰:“權與經，亦當有辨。”程子之意，以爲權而不失平常，則不害爲經之意也。

程子之意固是如此。故朱子未嘗非之，而引爲此章之註。但恐學者未達其義，動輒行權而以爲是經也。故爲此有辨之說以曉之，若是乎爲人之切也!

程子曰“九思各專其一”，若使色貌言事疑問者，出於同時，則將何以各專其一乎？抑行此數條，而思之不失序，則可謂專其一乎？

九思之各專其一，是欲其思之逐項皆專，而大抵皆主敬之致也。主敬則此心卓然爲主於中，而動容周旋之際，四體有不言而喩者。退陶嘗論此詳矣，試考本集如何？

右俯問諸條，可見思索之至。或能起疑於人所不能疑處，如是講究得去，聖賢微奧之旨，何所不貫通？但考校同異之意勝，依本文白直曉會，以求受用之意，反似不足，此固初學之所不能免。然所可惜者，枉費精力，虛費光陰，而於眞知實踐之方，或遂與之漸遠，則其終也必將神疲意倦，而些少悅豫之味，亦隨而澹泊，環顧其中，與無得者同歸矣，是豈可不慮也哉？

願早以爲戒而只就見讀本文上，從容翫索，必期洞見夫聖賢當初所以立言本意而後已。因須將來，入自家胸裏，涵養體驗將去，則始信道理之無古今無彼此，而昭融吻契之餘，至樂自生，平易淺近之中，至理斯存，忽不自知其至於上達之域矣。其視向來考校文句之同異，而不免爲勞耗之歸者，其相去果何如哉？

大抵所以講明義理，亶欲體驗於身心。故必也存養之工密而後，窮格之工益精，而句句方有味。千萬加勉，以副此意。

答崔象龍

別來時月屢經，溯往政深，向自漆溪傳致惠墨，慰浣多矣。未審玆辰，侍學更何似？僕昏忘轉甚，未論今不記昨，俄者所言，亦不記得。衰朽到此，寧復有進益可言者耶？

近來邨閭頗不淨，來旬講會，姑未卜無事經過是慮。然足下或能趁此時肯來，與諸益共周旋相講磨否？

所示，謹悉雅意。蓋凡爲學，只須常存兢畏，雖有所知所能，每以無所知無所能自處，然後方有進步處，而今足下之反求自責如是，亦足見工夫之不間斷而行解之有進就，爲之喜滿無已。

俯問諸條，略以瞽見逐一奉答，如或不中於理，必爲駁示，俾知其誤幸甚。

> 程子曰"喫緊爲人處，活潑潑地"，"爲人處"云者，指其有勿忘、勿助等意思乎？"活潑潑"云者，言其不滯一隅耶？

喫緊只是深切爲人之意，豈可謂遽指勿忘、勿助等意思耶？活潑潑三字，退陶解之詳矣，而愚則以爲潑潑是活貌，如所謂"光爍爍，黑窣窣"。然這一字，體得尤難。何如斯可以到活底境界耶？

> "誠者自成"一句，朱子謂"孤立懸空說"者何耶？

此章是以人道言，而這“誠自成”一句，特然把天道來，寄在上頭，故謂“孤立懸空說”者此耳。

“尊德性云云。”極高明、溫故，恐近於知，而在存心之屬；道中庸、崇禮，恐近於行，而在致知之屬。抑別有分屬之意乎？

第看屬之一字，可知其極高明、溫故，亦有存心之意；道中庸、崇禮，亦有致知之意，故各爲其所屬。

又仁知二字，《中庸》未嘗局定說。故仁之中，亦有仁之仁、仁之知；知之中，亦有知之知、知之仁。極高明、溫故，其仁之知；道中庸、崇禮，其知之仁歟。

答崔象龍《朱書節要》問目

《答汪尚書書》以宋公之祀外祖，謂“非族之祀，於理未安”，而繼言“訪親族置後”，若力不足置後，則雖非族之祀，祭之可乎？

以先生立論之意觀之，若力不足置後，則雖絶其祀，亦只得任之而末如何矣。然禮出於情，若爲外孫者不忍其絶祀，則爲置墓田，使得以時奠掃，似亦不無其道矣。

《答張欽夫書》人心、道心之問，以營爲謀慮謂人心，又以把捉意思謂人心。且以此直謂人心，則與《中庸·序》訓不同，無乃或先生初晚之異否？

此段所論人心、道心之訓，特因程子《遺書》"人心私欲，道心天理"之說，而發明得如此。然其與《中庸·序》說不同。退陶已於題目下言之，而所以收此，只欲以見先生入道本末故耳，更加詳翫如何？

《答程允夫書》"性無死生"之說，旣不深斥而又慮其墜於釋。竊意性旣人之所稟，則無死生之說，似近輪回，性只是理，則亦不可謂有死生，先生之意恐以是耳。大抵死生之說，元不關於性字，未知如何？

性只是理，故不可以死生言，來諭看得是。然若謂死生之說，元不關於性字，則是以死生爲理外物事矣。周子於《圖說》，其不引《易》而曰"原始反終，故知死生之說"乎？是其所以生、所以死者，無非太極之致。然則夫所謂"太極"是性而已矣，何得謂死生之說，元不關於性字耶？

但物有死生，而理無死生，釋氏乃將精神、知覺，做性字看，遂有輪回之說。朱子所以恐墜於彼，而謂非窮理之至，未易及此者，良以是耳。

《答胡廣仲書》所謂"先有無陽之陰，後有兼陰之陽"，是固截然之甚者固不可。然以太極之體用、動靜而言，則畢竟先有陰之靜而陽在其中，後有陽之動而陰在其中。未知如何？

以陰陽之循環無始而言，則謂之無先後可也，以陰爲體、陽爲用而言，則謂之有先後可也，要在隨地頭看如何？然陽動之中，已有陰靜之理，亦如陰靜之中，已有動陽之理，則必謂陰先而陽後亦未安。只得主太極而觀，由其體立於陰而用行於陽者言之，然後方可以有先後言。來諭看得恐是。

《答游誠之書》以操存以下四句，謂"說得心之體用、終始、眞妄、邪正"，其《答石子重書》云："出入兩字，有善、有惡。"此蓋言出中、入中，俱有善、有惡，而此書自註曰"入者存也，出者亡也"，此則入爲善，出爲惡也。前後之訓，恐似不同。

操存二字，已兼體用云云，如來示看得是。但解出入兩字有善、有惡語，恐不然。先生本意，於此亦以出爲惡，亦以入爲善故也。

夫所謂出旣是舍亡之致，則純是惡而已矣，豈有善之可言？夫所謂入旣是操存之致，則純是善而已矣，豈有惡之可言耶？是故其自註，於操則存處曰"存則靜而其動也無不善矣"，於舍則亡處曰"於是乎有動而流於不善者"，是其以入爲善，以出爲惡，何謂前後不同？

惟所謂"莫知其鄕"四字，方其操存時則決定無此患。蓋靜而主乎中，則可知其鄕之便在是矣；動而應乎事，則可知其鄕之又在彼矣，豈有莫知之理乎？必其舍而亡也，其心忽然在此，又忽然在彼，又忽然在四方之外，此其爲莫知其鄕也宜矣。

大抵心之爲物，靈明活動，其出其入，本無一定之時，亦無一定之處。故孔子以"惟心之謂"結之，欲人之常得操存而不至於舍亡，斯又其大旨所在也歟。

> 《答潘叔昌書》"天上無不識字神仙，【止】上得天了，却旋學上天人"。先生此書，旣是救學禪不讀書之弊，則上得天了，却學上天一句，反似勸禪學何也？

據愚所見，先生此說，正是救吾學一偏之弊，非爲救學禪發。何者？

所謂"天上無不識字神仙"，猶言世間無不讀書聖賢。蓋聖賢者，窮理、修身二者之工，未嘗偏廢其一，而伊時學者不肯讀書，而乃欲造道。故叔昌由此而云然，此先生所以云"甚中一偏之弊"者也。

然人之所以窮理，專爲修身地，則修身卽所以學聖賢之道，今却徒然讀書，而不求爲聖賢，是與只學得識字而不學得上天，何以異哉？是亦不免於偏，故先生教之曰："不如且學上天。"

蓋讀書後卽以修身便是學上天，而修身之際，一以聖賢爲法，則是爲上得天了，却旋學上天人矣。如何如何？

> 《答潘謙之書》先言“心者具此理而行此情者”，下文又言“以智言則所以知是非之理則智也性也，知是非而是非之者情也，具此理而覺其爲是非者心也”。上文旣以行此情言，乃以覺字代之，以切於行字故耶？若以此例言仁，則亦當曰“具此理而覺其爲惻隱者心也”耶？

以智言則覺字切於行字者固是。然以心言則其知覺，於四端何所不在耶？方其惻隱之發也，雖曰“覺其爲惻隱者心”，亦未爲不可。但此覺字是屬於心者，則與知是非而是非之者，其知覺自別。此所以於仁說必曰“知覺乃智之事”，以明覺之不可訓仁也歟。

> 《答胡伯量》廬墓之問云云。廬墓一節，固是制行之高，而朱子未嘗以是爲正禮何歟？

旣葬體魄之後，孝子之所想像寓慕者，尤在於神靈之還於舊所居也。今乃捨是而廬於墓，使其棲遑靡所止泊可乎？此所以三虞以慰安之。當此之時，却似几筵重而墳墓輕。故只許其時一展省，而不以廬墓爲正禮者此耳。

立齋集

卷二十三

書

書

答柳景仁【榮祚○辛酉】

國哀普慟何極? 前春臨訪, 雖所施不當, 倘微誠意出尋常, 誰能辦此? 顧淺弊甚無以仰副一二, 旣又解携而歸, 則邈焉南北矣。每與朋友相對,未嘗不語及足下。

客冬忠彥之來, 獲承長牋, 喜審侍履連勝。且其滿紙縷縷, 皆出肝膈, 歷敍平素之外, 所以望助於無似者, 至爲深切。斯已感歎之極, 而俯詢諸條, 又皆出於苦心研思之餘, 足見別後用工精實如此, 尤豈勝嘉尙之至耶?

宗素患風眩, 近復越添, 衰謝精力, 坐益消亡, 日迫崦嵫, 亦何怪如是乎? 足下若知其如此, 遠地必不欲虛爲往來。望須堅坐下工, 務令此道理得有所實見而實體之, 則雖相去遼濶, 便與合席無異。或不禁伐木之思, 乘暇更臨於他日, 其發此昏憒多矣。蓋凡少年諸益之惠我周行, 自來有不可量者, 以此言之, 其有望於左顧, 又豈尋常比耶?

別紙奉答, 老昏中, 尤未必其當理, 如有謬誤, 一一駁示, 近來所得, 亦無惜因風寄來, 以爲往復地也。

前者承教大學之道與近道之"道"字, 爲方法云, 而仁山金氏以"當行之路"釋之何也?

仁山所謂"當行之路",似亦以方法言之。然但《或問》說此處有曰:"誠知先其本而後其末,先其始而後其終,則其進爲有序,而至於道也,不遠矣。"觀此則此道字,又不可專以方法言之。抑或兼兩義看爲宜耶。更詳之如何?

朱子曰"視爲操心之準則",未知於聽則未可以言操心歟?

聽亦可爲操心之則,而人之於物,視最在先。故程子以是爲操心之要者此也。第觀聽言動三者,皆着勿字,則操心之則,其不專在於是可知。然《聽箴》却不言心而言性者,亦自有深意,試爲潛玩而看得出,而知其言之曲當如何。

答柳景仁

客冬枉顧,十日留連,使我開發甚多,此意何可忘也?匪意獲承惠墨,忙手披翫,如復對晤,且審侍學連勝,欣慰不可言。示諭縷縷,足見進修之不怠而檢省之益密。推是心以往,其成就於前頭,豈可量哉?承以擧業之易壞人好意爲憫,然士生斯世,此自是不可免者。但能常自激昂,雖隨分應擧,箇中常自有超然處,則區區功令,亦何能累人?

《禮記》疑問,概甚精詳,但於沒緊要處,枉費思量者多。𥰯是儀章度數之學，在吾人分上，雖不可不致力，而三百、三千，本自浩汗，未易得其要領，或不免徒弊精神之歸。愚意賢者姑且權行倚閣，惟將性理有益於身心文字，研窮翫味，實得膏腴，爲今日第一急務，未知如何？

別紙

《檀弓上》孔子合葬於防而先反者，以其速反而虞之故耶？及門人告"防墓崩"，而孔子不應，以其修築不謹耶？"古不修墓"云者，謂其謹之於初耶？

先反，來說是。不應，自傷之極，有不能遽應故也。不修墓，以見古人之謹於初，初無崩圯之患，而傷今之不然耳，豈崩圯而亦不修之謂耶？

反哭升堂，反諸其所作也，註"此堂，謂廟中也"，今俗無反哭於祖廟，而直行於所殯之堂，於禮如何？

古禮雖如此，而朝祖時，旣辭於祖廟矣，前頭祔祭時，又將奉入於祖廟，則今此反哭一節，姑闕於祖廟，而直行於所殯之堂者，無甚害理。

父母之喪，旣引及塗，聞君薨如何？孔子曰："遂旣封，改服而往。"竊意旣窆而往，則虞不可行矣。

葬而卽虞禮也，而旣聞方喪，則烏可待虞之畢而稽緩不奔哭乎？然而居近於君所者，可以如此，而若其遠者，將柰之何？以今言之，其邑殿牌之前，卽爲奔哭，乃後虞爲宜耶。

《喪服小記》“旣葬而不赴虞”，註云“事故阻[51]之也”，其義未詳。小註云：“過時而葬，慢葬也。故禮使後其虞，以責子道云云。”世或有慢葬者，如小註說，虞祭何日行之？或過再期葬者，一月而爲小祥，又一月而爲大祥，則安得稽緩而不赴虞耶？

祖字本作阻字，蓋言所以不以時葬者，以有事故阻之也。小註以不赴虞爲禮，故使之以責子道者，亦未爲無見。然如其有事故阻之而然，則恐不得不恕，且子道雖可責矣，而柰死者之魂靡所依泊何？寧可不汲汲慰安之耶？陸氏說恐爲不通耳。

《少儀》“喪俟事不特吊”，喪卽尊者之喪也，於尊者之喪，非時特吊非禮歟？

所謂“尊者之喪”，死者固尊者，主人亦尊者也，故必待其哭而往。彼其齒爵與德，旣巍然絶等，則己以卑者，非時特吊，致其勞動，豈非未安之甚乎？此禮所以云，而其義精矣。

51 阻：저본에는 '祖'.《禮記·喪服小記》에 근거하여 수정.

喪禮，杖初虞倚於室外，祔祭倚於階下，小祥倚於門外，初虞以後，凡喪祭皆不扶杖而哭乎？

室旣指殯室，則門亦指殯門。惟祔祭時階爲別處階，蓋是祭祖妣處也。初虞以後，禮雖倚於室外，喪主乎哀，雖扶而哭何妨？但以隆殺之節言之，始焉杖而哭者，終之拱而哭，恐未爲違禮耳。

改葬一如初喪，則破墓久未葬者，其出入服色，用布笠帶乎？除服月數，朱子曰："禮疑從厚，當從鄭說云云。"此月數，當以破墓計之，而今以破墓久未葬者言之，則葬前已過月數矣，依王說，葬而卽除耶？

改葬服緦是所謂"擧下緬"者也。只破墓而已，則恐素帶，至出柩時，方服緦可也。若父在而改葬母，則爲其壓降，禮不許緦。故或吊服加麻者有之。然人情終爲不忍，皆爲之服緦，此恐得宜。月數朱子之訓旣爾，從鄭說無疑。若葬前已過月數，則不得不葬後除之。

答柳元若【宜三】

自送左右歸後，念其長路徒步之狀，不啻與目擊相似。權君行，獲承前後三度惠書，披讀如復對晤。且審梅雨，學履起居珍勝，欣瀉開慰，如何可言？

俯示明德說，不記鄙言委折，甚矣精神之昏亡也！然而其謂不是主於心言之者，恐非本意。審如是，從來與朋友往復論此，無一語與之相近何耶？明德二字，固主心而言，而由其心之本體虛靈不昧，以具衆理、應萬事，而於其具衆理、應萬事處，益見其虛靈不昧，故不曰心而曰明德者此也。以此言之，雖此本然之情，純善無惡，而非有善惡不齊之端，又安得直謂之心，使無以見其虛靈不昧之本體耶？

至於以器盛水之喩，亦可謂形容得好，而但以譬此心之具夫性，終不言盛器之水瀉出來，便只是那器中水者，此亦不知具於心之性發而爲本然之情故也。望須更加尋繹於本然、氣質二者，必爲洞見而說將去如何？

答柳元若別紙

《中庸》"天命之性"，見得良是。旣曰"性卽理"，則命與性，初固無不同。然但命字是據天所賦而言，性字是據物所受而言，其地頭有些不同，此則不可不知。

至於或者之說，恐不免太爲分兩截看。至以性爲雜乎氣，而疑人物之性以是不同，若爾則朱子何以曰"萬物一原，而無人物貴賤之殊"乎？今足下辨破如是者，固爲甚當。但雖本然之性，亦未嘗離乎氣質，此蓋卽氣質而指其本體不雜乎氣者而言，則未論不離、不雜，其爲本然之性則一而已矣。

是故《太極圖說》註，亦以爲所謂“太極”者，謂卽陰陽而指[52]其本體不雜乎陰陽者而言耳。且道此不雜乎陰陽者，亦何嘗離了陰陽而爲縣空獨立底物事耶？是則不離、不雜，同一太極，而今足下必以本然之性爲不雜之太極，以氣質之性爲不離之太極，有若這間有兩樣太極者然。信斯言也，“性卽理、理卽性”云者，亦可有兩樣性、兩樣理乎？竊想盛見必不如此，而名言之間，恐不能無病，試更思之如何？

蓋“氣質之性，異乎本然之性”云者，特以氣質而爲然耳，豈謂性之自原初不同，至是而又別爲一性，更無本然之可言也哉？足下所論理氣先後皆甚當。但於不離、不雜處，看得似未瑩。故敢貢微見，如其未當，駁示幸甚。

答柳元若

晉山 河君袖致惠翰，驚喜披玩，怳接顔範。且審學履雖有些欠節，大抵屬平安一邊，欣慰不可言。書中滿紙辭意，無非經歷中狀出來者，以左右盛年精力，猶以遺忘爲患，況如僕之八耋衰境乎？

用是前後俯問諸條，必待精神稍惺惺時，出而觀之，然後方得領略，於目前隨所見奉答，而又有賓客酬應之擾，已

52 指：저본에는 '推'.《朱子大全·卷10·太極圖說解義》에 근거하여 수정.

展還縮者屢矣。雖未知其言之中理與否，而逐條所書，自爾不少，故欲賢者來而示之矣。今玆所詢，亦將復然，或可諒恕否？

大抵足下進修篤實，講辨精詳，儕流中罕見其比。推是心以往，將無遠之不可到，無深之不可詣。然更願恢拓胸次，勿太拘泥於言句之間，先向自己心上，密切體認，仔細推究，眞見古人之不我欺。然後方有眞實見解，卓然於中，以此去燭照，無所不迎刃而解，可無牽挐紛擾之患，而到得灑落玲瓏之境矣。

蓋聖賢說話，雖有許多般樣，其中一箇立意，自有眞正妙訣，千了萬當，顚撲不破者存。苟爲不然而徒以文字相準，疑其彼此之不合，旨意之相殊，則必不免於支離破碎，動輒迷亂，所謂"如谷騰霧波滾沙"者，不幸而近之矣。今如足下固無此慮，然區區愚見，却似於一副當要領本面，猶有未十分了悟處。故敢效淺見如是，幸願反復而使知之。

答柳元若別紙

理發氣隨，氣發理乘二端，來諭引南軒、北溪、勉齋諸說而明之者，儘是無可更論。乃若栗谷所以以理發爲非者，是於氣隨之隨字看不透，不知這所謂隨，本據理發上，指其發處，這氣已隨之之意，乃以理先發而氣後隨看了故耳。理氣二物，雖不相雜，元不相離，理發時，氣之發已在其中，天下豈有無氣之理自能先發之理耶?

蓋退陶"四端理發"之說是主理而言者也, "七情氣發"之說是主氣而言者也。必如是分別言, 然後方見理氣之不相雜, 而其必以氣隨系於理發之下, 以理乘系於氣發之下者, 亦見夫二物元不相離故也。是其爲說, 可謂四亭八當, 而栗谷不知主理、主氣之異, 乃以理發爲非, 不亦異乎?

審如是, 周子《太極圖》只當有陰陽圈, 而更不以太極挑出上面而爲別一圈矣。又當云"動而無靜, 靜而無動", 而不當又云"動而無動, 靜而無靜"矣, 奚可哉?

其曰"天地之化, 無二本, 故吾心之發, 無二源"者亦似矣。然愚則以爲天地之性, 亦有本然、氣質之異。本然之性是元亨利貞, 氣質之性是陰陽五行。故其從本然之性而發者, 生長收藏, 亘萬古, 得其常。其從氣質之性而發者, 若其清明純粹, 則寒暑災祥, 皆得其正, 其化之純, 與發於本然之性者無異; 若不能清明純粹, 則寒暑災祥, 有時乎不得其正, 其化之不純, 與發於本然之性者不同。以此言之, 天地之化, 亦可謂有二本, 而人心之有理發氣發, 其亦源於是而已矣。今栗谷知人心之用卽天地之化, 而不知天地之化亦有二本, 乃曰"四端亦氣發"可乎?

其曰"人心、道心, 雖二名, 而其原則只是一心。若謂理氣互發, 則是理氣各爲根本於方寸之中云云"者亦似矣。然退陶互發之說, 亦豈謂理氣之各爲根本於方寸中耶?

蓋道心是原於性命之正者, 則方寸中所具只是性命之正者而已, 豈有形氣之私根本於其中之理哉? 但所謂"方寸"

者，雖固是神明之舍，而其具性命之正者是本然之心，其有形氣之私者是氣質之心也。夫性既有本然、氣質之異，則心之有本然、氣質之異者，亦其宜也。是故無論人心、道心，其爲方寸中虛靈知覺只是一而已矣。而道心是從本然之性而發者也，人心是從氣質之性而發者也，則人心之根本，特在於氣質之性之中，且此二心，皆發而後，可見者也。若其未發則方寸中所具，只有性命之理，而形氣之私，初無夾雜於其間。故古之君子所以致戒愼、恐懼之工，以存天理之本然者此也。心之虛靈知覺，雖若無人道之異，而本然之性、氣質之性，元是自別。第看朱子於道心則以爲原於性命之正，於人心則以爲生於形氣之私，二心之發於方寸則一矣，而其根之所在，只看原字生字，可推而知矣。

以我老先生之精密，豈不知此而乃爲此互發之說耶？栗谷必欲攻破"互發"二字，而乃以道心亦謂之氣發，審如是，是道心亦生於形氣之私而不原於性命之正云爾耶？此不待多辨而明，今足下以此亦似有理言之，幸更就愚所云，而仔細硏究，必於未發時，看得其根之有無如何？

答柳元若《近思錄》問目

"五行之生也，各一其性"，註曰"五行各專其一"，此可見五各專一之意，而未見一各具五之妙也。五常之性，一各具五，而未嘗各專其一，則五行之生，固是一各具五，而其曰“各一其性”者何也？

以五常之各具五常觀之，則五行之各具五行之理可知。然其必曰“各一其性”者，特就五行之各爲一物之性而言之耳。是與五常之各一其性，又何以異哉？蓋據其各見成底物事而言，則不得不以各字目之，而據其各皆具底道理而言，則不得不以各一其性目之。旣謂之性，則何理之不具於其中耶？各一其性，謂各一太極也，性與太極，其有異乎？

十三條《恒卦·傳》曰“天地常久之道，天下常久之理”，理與道非二物也。朱子所謂“道卽理也”者是也，有何分界而重言之耶？

理與道雖非二物，然道是指流行而言，理是據定體而言，則亦不容無分界。且所謂“道卽理”云者，如所謂“性卽理”，理與性所指而言，獨不無微有分界者乎？但觀一“卽”字，可知溯源而言之，此程子所以分言之如是歟。

伊川曰“仁當何訓？說者謂訓覺、訓人，皆非也”，訓人則似出於孟子“仁人也”之訓，而幷謂之非者何也？

“仁者人也”一句，非但孟子言之，子思亦言之。誠能如子思、孟子之知夫仁而訓人如此，何不可之有？

意者當時所謂“訓人”者，殆近於告子“生之謂性”，但認其生氣爲仁，而不知其生理爲仁，故程子非之者此耳。抑此訓字，必如朱子所謂"心之德、愛之理"，然後方得正義，而程子"生之性便是仁"者，亦十分是。若思、孟所言，雖其指示之甚切，然恐非必爲訓仁而發也。

伊川曰"雖無邪心，苟不合正理則妄也"，雖無邪心，其不合正理何也？

無邪心而不合正理， 但以讀書一事言之。 其方欲窮理而讀聖賢書者，是豈私心哉？但必看上句已了而後，看下句，看此章已了而後，看下章是乃正，而苟爲不然，上句未了，已看下句，上章未了，已看下章，則此非所謂妄而何哉？推此以觀，他處皆然，試思之如何？

伊川曰："仁之道，只消道一公字，公只是仁之理。"程子嘗曰"公者，所以體仁"，亦與公只是仁之理同耶？

"公只是仁之理"者，其語意蓋曰"公只是所以體仁，而爲爲仁之道耳"，豈是指公爲仁之理者耶？蓋天理不得流行者，徒以己私害之也，而此之克去，則公便在是。譬如去壅塞而水得沛流，公與仁之別，於此亦可知如何？

"問：'必有事，當用敬否？'曰：'敬是涵養一事，必有事焉，須用集義。'" 觀此則程子不欲以必有事焉爲敬也。

然而朱子曰“必有事焉，敬之謂也”，《心經》小註曰“孟子本爲養氣說，程子乃轉作養心法”，前後之訓不同何也。“又問：‘義莫是中理否？’曰：‘中理在事，義在心。’”

必有事焉，孟子本指集義而言。然方其義時，亦豈不用敬而能之乎？程子特恐問者不知此理，或但專意於用敬，故曰“必有事焉，須用集義”者此耳。其所以轉作養心說者，亦以必有事焉，此句之下，心勿忘勿助長，而發得此義，夫旣欲養氣，則非養心而能之乎？苟主敬以養其心，常有所事於集義，而勿忘勿助長，則浩氣於是乎自生，而是直一串事也，何謂前後之訓不同哉？

至於義之一字，是在心裁制事物而合其宜者，是非在心而何？

明道曰：“人之爲學，忌先立標準。”伊川曰“有求爲聖人之志，然後可與共學”，濂溪曰“志伊尹之所志”，此曰“忌先標準”何也？

人之爲學，其始要當以爲聖自期。故濂溪、伊川之言皆如是。然但以此標準聖人之意，長留在心頭，動輒以先焉，則反爲自私之歸，不失之矜高躁迫者鮮矣。故明道之言，又却如此。蓋慮其弊而欲虛心遜志，惟務篤實於用工之際，何嘗禁其始之立志而云爾耶？

蘇季明問："喜怒哀樂未發之前，求中可否？" 伊川曰："求之，又却是思也。" 朱子於呂與叔"求中之說"、楊龜山"體所謂中"之說，皆深非之也。然而李延平與朱子書曰"羅先生令靜中看喜怒哀樂未發之中"，朱子答何[53]叔京書曰"李先生教人，大抵令於靜中體認大本未發時氣象"也，朱子蓋取看與體認之說耶？

求則便是思而爲已發者，程訓不啻分明，則幷與體認、體中之爲不可，據此可知。但羅、李二先生，必其天資近道，有不爲病者，故朱子之言如是。是蓋以不求求之，不看看之，雖曰"體認、體中"，而其自然覺得之妙，非如他人故耳。然初學遽欲如是，則終是做病，故朱子之謂"不容如是"者，亦屢形於言。恐當以戒懼乎其所不睹聞爲立大本之節度，而所謂"求"，所謂"體認、體中"等說，似非十分正當底道理。

夫於喜怒哀樂未發之前，萬事皆未萌芽，無聲色之可睹聞，則此時只有戒懼工夫耳，有何一毫求之、體之之念，萌於其中耶？蓋必立大本如是，然後方可以行達道，而自子思以來，至于程子以後旨訣，皆以是爲要領根柢，則設使羅、李二先生之言，微有後學不能無病之弊，寧可不表出以詔於世耶？此朱子所以云云如彼，而終恐學者之不免於做病，又所以云云如彼也夫。

53 何 : 저본에는 '河'. 《朱子書節要·卷8·答何叔京》에 근거하여 수정.

上季父【○丙申】

因山前行祀未安，誠如教意，而但忌祀異於他祀，從權設素，不至全闕，非但人情之不容已，亦有先輩已行之規。如西厓先生當懿仁王后喪於庚子七月，而八月設素饌，展掃於金溪之塋，載在《年譜》，夫豈不義而行之乎？墓祀亦然，則忌祀可知。

竊恐先輩權設，蓋出於不忍廢之意，無祝單獻，粗伸私情，未可謂行祭，則亦何妨於遵朝令耶？略送官需，恐不至大未安。如何如何？

與從君時晦別紙

漁軒 趙哀家變禮，今見杜陵別紙，則所論與吾無異同。其曰"接其祖未盡之服，而與疊承重義例差別"者，誠爲得之。至於神主之不改題，祝文之書以喪人代數，又是不得已者。卒哭後，以練布受服似當。至於恒着則承重斬衰，重於續服齊衰，而比諸練服尤重，當以斬衰爲恒着之服。惟在曾祖母殯中，用練服可也。

其三殯告辭，考之《退陶集》中，亦有明據。於曾祖妣殯則小祥前夕，當曰："伏以喪未及練，祖考又歿。向値祥日，祭以是闕。今經襄奉，卜日將事。未盡之服，小子是嗣。疊哀又加，五內如礫。敢趁前夕，告此罔極。"於祖殯則曾祖妣小祥前夕，亦當曰："伏以小子不天，禍又至斯。上殯下殯，主喪更誰。續服尸祭，咸丁微軀。情禮莫比，叫苦陳由。"於父殯則當位小祥前夕，亦當曰："伏以祖考在時，主府君喪。神主稱號，到今非當。三年之內，無改題禮。然惟祝式，宜稱考祭。仰瞻俯讀，此何變節？哭告厥由，穹壤痛徹云云。"此意及於彼中如何？

寄兒象晉【○己酉】

離家已過一旬，未知其間慈氏氣候萬安，汝輩眠食無恙否？汝母氏既往湖上，則汝兩弟必皆隨之，汝夫婦見方絶糧之中，何以經過？山稻、野秫，雖已向熟，而殺青救急，生理可想，殊不可忘。嫂氏患候，有向佳之漸耶？姜藥實似有效，而每患用之間斷，遂致病勢復加，仰念老親焦心之端，無時可暫釋于懷也。

吾發行六日，始入京城，以念日肅謝，昨纔入直。長路撼頓之餘，幸無疾病，而默諒事勢，實無久留之意。九月忌辰大祭後，則決欲還歸。但其前尙爲五十餘日，何以耐過？悄坐萬疊山中，回首家鄕，杳如涯角，意緒可想得也。

來聞柳直長天瑞之言，則吾之虛名太甚。右揆入啓者數次，而至有令該曹訪問之擧，極令人惶汗。然吾之空空，豈敢坐當此禮，以上欺君父而下愧身心乎？今日之來，誠爲得計，而於世臣之義，亦不容不然矣。

時晦從已歸否？長路聯鑣，中道分手，悵懷不可言。七兒雖往湖上，想不廢課，而以汝懶性，値吾遠出，遊浪倍甚於前，吾之一念憧憧尤在於此。汝若念汝之老父，切望勤讀而精思，敬持而無失，使此半千里羈旅之親，忘却此一段深憂，乃汝今日之孝也。吾旣在遠，家間百務，亦專恃汝一人，必須十分惕念，視以己分，身自擔當，隨處盡心，以效幹蠱之職，亦道理也。

吾歸意已決，今雖在此，不過爲數月客耳。《或問》汝旣始讀，須令爛熟成誦，以爲吾歸後背誦之地爲可。秋務雖多，立志苟篤，則豈無讀書之暇耶？切企切企。

此中支供饌品雖多，爲供老親，乾魚則盡收以送，須卽送納，而量宜少除，兩叔母及從叔母前，各納如干亦可。吾之衣服，歸期不遠，天氣雖涼，亦足耐過，不必更伻以來也。

寄兒象觀【○戊午】

去後日累，未知客中眠食無恙，主人丈亦平安耶？汝婦所苦，聞服藥見效，極以爲喜。其間亦果何狀？此間侍事依昨，而汝之仲兄，於汝去之日，慘見火灾，屋無餘痕。但以發於初昏，人不見傷，是則不幸中之幸。又得團會於此，聊復慰滿度日耳。

做工想以汝列岳家婚事之斗迫，那邊少年，似未可同研。然隨處勉勵，只在自家立志用心之如何。望勿浪遊，以其鉛槧之暇，敬承損翁訓誨，勿太汨沒於科臼，與流俗同歸，至佳至佳。

答象觀【○己未】

前書迨慰，卽何客況？阻音多日，戀鬱不可言。此間侍事依昨，大都無他，可勿慮也。

汝之做工想隨衆不輟，未知其間能得幾首？看汝意思，每以汨沒科臼爲碌遫，深有羨於金泉丞之所爲。然彼其才分功程，豈汝之比耶？又況文章雖過人，亦是餘事，則一向役志於此，亦未免枉用其心。爲今之計，只須屈首下心於所謂“功令之文”，辦得屠龍手段，以期決科而後已。

至於身心上收斂省察之工，則又不可以此而全然放過，以致其日益荒疏之患。切望大段惕念，雖不免專意鉛槧，衣冠必整、言語必愼、志慮必精、逸欲必戒，常若在於父兄長者之前，而毋得少萌怠忽傲倒之意。時於做文之暇不廢誦讀之工，常令義理澆灌胸中而激昂振發，使有超然意象，則庶幾不至於頹惰而與流俗同歸矣。朱夫子所謂“不是科擧累人，自是人累科擧”者，其言儘有味，不可不猛自提警也。

示觀兒

日前汝言子皜所見大，余問"何故"，汝曰"頃聞此丈言，經書小註不緊，莫如去之之爲得。是以知其所見大也"，余當時亦有爲汝語者，而恨其言猶未盡，故玆復書及。所以書及者，冀汝或留意經眼，至再至三，則其記存省念，比諸聽得口語，過耳成空，似爲稍勝耳。汝能知此意否？

大抵汝之病痛，在於心麤氣粗，從來不能喫辛耐煩。故凡古人文字，極其細密，政好玩索處，一皆厭看而厭思之，遂從吾性質偏處，別生見解，卽謂聖經賢傳只得通其大義，則斯已足矣，烏用是辨論爲哉？於是焉又自斷決，作爲一副定本，雖父兄所爲，亦不滿於心，況他人乎！

想子皜必不知汝意如此。又渠窮格之工，過人遠甚，誠見先儒之說間不免有疏漏支蔓處，而雖其極分曉不可無者，其心以爲太洩露無餘蘊，使學者不得自去理會，而厥或徑先看此，則反滋其惑，有如谷騰霧、波滾沙之爲，故其言如是耳。汝乃不知其然，深喜其言之合於汝意，是亦麤粗之一端也。

彼時吾爲汝語，但云"古人用盡精力，看出經書旨意，說出多少議論者，本欲其有益於後人而爲是焉，則不可忽明矣。又幸得入於小註，使千萬世之下，皆知某某之羽翼聖經者，非但於自家亦爲附驥之榮，而自永樂以後至今，印行於世，已成鐵定完本，則其不可去又明矣。汝若厭看，則汝獨不看可矣，何輕易信此言也？如汝之見，雖朱子所註，亦必以爲不緊，此非細憂云云”，而看汝氣色，似藐藐然聽之。今雖書及如此，又安望其果能記存而省念之耶？只愧吾之爲人無似，汝必有不服於中心者。故前後所以望汝期汝導汝警汝者，一出於至誠，而于今幾許時，終不回頭轉身者此也，亦且柰何？

昨見汝伯，亦有所言，而汝伯亦一向因循，苦無振發意，吾家一脈遺業，將恐自此永絶矣。吾年已過六十，幾何在陽界上耶？朝暮入地，只得爲不瞑之鬼，興言及此，不覺汍瀾。然至情所在，猶不無餘望，不知吾兒竟以爲如何也？

與崔壻淸彦【漉○己亥】

半旬留晤，忽已數月。未委卽辰重侍餘學況何似？每念王尊丈八耋衰境，君又單身孤寓絶峽，凡有緩急，極似難措，尋常想戀之外，此爲最關慮處也。

拙歸侍粗遣，而惟是精神凋弊，舊聞新得，一切漫漶。日用間，又每爲宿習纏繞，終少脫灑境界，可知是病痛不些。質美如君，其可不早自刻勵，以免此晚悟難成之歎哉。審欲送君於蘇湖矣，其期果在何間？隨處勉力只係自家立志，更須加意焉。

女息遠離父母，仰望惟君，而君旣年少，未必能隨事曲念，渠又不嫺於女敎，觸境獲愆於君子之門而無地自安者，想之在目，人情不能不憐悶。幸望凡事護短，常以先敎後怒爲心如何? 摯而有別、敬而不疏, 此夫婦造端之道, 而先祖與盧甥書, 說此意不啻切至。區區於此固不能盡分, 而深願賢者之加工也。

答崔清彦【○己酉】

夏秋來, 音問杳如各天, 但切馳念, 伻至首詢得安報, 繼擎手滋, 滿紙縷縷, 宛如對討, 欣倒慰豁, 已不可言, 況審侍餘做況一向珍勝者乎?

拙特旨一齋郎, 已是分外, 而曾未半月, 又蒙超陞之除, 此尤萬萬夢寐所不到, 驚惶戰慄, 無地措躬。然始則官以先蔭, 故世臣分義, 不敢不出肅; 此則爵以人才, 故自顧空空, 不得不遁還。一進一退, 惟其心之所安而已。

但當初西上, 本欲謝恩卽歸, 而巧值遷園之時, 不容呈告, 入直光齋, 唯竢出番後圖之, 未知自上緣何聞其如此? 今初七卽下勿下鄉入侍之令, 而同日右揆因上下詢嶺人, 乃以萬不近似之題目, 誤達天聽, 遽命出六。若使古人遇此, 則雖自陵所直爲逃歸, 似未爲不可, 而如我常調, 安敢乃爾? 又況旣已出脚, 而旋作此擧, 太涉高蹈之跡, 知舊謀忠者, 皆不欲其如是!

故復遂入城, 病臥旅舍, 十六早朝, 方始詣闕登對, 纔出門, 卽束裝馳發。歸路拜安順庵於其第, 念二始還棲, 則老親幸無病患耳。

女息母子知其佳好可慰，而渠之離親，已十年矣。今則道路廓清，未可暫使歸覲，以遂其私情耶？

答崔清彦

睡起方聽黃鸝，忽地芳墨，宛帶清範。且審玆辰侍履連勝，眞是一般好音，戀想之餘，慰浣難量。

示工夫未篤之歎，可想策勵之至意，而大抵外來冗滚，儘妨人志業，只須隨分耐過，勿被他動擾，以其餘暇，專一用工於吾所事可矣。此外別有何方法耶？知以懶惰爲憂，此非所慮於君，而萬一有近似者，則亦惟在自己克將去。朱夫子所謂“知其病而欲去之，則只此欲去之心便是能去之藥”，乃喫緊曉人語也。且吾聞君之虛受之量，逈出流輩，故尋常期愛益深，謂必大成而後已。故今得“諱疾忌醫非我病”七字，尤不勝喜倒萬萬。此子路所以爲百世師者，而君已綽然能之，則從今以往，其聞過卽改而見義必從，以造乎上達之域者，其有窮乎？

但未知良醫二字，君意謂是何等人也？以吾所見，今之兪、扁，只在君同堂之內，如士矩尊兄，雖謂之滌腸胃手，恐未爲不可。幸望勿求於他，如有可治之疾，隨卽錄問，而一依其所命之劑，極意服用，如何如何？曾悅聞其無恙勤學，憐賞無已。

與崔清彦【○甲寅】

匪意獲奉堂叔，欣倒之餘，叩聞侍學連勝，慰豁無已。每念君英氣過人，尋常識度，儘有偉然處，而至於靜密意思，終似不足。故前此亦嘗以此奉規矣，未知能不以爲非而肯垂採聽否耶？

今日治心下工之法，莫過於聖賢書，而若其最切要者，則又無出於四子、朱文之外，想君已所讀過。然幸望就此而益加溫理之工，字硏句索，期於融貫而後已，則將見心地自然定貼、自然虛明，其於天下之理見得必詳，而發於云爲之間者，亦當自至於從容曲盡之境，無復麤疏之患矣。千萬細思而深量之，試下手以觀如何？

答趙甥彦儒、彦休【○辛酉】

伯也之占解旋屈，仲也之期逝不來，俱令人悵失不尋常。此際君大人忽臨，各經草土之餘，悲喜交幷。因獲僉手滋，知侍學連勝，慰不可言。吾近以感氣吟苦，但自孫婦入門後，渾室慰滿度了。此外無足煩遠書也。

君輩知能留意於實工夫，好消息孰過於是？勉之勉之！爲士者志業，不惟在決科第一事，想所聞於師門者亦然。果能卓然立志，隨事省察，以得其眞味，自當欲住而不能矣。勿以未來此中爲恨，益加勉勵，無負期望之意如何。君大人遠路跋涉，旋卽回程，悵難爲情耳。

所問《中庸》及《心經》諸條，逐一奉答，而病昏中，不能極意爲說可歎。

《第一章》不睹、不聞，只以爲冥然無覺，則是昏氣用事，不可謂未發，以爲有所知覺，已涉思慮，亦不可謂未發也。然則此爲何等時節耶？人雖至靜之中，耳未嘗聾，目未嘗瞽，則有可睹可聞之理，無所睹所聞之事。如是看如何？

寂然不動之時，思慮雖未萌，而知覺不昧，則聲色之過乎耳目者，豈有不睹不聞之理？朱子所謂“愈益精明而不可亂”者，政說睹聞字十分停當，而其謂呂子約爲“轉向見聞上去”者，大煞分明。此說槪已見於《節要》及《或問》書，豈其未之見耶？

蓋所謂“戒愼乎其所不睹，恐懼乎其所不聞”者，猶言聽於無聲視於無形及不見是圖。雖於喜怒哀樂之未發，而無聲色之可聞睹，自家便先恁地戒愼恐懼云爾，此卽未發時存養工夫也。豈可向耳目上，必求其無所覩聞而後，方可下得存養工夫乎？誠如是則吾恐其沒世窮年而無復有着手處也，其誤甚矣。試以此思之如何？

《二十五章》自成[54]、自道章句，道旣以用言，則誠當以體言，而必曰本，且於誠必以心與本言之，於道必以理與用言之者何歟?

既以"物之所以自成"解誠字, 而又以"以心言"解之者, 是爲下文有"誠者物之終始"及"不誠無物, 誠之爲貴"等語, 以上句照應下文上句, 以下句照應下文下句而然也。朱子註解之法, 本自如此。至於本字、用字之下得, 亦皆有意義焉, 第能詳味而實體之, 則自當躍如。

《心學圖》, 先言愼獨而後言戒懼。蓋愼獨是遏人欲工夫, 戒懼是存天理工夫。且此《圖》以愼獨屬之不動心, 以戒懼屬之從心, 此有安勉之分, 而相對說者何歟?

所以先愼獨後戒懼之義, 如是看固好。然自愼獨以至於不動心, 是就人心邊而言者也; 自戒懼以至於從心, 是就道心邊而言者也。以此觀之, 兩邊所書, 似出於各從意類之義, 而恐未可便以先後言者也。不動心比諸從心, 雖若有勉强意思, 而遏人欲至此, 更無以加, 故此一邊遂止於此, 乃若從心是存天理之極致, 故此一邊亦止於此。然林隱此圖, 要是分大綱說, 使人皆不可不用力之意耳。

吳氏曰: "匪欲匪惡, 亦謂之邪, 此'閑邪'之邪, 非'思無邪'之邪。" 既曰"匪欲匪惡", 則有何閑之之功, 而事物

54 成 : 저본에는 "誠". 《中庸章句》 제25장에 근거하여 수정.

之接乎外者，防閑其二而且雜之邪乎？且於思無邪則以誠意言，閑邪則以正心言者何也？至於論誠處，一則曰“無妄眞實”，一則曰“不自欺”，均是誠也，而下功之際，抑有自然勉强之異乎？

雖曰“匪欲匪惡”，二而且雜，便是邪也，如何得不閑？至如思無邪、閑邪二句，以造語觀之，則思無邪似勝於閑邪，而但思無邪者誠是程子就詩三百而言，則所謂“感發懲創，其用歸於使人得其情性之正而已”者，實與誠意章“好善惡惡”，同其意例。故吳氏以誠意當之。《易·傳》所謂“閑邪”之閑，則二而且雜之邪，而閑之之道，於心法尤密。故吳氏以正心當之者此也。

无妄眞實之誠、不自欺之誠，雖同一誠字，而必自不自欺而後，方至於无妄眞實之境，則其始不免於勉强固也。又安得以閑邪之屬於正心，謂是自然而不加之意乎？

黃氏曰：“周子無欲之一，程子涵養吾一之一，朱子其心湛然只在這裏之一。”

蓋涵養吾一之一與其心湛然之一則固可謂主一，而至於無欲之一，似不可謂主一矣，同謂之主一者何也？

一者無欲，朱子謂“這話頭高，猝急難湊泊”，此蓋指工夫極處而言者。然苟非其始之主於一，接續無間斷，則何以得成功如是乎？無欲之一，專在於主一之工，故竝此而一例言之。且不論用工與成功，就一字而觀之，則當此之時，非所謂“太極之境界”而何？此段立論主意，正在此一句上，只如是認取恐宜耳。

眞氏曰：“絶四者，克己之事，能敬則禮復矣，故曰無己可克。”絶四與能敬，有克己無克之不同，則敬工夫尤切於絶四之道耶？

看得是。

朱子言謹獨處，或曰“不止念慮初萌，只自知處”，或曰“是就中有一念萌動處，尤當致謹”，二說不同何耶？

不論念慮之初萌、已萌，其爲自知則審矣。愼獨之工，尤在於此處，今但依此訓，做去而已，有何二說不同之疑耶？

朱子曰：“大人心下，沒許多事。”大人之心，通達萬變，則何以謂之沒許多事耶？

大人之心，雖通達萬變，而所謂“萬變”者，只是心所具之天理而已。至如些子機關及些子利害，初無一毫萌於其中，夫如是，安得有許多事耶？

答趙彦休《中庸》問目

程子曰"不偏之謂中", 許東陽云: "程子兼擧動靜而言。朱子不偏不倚, 則專指未發而言。" 未發卽靜也, 是何不偏之中, 爲動靜, 而不偏不倚之中, 不能兼動靜耶?

中庸之中, 本兼不偏不倚、無過不及而言者也。不偏不倚是靜時中, 無過不及是動時中, 而程子之於此中, 但以不偏言之, 則是其意必兼動靜者。謂未發之中, 亦此不偏, 已發之中, 亦此不偏, 而遂曰"不偏之謂中", 此不偏之中, 所以爲兼動靜言者也。乃若朱子之於此中, 則其解得比程子, 不啻較明, 旣以不偏不倚爲靜時之中, 以無過不及爲動時之中矣。是其動時之無過不及, 固由於靜時之不偏倚者, 有以致之, 然旣分發未發境界, 而以不偏倚, 屬之於靜時, 則又安得更屬之於動時, 而使無過不及者, 爲懸疣附贅之歸耶? 此不偏不倚之中, 所以不能兼動靜而言者也。然善觀之則二說未始不相通, 謂無過不及爲不偏, 亦何不可之有耶? 但不如朱子解爲說得盡耳。

擇中庸之"擇"字, 蓋中庸之道, 不偏不倚、無過不及, 於其偏與倚之間以審其德, 於其過不及之間以求衆理, 而非謂中庸之德, 有一毫可擇之事也。

"擇乎中庸"章句謂"辨別衆理", 非他卽善之兩端是也。這兩端雖皆善矣，而以其非中也，故就加辨别，必求其中而用之，若旣得其中，復奚事於擇哉？又此所謂“中”只是無過不及之中，故恐其有過不及之患，而於是乎有擇之之道。乃若所謂“不偏不倚之中”，方當戒懼之際，此心寂然，其中之所存者，自然如此耳，有何可擇於其間哉？必須熟翫《章句》訓釋，以得經文本旨，至可至可。

> 大舜之知、顔子之仁，與五性之仁知有異。蓋五性之仁知，以本體而言，舜、顔之仁知，以用工後事而言耶？

五常之知仁以性言，舜、顔之知、仁心言，不曰“心能盡性，性不知檢其心”乎？且如舜、顔之知、仁，是據成德者言之，以示所以知此道者是知，所以體此道者是仁，而使學者由是以用工，蓋必致此心之知識，然後可以知此道；存此心之德性，然後可以體此道故也。然及其成德之後，則此知仁，却與五常之知仁脗然爲一，心卽是性、性卽是心，而不見其不同矣。學而至此，是甚麼工力？

右所問諸條，逐一答去。然君於愼思、審問二者，似未知其方。夫思之所以愼者，恐其不當思而思，及當思而未能到十分故也；問之所以審者，恐其不當問而問，及當問而不能得其要故也。思之旣不能到十分，問之又不能得其要，則不惟在己工夫已失其當，亦使答者不勝其煩亂，豈非可戒處乎？吾以愛君之故，雖其不足答者，亦爲之懇懇焉。須諒此至意，於審問、愼思之道，更加惕念，至善至善。

寄外孫崔孝述【○甲子】

課業想不浪過，其間讀得幾何？而自覺有長進處否？年幾弱冠，正好篤實做工夫時節。固知家庭之敎有不待人言，而專在汝自着力如何，汝能知此意否？

答孫壻姜胄永

君才氣滿腹，至形於眉目而動於口吻，故吾常奇愛之。又能作與人序而出不俗語，不知君何所讀而乃如是耶？

然竊觀從古有志之人，亦未有不篤實用力而得收效者。且如太白之十年匡山，老蘇之七八年端坐，此是甚麽筋骨，而能辦得乃爾耶？君若以稍勝於凡人爲心則已，如其慨然發憤，以必追古人爲心，願且按伏得飛揚馳騖之氣，痛下得沈潛專一之工。

凡其所讀，無論經史，要須字字理會，句句領略，使箇中立言本意，無所不昭晣呈露，則於是焉義理洞明，根源盛大，可以措諸事業，可以發諸文辭，而投之所向，無不如意，豈不快哉？

至於持身之法，莫如溫恭遜悌；操心之方，莫如沈靜安詳。日用之間, 每每謙挹自將, 雖有所知、所能, 常若無所知、無所能, 然後方可至於無所不知、無所不能。未知君以爲如何?

立齋集

卷二十四

雜著

雜著

太極圈子說

或問:“太極圈子，何以外團圓而中空虛如是也?”

曰:太極者，不過是動靜、陰陽之理，而動靜無端，陰陽無始，如環之循，無有窮盡。故其圈子不得不團圓如是。然這物事又無聲無臭，不可以形色求，不可以方所覓。故其中又不得不空虛如是。蓋團圓於外者，所以狀其無端無始；空虛於中者，所以狀其無聲無臭也。

後之學者，或乃以爲“太極本體只是渾淪而已，故其圈子之外圓中虛，亦特狀其渾淪而已”，則周子之意，終晦而不明，可勝歎哉?

今夫渾淪之云乃是無分別無界限之謂也。太極之本體，隨所在而同然，固無分別，無所在而不然，固無界限，則謂之渾淪，亦無不可。然若只以渾淪言之，則是但言其在動在靜在陰在陽之爲然而已，至其所以動、所以靜、所以陰、所以陽之理，則夫豈“渾淪”二字所能盡之也哉?

蓋所謂“動靜、陰陽”，惟太極主之焉。故動不得不靜而靜不得不動，陰不得不陽而陽不得不陰。一如此則復如彼而後已，一如彼則復如此而後已，此根於彼而彼又根於此，彼根於此而此又根於彼，亘古亘今，無有窮盡。

斯理也，蓋至眞、至實、至妙、至微，分明有箇物事在那裏而目若可覩，顧無可覩底，手若可指，顧無可指底，其爲太極，却又沖漠而無兆朕。

夫旣無窮盡如此，則其圖之也，不以團圓而何？無兆眹如此，則其圖之也，不以空虛而何？此太極圈之所以必如是，而周子之意至此，庶可明云。

太極動靜說

周子曰"無極而太極"，朱子釋之曰："上天之載，無聲無臭，而實造化之樞紐，品彙之根柢。故曰'無極而太極'，非太極之外，復有無極也。"上天之載，無聲無臭，是言無極，造化之樞紐，品彙之根柢，是言太極，非太極之外，復有無極，是言太極本無極而無極卽太極也。

夫太極本無極而無極卽太極，則是所謂"太極"者，直一沖漠空虛，無兆朕物事耳，初無情意造作之可言，而周子又曰"太極動而生陽，動極而靜，靜而生陰，靜極復動。一動一靜，互爲其根，分陰分陽，兩儀立焉"，未知此動靜字，將何如看？

若謂"太極無情意無造作，不自動靜"云爾，則周子分明說"太極動而生、靜而生"，朱子又從而釋之曰"太極之有動靜，是天命之流行也"，不可謂非太極之動靜，而後之學者，乃以爲“動靜者，氣也，非理也”，又引朱子“動靜者，所乘之機”一句，以爲“動靜者乃太極所乘之機而已，非太極之動靜”也，其言亦自是，未可便非之也。故嘗試潛思而得一說。

夫所謂“理”者，本無其形，而天下萬事萬物，無一箇不是這理之所爲，亘古亘今，無一時或違這理之所爲，則這理者雖無其形，實主張乎天地，而爲天下至極底物事，斷然可名爲太極者。

故孔子於《易》，見六十四卦三百八十四爻，無非是這理之所生，卽名這理爲太極，而曰“易有太極，是生兩儀”，是其言太極之生，雖止於兩儀，而其實兩儀之生四象，四象之生八卦，八卦之生十六，十六之生三十二，三十二之生六十四，而爲三百八十四爻，無非是太極之所生也。此其理豈不至明白矣乎？

是以周子洞見乎此，而知夫兩儀生後，五行、男女、萬物，亦皆不外於太極而由太極以生，於是就加發揮，至於如此之明備。然其實所謂“太極”者，初無聲臭之可聞可嗅，故更加無極二字於其上，以明太極之本無極。又以其雖無聲臭之可聞可嗅，而天下至極之理，無過於此，故卽又繼之曰：“無極而太極。”

夫旣建立此一句，以爲《圖說》之第一宗旨，則其下千言萬語，都包在此一句中。所謂“造化”者，雖千變萬化之無窮，而語其樞紐，則只此太極而已矣；所謂“品彙”者，雖千態萬狀之無數，而語其根柢，則只此太極而已矣。人之得其秀而最靈者，亦只此太極而已矣。聖人之得其秀之秀而定之以中正仁義，立人極者，亦只此太極而已矣。夫豈偶然說太極字過脈去了，其外則都就氣上言，而不復主之以太極，有若因遂掉棄擺脫之爲耶？ 是故於陽則必曰“太極動而生”，於陰則必曰“太極靜而生”。

夫理未嘗有動，而今以動字屬之理者，以明理之爲主乎動而使之生陽也；理未嘗有靜，而今以靜字屬之理者，以明理之爲主乎靜而使之生陰也。且若動靜已是氣，則動者便是陽，何以曰“太極動而生”，靜者便是陰，何以曰“太極靜而生”，而朱子又何以曰“太極之有動靜，是天命之流行”云爾乎？ 此愚所以以此動靜屬之太極。而又於所謂“動而生，靜而生”等處，求其動於生陽之前，則是時太極方在陰靜之中，當其靜欲極之際，已有生陽之理，此卽所謂“太極之動”，而於是乎靜遂極而果生陽焉；求其靜於生陰之前，則是時太極方在陽動之中，當其動欲極之際，已有生陰之理，此卽所謂“太極之靜”，而於是乎動遂極而果生陰焉。

胡不觀於人之寤寐乎？ 終日寤而寤旣極焉，則其勢不得不寐，然寐之理已動於寤將極之時，非旣寐而後方有寐之理也；終夜寐而寐旣極焉，則其勢不得不寤，然寤之理已動於寐將極之時，非旣寤而後方有寤之理也。

以至於目之一開一闔、鼻之一呼一吸，其理亦然。開之理，先動於闔之將極，而闔之理，先動於開之將極，呼之理，先動於吸之將極，而吸之理，先動於呼之將極，理已先於將極之時，而氣方生於旣極之後。

以此觀之，太極之動而生陽，靜而生陰者，非但太極下卽著動靜字，故可知爲太極之動靜，於其“而生”兩字之著於中間，而可知爲理先動靜而氣方生也，不亦較然矣乎？

大抵自太極而言之，雖曰“動靜陰陽之理，已悉具於其中”，直是沖漠無眹而已，似不可以有動靜言，又不可以落在方體者言之。然此則畢竟是極本窮原，以爲是未有天地萬物之前，先有此理之謂耳。其實一氣循環，無間終始，陰前是陽，陽前是陰，而所謂“太極”者，元無別占地位處，不在陽則在陰，不在陰則在陽。

故方其在陽之時，陽之動固太極之使之動，而陽動將極之際，其理不得不復靜而後已，是其陰也非太極之靜而生乎？方其在陰之時，陰之靜固太極之使之靜，而陰靜將極之時，其理不得不復動而後已，是其陽也非太極之動而生乎？

然而朱子於此，雖曰“太極之有動靜”，而下文又曰“動靜者所乘之機”，以動靜爲太極所乘之機，則動靜是氣，而果不可以太極之動靜言之矣。此其故何也？

蓋以理氣二物，雖不相雜，而亦不相離，分開看亦得，渾融看亦得。然旣已分開看，見得此理之不雜乎氣，則又須渾融看，見得所謂“此理”者元不離乎此氣，而此氣之動靜卽此理之動靜，然後方爲洞然。故孔子曰“形而上爲道，形而下爲器”，程子贊之曰：“須著如此說，然器亦道，道亦器。”所以須著如此說者，以道器之本不相雜，不可不分開看也，所以謂器亦道、道亦器者，以道器之本不相離，不可不混融看，而常分開不得故也。

竊觀周子之意，亦與孔子一般。以理之雖不離乎氣，亦不雜乎氣，而爲氣之主宰，特揭太極二字，而言太極動、太極靜，以明其主宰而生陰陽之意。以理之雖不雜乎氣，亦不離乎氣，而與之爲一，又云陰陽一太極，太極本無極，以明陰陽之動靜卽太極之動靜，而太極之動靜，元無聲臭之可言，是卽所謂"無極"，則夫所謂"動靜"者，始雖以太極動、太極靜言之，曷若舍夫無聲無臭之可言者，而直就陰陽上看，以爲動是陽、靜是陰，而謂之以太極所乘之機，則彼其無聲臭之可言者，混融自在於其中之爲得耶？用是朱子之釋之也又如是，是亦一本於周子之意而已矣。

但今人或偏主不雜者，不知所謂"太極"只是動靜本然之妙，而以爲理眞能自動靜，有若無位眞人坐在裏許者然，此則失之虛蕩而無情理。其偏主不離者，不知所謂"動靜"只是太極使然之機，而以爲氣自能乃爾，理但乘載於其上，有若一箇死人馱在馬背者然，此則失之偏滯而無活絡。二者之流弊，俱爲不淺。故玆敢略記陋見，以俟知道者質焉。

五常說

《中庸》"天命之性"，朱子釋之曰："天以陰陽五行，化生萬物，氣以成形而理亦賦焉，猶命令也。於是人物之生，因各得其健順五常之理以爲德，所謂性也。"此訓至爲明白，無復可疑，而但患讀者看五常字不闊，只知五常爲仁義禮智之名，而不知五常在人雖爲仁義禮智之名，而在天則爲元亨利貞之名，在時則爲春夏秋冬之名，在物則爲生長收藏之名，就物而分之則在禽獸爲蠢動休息之名，在草木爲萌達悴斂之名，雖同一五常，而所在異名如此。

今乃看此意不破，顧欲於禽獸草木上，亦必以仁義禮智信求之，此不通之甚也。彼虎狼之父子、蜂蟻之君臣、雎鳩之夫婦、鴻雁之兄弟、鶺鴒之朋友，雖有些一點明處，依俙略似於仁義禮智信，而惡得與在人之粹然者，比方而論之哉？禽獸之稍通者，猶尙如此，則況於草木之全塞，而尤無足言者乎！

大抵健順五常者，不過陰陽五行之理，而陰陽五行，無所往而不在，故健順五常，亦無所往而不在。然由其氣之有全有偏有通有塞，而此理亦隨而不同。天有天之五常，人有人之五常，物有物之五常，禽獸有禽獸之五常，草木有草木之五常，五常則一也，而所在不同，實有如此者。

今但各隨其地頭而觀之，則夫所謂“人物之生，各得其所賦之理，以爲健順五常之德”者，可以一以貫之而無不通之患矣，讀者盍於此一“各”字致詳焉？

率性說

率性之道，朱子釋之曰：“率循也，道猶路也。人物各循其性之自然，則其日用事物之間，莫不各有當行之路，是則所謂'道'也。" 此訓至爲明白，而人之所以不能無疑者，蓋亦看性字不透，以爲"人者，其性是仁義禮智，故循其自然而爲當行之路固也。彼物亦有仁義禮智之性乎？旣不可以有是性言，則是不過知覺運動之蠢然者而已，尙安得循其自然而爲當行之路乎？然而天命之性，旣曰'人與物同得'，而率性之道，又曰'人與物各循其性而有當行之路'，則是爲一體言之而無所分別，何也？" 此其所以不能無疑。

然殊不知子思所謂"天命之性"，以其理言之，則萬物一原，固無人物之殊，而及夫理墮在氣中之後，則隨其氣之有正通偏塞而其所以爲性者，發見各異，彼物所謂"天命之性"，在馬則只是健而已矣，在牛則只是順而已矣，犬之性只可吠盜而已矣，鷄之性只可司晨而已矣。至於虎狼之近於仁，蜂蟻之近於義，雎鳩之近於智，鴻雁之近於禮，鶺鴒之近於信，其所謂"發見之性"亦只如此而已矣。

是故學者於天命之性，須知子思本意，雖竝人物而言，於物則惟以其如是者，同謂之天命之性，而至其全塞不通處，初不擧論於此性字之中。蓋必如是看之，然後率性之道，方無窒礙。馬則循其性之健而有可乘之道，牛則循其性之順而有可耕之道，犬則循其善吠之性而有可使守盜之道，鷄則循其以時鳴之性而有可使司晨之道。至於虎狼等屬，雖異於此數者，而亦各有循其性而隨宜處之之道，苟如是，其於所謂"率性之道"，尙何窒礙之有哉？

大抵"性"字與"理"字，體面本微有不同。理則是爲公共之物而人與物皆原於是，性則是爲各稟之物而人與物有不能皆同。故朱子於天命解釋處，通融說"天以陰陽五行，化生萬物，氣以成形而理亦賦焉"，是非以理是公共之物而人與物皆原於是故耶？ 然而自夫"性"字解說處，卽曰"人物各得其所賦之理，以爲健順五常之德"，又於"道"字解說處，卽曰"人物各循其性之自然，則其日用事物之間，莫不各有當行之路"，是非以性字爲人與物各稟之物，道字亦爲人與物各循之物，而有不能皆同者故邪？以此觀之，率性之義，大煞分明而非所可疑也決矣。

一原說

或曰："如子之說，人與物各稟而爲性，物則發見者之外，所謂一原之理，不復具於其中耶？"

曰："奚其然？彼特以形氣之偏塞而其性之發見者，惟是而已。然至其健順五常之理，物物皆完全自足，是則一原之具於其中，不啻其分明矣。"

曰："子何以知其然也？"

曰："天道流行，發育萬物，其所以爲造化者，不過陰陽五行而已，而陰陽五行者元是混融不相離底物事。故有陰則必有陽在其中，有陽則必有陰在其中，有陰陽則必有五行在其中。

蓋木火是陽而金水[55]是陰，土又是沖氣，而於木火金水之中，無所不在焉，則彼其發育萬物之際，寧有一物之不具陰陽五行? 陰陽五行, 又寧有一行之不相須共濟矣乎? 以此觀之, 所謂'健順'卽陰陽之性也, 所謂'五常'卽五行之性也, 而彼物之得陰陽五行之全者, 其性亦皆得健順五常之全, 蓋無一之或不具焉。特以其氣之有正通偏塞, 而人與物遂異。

物性之發見者, 健則疑於無順, 順則疑於無健, 近於仁者疑於無義, 近於禮者疑於無智, 而近於義與智者, 又疑於無仁與禮。 然其實健之中未嘗無順, 而順之中未嘗無健。近於仁與禮者, 未嘗無義與智, 而近於義與智者, 未嘗無仁與禮, 故先儒又有'一性具四德'之說。

蓋不獨人性爲然, 夫旣一性而具四德焉, 則天下甚物事, 有是性而不全具一原之理者乎? 箇箇是陰陽五行之所發育, 箇箇是健順五常之所賦與, 而一原之無處不全, 斯可見矣。 特其偏與塞之不同而其性之與人相近者, 亦有發見與不得發見之不同, 發見者如鄕所擧之禽獸是也, 不得發見者如他禽獸與草木等是也。 然雖其不發見者, 其所具健順五常之理則同出於一原, 而未始不完全自足, 又豈可以其不發見而遂謂之有所虧欠也哉?

但所謂'健順五常'者, 旣在於禽獸草木則不當復以在人之健順五常求之。 此其說愚已略陳於前矣, 而大抵其氣雖殊, 其理則同; 其理雖同, 其性則異。性之異者, 氣質之故

55 水 : 저본에는 "木". 문맥으로 보아 "물수 자〔水〕"로 보아야 타당하기 때문에, 수정.

也；理之同者，一原之故也。”

五行說【上】

朱子曰“五行者，質具於地而氣行於天”，此其訓至爲明白。然而行於天之氣，其木之爲春，火之爲夏，金之爲秋，水之爲冬，土之爲四時之寄王，而各效其能於一年之間以成歲功，却甚易見。

乃若其具於地之質，木一行之外，别無生長收藏之可言，火金水土只是其形質而已，不知何所生而何所長，何所收而何所藏乎？是則五行之中，效其能而成歲功於一年之間者，終始木一行而已矣。

是故春焉而所謂“生”者惟木【草與穀亦木類。】，夏焉而所謂“長”者惟木，秋焉而所謂“收”者惟木，冬焉而所謂“藏”者惟木。然則天地之間，其歲功之顯然可見者，有大於木一行者乎？

吾以是反觀之，夫仁亦如是，蓋於五常爲莫重焉。禮義智信，固非如火金水土之具於地者别無各成一副當歲功之比。然禮之節文度數，所以發達仁之條理也；義之斷制裁割，所以收斂仁之生意也；智之分别是非，所以精粹仁之本色也；信之眞實誠朴，所以成就仁之全德也。是故曰禮曰義曰智曰信，雖與仁竝列爲五常，而究其要歸，則只是擴充得一箇仁而已。有是哉，五常之仁之重，亦如五行之木之爲自别也！

五行說【下】

五行之質，非特具於地，而實亦具於天。只爲具於地者，人所易知，而具於天者，人所難知。故朱子於此，但以氣行言之，學者依朱子說，只認得如是，亦無甚闕事。

第以迷見推之，所謂“五行”者，其質之具於地、具於天只一般，乃若所謂“五行之氣”，實流行於天地之間，天地之間，流散充滿，都是五行之氣而已。何以言之？天有水火木金土五星，辰星是水，熒惑是火，歲星是木，太白是金，塡星是土。又有水火木金土五宮，玄武是水，朱雀是火，靑龍是木，白虎是金，中央是土，而此外五行所屬之星，又不可勝數，是非其質之具於天者乎？雖其精彩光芒，燦爛照輝，與具於地之五行有所不同，又五星之爲緯而以時出沒，五宮之爲經而長時旋轉，亦與具於地之五行有所不同，然其以之昭森於上、布列於下，互相照應，不啻分明。然則這兩間逼塞，無非是五行之氣，可知已，奚獨以爲只行於天而已哉？

今以人形言之，五行之質，下而爲心肝腎肺脾於內，上而爲耳目鼻口舌於外。下焉者卽是具於地一般，上焉者卽是具於天一般，而五行之氣，充滿於一身，未有只行於五官而不行於五臟者，此又可易知者也。

然而以天地之最切要者言之，則彼具於天、具於地之五行，固當曆象之、修飭之，使循其軌度、當其品節而所宜汲汲於燮理者，是行於天地間之氣而已。故人君之輔相，三公之贊襄，一惟是爲重，必得正且順可也。

以在人之最切要者言之，則是其具於上、具於下之五行，固當尊嚴之、和平之，使循其法則、安其部伍而所宜汲汲於保護者，是行於上下間之氣而已。故靜時之存養，動時之省察，亦一惟是重，必得其正且順可也。

是故天地之氣正且順，則不論在天在地，其五行當益開明而純粹，萬物無不育矣；人身之氣正且順，則不論在上在下，其五行當益精明而完厚，萬事無不宜矣。天地與人最切要者，其亦一理而已矣夫。

心出入說

心之出入以軀殼內外言之固是，然猶似未說到十分精微處。

蓋出者出於理之外也，入者入於理之內也。人心有動有靜，當動而動，當靜而靜，皆理之自然，旣動之後，當在此而在此，當在彼而在彼，亦理之自然，故人心只當順其自然之理。當其靜也，必須寂然不動，方是順此理底，何者？此時之理，合如此故也。及其動也，必須隨感而應，當在此則在此，當在彼則在彼，方是順此理底，何者？此時之理，亦合如此故也。理合如此而心亦如此，則是爲心在理內而可謂之入；理合如此而心不如此，則是爲心在理外而可謂之出。

今且以動處言之，當其有思之時，若是理所當思，則雖天之高地之遠，自在理內，而心之在此，依舊是入者也；若是理所不當思，則雖令思吾之五臟六腑，其不出於軀殼之外，有如是焉，却爲理外，而心之在此，已是其出者也。

以此觀之，收心入軀殼固難，而收心入理內爲尤難，苟非見理極精，用心極細者，曷足以與於此哉？老先生以顏子不能無違於三月之後，謂“只不能無違已是放”，此“放”字豈“放於軀殼外”之放乎？只是乍違於理，且如讀書看上句後，方看下句，是當然之理，而或先看下句，則已是違於理而爲出於理外也。纔出理外便是放，此等處極精微，惟顏子乃自知之，而老先生看得破說得到耳。

時分說

人見天地至廣大，歲月無窮極，遂謂旣往者積於後，方來者積於前而充塞兩間，無復餘地。然不知往者已消，來者未形，前乎千萬年，旣泯然無跡，而後乎千萬年，亦寂然無朕。

自今日而觀之，天地萬物，雖是昨日之天地萬物，而昨日已過則已非昨日之天地萬物，雖是明日之天地萬物，而明日未來則又非明日之天地萬物，而只是爲今日天地萬物而已。故凡在天地之間者，無論洪纖高下，飛潛動植，生長老死，本末始終，雖吹萬不同，參差不齊，而其到今日時分，爲今日時分之物則一而已矣。至於旣往也、方來也，竝皆空虛而無有，蓋造化運行之體，本自如此。

以故聖人教人以敬，使之隨其時分而用工焉。凡於事物，未來而不迎，方來而畢照，旣去而不留，此其心法，豈本無是理而强爲之法以制其心哉? 誠有見於造化運行自然之體, 而使人之得是理者, 順而循之耳。

蓋事物未來, 則此時分只合寂然不動, 如鑑空衡平而已, 不可思前計後, 有所帶累, 何則? 前者已過而不屬乎此時分, 後者未來而不及乎此時分故也。事物方來, 則此時分只合感通酬酢; 事物旣過, 則此時分只合收斂休息, 何者? 感通底時分, 已不屬寂然底時分; 收斂底時分, 已不屬感通底時分故也。

蓋合如此時分, 能如此順而循之, 旣不爲旣往底時分人, 又不爲未來底時分人, 而只爲此時分人, 則其爲敬也至矣。覽此說, 可見古人所以無時或忽之意, 而於敬之工夫, 似亦有助云。

地頭說

大凡物於宇內者, 無論飛潛動植, 隨其所在, 莫不各有地頭。然四者之中, 植者, 其地頭一定而不易; 飛潛動三者, 其地頭數易而不定。

吾人卽動物之一也, 而要是吾人之外則皆未有義理於其間。彼一定而不易者, 全塞不通, 故從生至死, 只得依其所在地頭而已, 何所知覺而可論義理? 其數易而不定者, 稍通一路, 故能擇利害而爲趨避地頭, 然是其知覺, 亦何足與論於義理? 惟其中所謂"蜂虎睢雁及麟鳳龜龍"之屬, 能薄有天性而以時隱見，其所在地頭，疑若有發見之異於他者，而是亦不過一點明處耳，曾何足以責夫義理之全哉？然則其可以責夫義理之全者，惟是吾人所在之地頭而已矣。而吾人所在之地頭，亦有大地頭、小地頭之異焉。所謂“大地頭”者卽此心之寂然不動處，而吾之所以爲人之理，悉具於其中，必於此地頭而下存養之工，然後大本以立；所謂“小地頭”者，卽此心之感而邃通處，而吾之所以爲人之道，發見於其間，必於此地頭而加省察之工，然後達道以行。然大地頭，其寂然不動處，渾全包涵只是一箇地頭而已。小地頭則面面異狀，頭頭殊形，隨其所在而有千百箇地頭。

試略數之，方其感而邃通之際，目有所視，則是爲視思明地頭；耳有所聽，則是爲聽思聰地頭；口有所言，則是爲言思忠地頭；身有所爲，則是爲事思敬地頭，若此類不可勝記，而又以夫身所接者言之，在父子則父子爲盡慈孝之地頭，在君臣則君臣爲盡禮敬之地頭，以至夫婦也、長幼也、朋友也，何莫非盡其分之地頭？而此特擧其大者耳，其間小小地頭，又何可勝記哉？凡此許多地頭，固當隨所在，無所不著工。然必先於大地頭，極其存養而立大本，方能於小地頭，致其省察而行達道，此其先後之序，固當如是，而抑又念人固爲動物之一，其地頭未始不數易而不定。

然若以存養之工言之，只是一於戒懼平平存在、略略提省之外，無他道焉，則是其大地頭著工，其亦可謂一定而不易矣。以省察之工言之，彼其外物之來感者，面面異狀，頭頭殊形，照之少忽，應之輒謬，雖或於此而無失，又將於彼而有誤，而其不可不愈致其謹，有如是焉。然殊不知面面異狀之中，吾之所以應之者，自有夫合當其狀之理；頭頭殊形之中，吾之所以接之者，自有夫合當其形之則，是亦未始不一定而不易。

蓋不論大地頭、小地頭，以其旋寂而旋感、忽此而倏彼觀之，則是其地頭，固數易而不定，而以其此理之無往不天然本有者觀之，則其一定而不易，又初未嘗不同也。是何故？非以隨所寓之地頭而盡其地頭上所當爲之工，以得夫地頭中所固有之理，則理無往而不天然自在，不可一毫加，又不可一毫減故耶？

大抵當爲之工與固有之理，只在於所遇之地頭，則此地頭外，雖有他地頭無數，人須掃除百千，惟作此地頭人，以盡此地頭之工，然後方可得此地頭之理，而今人不然，將欲作此地頭人，而此地頭未了，忽復作彼地頭人，恍惚搖蕩，畢竟不知爲何地頭人。若是而尙可望於盡其工，以得其理耶？由今之道，無變今之習，其去飛潛之類數易不定者，無幾矣。然則如之何而可也？曰隨其所遇之地頭而主一無適，則其庶矣乎哉！

理强氣弱說

理無形而氣有形，理無爲而氣有爲，故泛而觀之，有形有爲者常强，而無形無爲者常弱。弱之至則有時乎幾於絶滅，强之至則有時乎若不可挽回。故世之論者，每謂"理弱而氣强"，"氣能勝理而理不能勝氣"。然愚則以爲莫强於理而莫弱於氣，氣之勝理也，暫焉而已，理之勝氣也，亘乎萬世而有必然之勢。

胡不觀於天地之理氣乎？夫天於穆而運於上，夫地隤然而處於下，其元氣爲何如然？惟其有太極主之，使其如彼。故一闔一開、一終一始者，不知其幾千萬變，而終是天爲天地爲地，未嘗有地爲天天爲地之時，理之莫强，於此已可見矣。

雖以四時言之，春夏秋冬，各順其序；生長收藏，各效其能，是其運行之元氣亦何如然？惟其有太極主之而使其然，故雖或有當寒而熱、當熱而寒之時，如是者無幾，而不旋踵卒復其常，終得春爲春、夏爲夏、秋爲秋、冬爲冬而後已，未嘗有寒熱遂永變之時，理之莫强，於此又可見矣。

律管候氣說

律管候氣之法，曾見李《鉏谷集》，其所疑正與金農巖一般。大意以爲：陽氣之發於地中者，以黃鍾一律言之，豈有只及於距地面九寸深而止之理？若曰"地面九寸深卽陽氣所自發"云爾，則是陽氣之伏於地中者，又爲太淺，而無是理，因爲反復推究，而終不得其解。以余觀之，此其起疑則固是矣，而惜乎其解之有不難者而俱未之能也。

蓋上古神聖之人，其造法象之器，長短、廣狹、方圓、空圍、丈引、分寸、毫釐、秒忽，皆合天地自然之度數，論其形制，則雖是人之所爲，而語其微妙，則實具造化神在其中。故黃鍾九寸之管，元含一陽之數，方其一陽之發於地中也，雖未知其氣之上爲幾許，而九寸管裏自有一造化與之相應，不問其過與不及，葭灰之以時飛者，有如聲響之捷焉。是蓋所含之數，已足以感召他故耳。以此推之，則餘律皆然，而又何難解之有哉?

且不獨候氣之管爲然，諸樂器之隨搏拊戛擊而爲五聲、八音、十二律者，其法象中所具，莫不合自然之度數，故一有所觸，便能各奏其聲。雖以璣衡之制言之，其中所設三辰、四游、六合諸儀與夫三百六十五度四分度之一，比之在彼者，不啻其至微。然天行一度，不知其幾里，而此之相應，若合符契者無他，天地之度數，已具於其中而是亦爲一造化故也。

我朝景福宮未災時，有所謂"欽敬閣"者，其中設五方、十二辰之神及鐘人、鉦人等屬，其隨時隨刻而各有所發動報應者，殆莫測其妙。然大抵比璣衡之器，則其占地步，雖若稍闊，而比諸天地，又奚翅至微也? 且度數之脗合乃如此，又有一箇圓輪，象白日往來，晝見山外，夜沒山中，而其出入時刻，亦與在天者合焉。凡此皆由於世宗睿裁，而元來神聖之於造化，無不得之心而應之手，其器之象天地而造者卽一小天地也，象日月而造者卽一小日月也。故象陰陽而造律管，則其數之合於陰陽而與之相應者，造化之妙，分明如是，而顧欲但於外面焉求之，不亦遠乎？

或疑諸樂器與璣衡之制，欽敬閣所設神人之像，其鳴其運，皆人使之然者，而至於律管中灰飛，乃氣使之然者，何得比而同之？然殊不知其不論人使之氣使之，其所以能應人與所以能應氣者，同一造化而非所疑也。

月光說

古來論月之所以明者多矣，而愚皆未之信焉。蓋有謂"受日之光而明。故初生與向晦則日與月近而斜照其一邊，此所以一邊明也；上弦與下弦則日與月稍遠而只照其半面，此所以半面明也。至於望日之夜則日與月政相對而胞照其全體，此所以全體明也"，此說誠有理。今以盆水驗之，受日之光則其影瀹灎於窓壁者，亦可以之而知月之如彼。然若專謂受日之光而然，則望日之夜，日在地下，月在天上，而地在中間以蔽隔之，日何從照月，月何從受其光乎？

又謂日光從地四方迸射，以照於月，故月中有山河影者以此。然地如許其大，而日月之大，未必加於是，則日光之從四方迸射，以照於月而使之明，終覺未然。又若以地在中間之故，山河影著於月中，則地之爲物，常靜而不動；月之爲物，常行而不止，彼其山河影之著於月中者，宜若隨時而變，月之初出與將落時，其影必斜而不正，惟其在中天時，始正而不斜，而今無論初出與將落，其正而不斜，與天中時只一般，未有斜而不正之變何也？

又謂月一面長明而無晦，如丸子一面之塗粉然。丸子一面旣已塗粉，則其白豈有變而黑之時乎？是故初生與向晦之月，卽粉面之斜露者；上弦與下弦之月，卽粉面之半露者。至於晦夜之月，卽粉面之反而惟黑面之露者，當此之時，苟有人淩虛倒景，從天上俯而觀之，則月之明固自如。然使月而旋轉，其體果如丸子之爲，則所謂“山河影之著於其面”者，長向下界而只一樣何也？且如望月之光，雖照下界，而光之所射上天之星，除却大者外，其小者擧皆爲之韜光，況於其反面而照天上者乎？是宜星之無大小，皆爲之韜彩，而今却十倍繁多，前所未見者無不畢出，天色亦爲玄黑又何也？此其說愚皆未之信焉。

故竊嘗深思而得一說。蓋月者，太陰之精也。意其形與琉璃匏相似，外圓而中虛。中虛之裏面，卽有至陰精底物事爲其主幹者在焉，以隱映於外面，故自下界望之，以爲是山河影者無怪。又或以爲桂樹者有之，然此則尤不近理，此豈桂樹可生之處乎？

惟其如是，故晦朔之交，日月相會，則太陰之精於是乎方始生且長，而隨其精之生且長，明亦以之萌且盛。蓋其生也微則其明也亦微，此卽初三之月也；其生也半則其明也亦半，此卽上弦之月也；其生也滿則其明也亦滿，此卽望日之月也。

及其長極之後則太陰之精，又自死且消焉。故隨其精之死且消，而明亦以之減且衰。自生魄以往，其爲下弦而僅有其半之明，又爲向晦而全失其餘存之明者，非明之自亡，由精之已亡也。是其精生則明生，精消則明消，明之一隨於精，不亦大煞分明矣乎？

以此觀之，精之所以生，固以受日之光與陽氣，而精既生後則其光自明，盛而至於望固勿言，雖衰而至於晦，精一分存，卽明一分存，必其精之竝一分亦亡而後，明遂滅焉。是果何待於受日之光乎？

大抵積陰之物，未始不有光。朽木之根，久埋於土中者，拔出在地上，而暗夜觀之，則無論大小長短，箇箇有光，直能照耀於近處。然方其濕也如是，及其旣乾，則不復有光。冬月海錯新出，亦有光照夜，及其旣乾則無之，是其光亦何待於日乎？惟其積陰之氣，有以致之。故皆旣乾而失其積陰之氣，然後光便無焉，則月以太陰之精，精生而明，精亡而晦如彼者，到此而益的然。又凡陰類如螺、蚌、魚、蟹之屬，皆於望前則其殼裏之肉、頭腦之髓，皆漸充滿，望後則皆漸空虛。是其精氣之消長，亦與月一般而已矣。但其鱗甲包之，非若所謂“琉璃匏”，其精又未如太陰之精，故消長之間，別無光明之可言耳。

或曰：“月之形，如琉璃匏，子何以知之？”

曰：“古來論月之形者亦多矣，或以爲黃金餠，或以爲白玉盤。如此之類，不可勝數，而皆不過狀其明生後外面而已，夫豈有知其裏面之虛者乎？且使裏面之虛，足以受陽氣生陰精，而外面若如金、如玉，則陰精雖生，其光末由發見。故必也以琉璃匏狀之，然後方爲切當。

蓋琉璃者無物以障之，則直與虛空相似，盍觀夫月之生明也，其魄之在於生明之外者，若存若無，只如附影之罔兩然乎？又所謂'餠與盤'，皆平薄之物，而非所以狀月。惟匏爲團圓四圍，如月之團圓四圍，故愚以爲古來狀月之形者莫此若也。"

曰："是固如子之說矣。乃若月之所以蝕，朱子謂'日中黑暗之氣，直射而然'，然則月之在於天中而蝕也，日方在於地下，若爲地所蔽隔而光不得照，則彼其黑暗之氣，亦何從而直射乃爾乎？"

曰："此其說愚亦未敢信焉。夫日中固有黑暗之氣，而是如燈火之有燼。燼者只在燈火之中，而無別用事之理。故必燈火旣滅而後其燼方露，則日以太陽之精，無時不動盪發越，除非旣滅，其黑暗之氣，必不發出於外而直射於月。藉令發出於外，旣爲地所蔽隔矣，其又何從而直射於月乎？又況太陽之精，無暫滅之理，則黑暗之氣，無暫射之理。此愚之所以亦未敢信者也。"

曰："然則月之蝕，果何由而然哉？"

曰："嘗以月暈驗之，公然有雲氣環圍，其讖爲將雨。然當是時，其中之星宿，皆隱晦不見，其陰暗可知，而欲以蔽月之光也審矣，安知是氣之不上薄而如彼之蝕乎？"

曰："是則似然矣，而其必於望日之夜何哉？"

曰："此則日與月，正相對之故也。天地之間，不能無陰暗之氣在於一隅，是時太陽之精，正與太陰之精相對，則彼陰暗之氣，下爲太陽之所驅，無所容於天地之間，而直以太陰爲依歸之所，此所以上薄而蔽夫月也歟。”

風氣說

或有問於余曰：“風有四時之風，有非時之風。四時之風，春東風、夏南風、秋西風、冬北風是也。非時之風，春或有西風，夏或有北風，秋或有東風，冬或有南風是也。不知風之爲物是如何而春必自東，夏必自南，秋必自西，冬必自北？又如何而春或自西，夏或自北，秋或自東，冬或自南也？”

余應之曰：“古語云‘大塊噫氣，其名爲風’，又云‘土囊決口，其出爲風’，風者，天地之氣也。故蓬蓬然起於東海而入於西海，或蓬蓬然起於南海而入於北海，其蓬蓬然起於西、起於北者，其入於東、入於南亦然，蓋其必起於海則信矣。然其來也無形，其去也無迹，是固不可得而知者也。第以其起於海觀之，海是浮大地之物，而地以四時浮游於四方，則四時之風，必由於此，而其有非時之風，又由於地之有前却故耳。此外又或因陰陽之相薄而爲風者有之，實難以一概言。

蓋天包地外，而地在天中，如舟之浮於海一般。地固常靜而不動者，然其德亦承天而應乾，未嘗有違而不順之時。故春則以天道之方發生於東而地亦從之，其勢不得不東；夏則以天道之方長養於南而地亦從之，其勢不得不南；秋則以天道之方收斂於西而地亦從之，其勢不得不西；冬則以天道之方閉藏於北而地亦從之，其勢不得不北，此蓋應乾之道當然者也。

顧天地之元氣，磅礴充塞於兩間，而地以許大物事，驅入於一面，則一面之前，其氣不得容，而從地上驅出者，玆又非理勢之必然者乎？是故地方東游之時則東之氣爲其所逼而自當驅出於西，此所以春而必東風者也；地方南游之時則南之氣爲其所逼而自當驅出於北，此所以夏而必南風者也；地方西游之時則西之氣爲其所逼而自當驅出於東，此所以秋而必西風者也；地方北游之時則北之氣爲其所逼而自當驅出於南，此所以冬而必北風者也。

然而地方四游之際，以其浮在海上，故其勢或不無前却之時。前而東則東風固吹，而若却而西，則西之氣便東，此春之所以有西風者也；前而南則南風固吹，而若却而北，則北之氣便南，此夏之所以有北風者也；前而西則西風固吹，而若却而東，則東之氣便西，此秋之所以有東風者也；前而北則北風固吹，而若却而南，則南之氣便北，此冬之所以有南風者也。

然而不論前與却，其勢又不無緩急之殊，緩則四時之風皆緩而急則皆急，急則非時之風皆急而緩則皆緩。但四時之風，雖有緩急之不同，而以其爲正風也，故各得以復其常焉。非時之風，不問緩急之不同，以其爲變風也，故只得暫焉而止。夫地旣向其宜向之方而前矣，又豈有因却不前之理耶？”

曰：“然則東風之必溫，南風之必熱，西風之必涼，北風之必寒何也？”

曰:“地之四游，皆以漸而不驟。方其東也，天與地相近而陽氣始用事，故其風溫；及其南也，天與地愈近而陽氣正用事，故其風熱，是其自溫而熱，非以漸而然者乎？方其西也，天與地稍遠而陰氣始用事，故其風涼；及其北也，天與地愈遠而陰氣正用事，故其風寒，是其自涼而寒，又非以漸而然者乎？

至於陰陽之相薄而爲風，乃是別一氣從中鼓作，方其起也，不問東西南北，或是挾雷雨震盪激越，一場揮霍而罷，此則不繫於地之四游前却，而亦不可不知者也。”

曰:“天與地之所以相近而又相遠何也？四方風之外，又有四隅之風何也？”

曰:“地之四游也，自冬至而始升，轉升而東，又轉升而南，則其升遂極，此天與地之所以相近也；自夏至而始降，轉降而西，又轉降而北，則其降遂極，此天與地之所以相遠也。且其自北而東也，豈能一轉而便東乎？必向東北隅而去矣，此東北隅之風所以起也。自東而南也，豈能一轉而便南乎？必向東南隅而去矣，此東南隅之風所以起也。自南而西也，豈能一轉而便西乎？必向西南隅而去矣，此西南隅之風所以起也。自西而北也，豈能一轉而便北乎？必向西北隅而去矣，此西北隅之風所以起也。是其四隅之風，固異於四方之風。然亦未嘗不交錯於四方風之間，其緩急、順逆，亦惟繫於地之前却，故古人合之爲八風。向也只爲隨問而答，未暇及此耳。”

曰:“八風皆有名號何也？”

曰："是則各據其所從之方以標之，恐非有深義於其間也。"

曰："是固如子之言矣。今夫盈天地之間者，無非這氣，則這氣也宜無古今之殊，而今之風或異於古之風，常多變而少正何哉？"

曰："盈天地之間者，固是這氣。然是有主張者存，天子主張天下之天地，諸侯主張一國之天地。故必主張者是聖人，然後其德能上格于天而下格于地，天以之而成，地以之而寧。故當此之時，這氣之盈其間者，皆得調和祥順而無乖激拂戾之可言。地之運行也，又循其節序而徐緩不迫，其升也、其降也，皆以漸而未嘗少違於方位。故彼其從一面驅出之氣，依舊保其本來調和、本來祥順，而其爲風無不正焉，所謂'太平之時，風不鳴條'者此也。

主張若非聖人而或不免於昏庸暴虐，則上無以格于天，下無以格于地，而氣之盈於兩間者，已自乖激而拂戾，地之運行也，又無由循其節序，其升其降，動不能以漸，而違於方位矣。彼其從一面驅出之氣，本自乖激而拂戾者，其爲風尤安得不千百其變乎？蓋以主張者之未能皆聖人，故風亦從之，少正多變焉爾。"

曰："是則然矣。天地者，通天下同一天地，而子謂天子諸侯各有天地何也？"

曰："天地者，固通天下同一天地。然主張者既各有之，則雖謂之各有天地，亦未爲不可。獨不聞一家亦有一家之天地矣乎？"

曰:“是則然矣。風者旣是大地之游有以致之,則其或不遠及而止何也?”

曰:“是雖大地之游有以致之,然彼其驅出之氣,或不强而弱,則到中間,因爲消散者,亦其勢宜爾,此所以不遠及而止也。”

曰:“是則然矣。風者又隨所在而各異,以天下言之,則每國之風氣各異;以一國言之,則每方之風氣各異,又何也?”

曰:“此等風氣,非係乎大地之游,元來每國、每方,山川之回擁各異,故其中之涵畜,亦隨而各異。是乃本來所各有之風氣也,其不同不亦宜乎?”

立齋集

卷二十五

雜著

雜著

鬼神論

或有問於余曰:“西學堂獄之說, 極爲虛妄。且人死之後, 其魂氣當卽飄散, 設令有堂獄, 更有甚物可以上且入乎? 此則司馬公於闢佛時, 旣已攻破之, 無復可疑。顧吾儒家乃爲之皐復而設重立主以祭祀焉, 則是爲有魂氣在焉, 似未曾飄散。且若無魂氣在焉, 是所謂‘皐復而設重立主’, 皆虛事耳。古聖賢制禮, 又豈容爲此虛事乎?

或者引朱子人死後其氣未便盡之說以爲證, 而曰:‘是其氣當依重若主而存, 主未埋前, 氣亦與之未盡。’然所謂‘未便盡’者, 蓋謂人之始死, 其身體猶有一分溫氣, 如火之始滅, 其灰燼猶有一分熱氣耳, 而是其盡也, 亦不過霎時焉。今以爲依重主而存者, 終未見其然。夫旣無魂氣在焉, 古聖賢制禮, 又不可謂之虛事, 則於此而立說儘難, 子以爲何如?”

余應之曰:“吾夫子不云乎?‘未能事人, 焉能事鬼?’蓋能盡事人之道, 然後方能盡事鬼之道, 而人之與鬼, 只是一而二、二而一者也。

今且以其至切而近者言之, 子之於親, 欲報之德, 則昊天罔極, 而愛日苦短, 春暉奄晦, 俄者生存於堂上者, 忽焉斂閉於木中，魄則方留於這裏，而魂則已飄於何處。當此之時，孝子之哀痛爲如何哉？皇皇焉如有求而不得，望望焉如有從而不可及。於是焉冀其魂之復于魄而萬一其生，則此皐復之禮，所由生也。

雖其魂之復于魄，而已矣無奈？且未必其魂之果復于魄，而孝子之心，猶意其魂之在此而不他往也，猶意其魂之在此而可長留也。於是焉以重替衣，而謂其魂之必自衣而重；旣又以主替重，而謂其魂之必自重而主，則此設重立主之禮，所由生也。

是蓋至誠惻怛之至，靡所瞻依之極，求所以庶幾髣髴於平日之萬一者，舍是而無他道焉。則夫玆數件儀節，實亦天理人情之所不能自已者，而聖人之制斯禮也，特爲之因勢利導，使得曲盡而已，初豈嘗强設虛文，而故爲此渺茫恍惚不可測之事哉？

大凡事死之禮，一本於事生。生而有形體，故死而爲之重主；生而有飮食，故死而爲之祭祀。以至丘木之象園林，祠廟之象宮室，與其他每晨之瞻謁，朔望之參拜，春秋之展掃，出入與有事之必告，無非推事生之道，以盡事死之道者也。不如是，孝子追慕之心，將於何寓之而得伸報本之誠哉？

抑又思之，氣之依於形者，固當與形而俱滅，蓋以飄散而無餘，其根於理者，實亦與理而俱存，必其理旣盡而後，氣亦隨而盡焉。故人死之後，其受報於子孫若他人者，久近廣狹，莫不各有當然之理，亦莫不各有自然之氣。

凡人之死而受報，一惟其功德之所及。故今以功德之及於子孫者言之，其止於一世者，其受報也亦止於一世；其止於三四世者，其受報也亦止於三四世；若其過百世而無窮者，其受報也亦過百世無窮。是其報之者，雖是子孫，而使之報者，非有功德之祖先乎？以及於他人者言之，其止於一鄉者，其受報也亦止於一鄉；其止於一國者，其受報也亦止於一國，若其及天下萬世而無窮者，其受報也亦及天下萬世而無窮。是其報之者，雖是後人，而使之報者，非有功德之前人乎？夫惟使之報也如此，故曰'此其理只在死者分上'。

然死者豈有氣之可言乎？只是祖考所傳之氣，子孫均得之於胚胎；聖賢所稟之氣，凡人均得之於天地。故以子孫言之，則其身之氣便是祖考之氣，而苟其所當祭之祖考，無論一世與四世五世，莫不以是氣而感召之；以凡人言之，其身之氣便是聖賢之氣，而苟其所當祭之聖賢，無論一鄉與一國天下，莫不以是氣而感召之。夫惟感召之也如此，故曰'此其氣只是在子孫若他人分上'，亦然，方其感召之際，彼其來格之神，亦莫不隨其生存時精魄大小、事蹟多寡之記在人心者，發見於致愛致慤之中，若有所歆右與生存無異。此吾所謂'人之與鬼，只是一而二、二而一者也'，而其實理與氣，只是一而二、二而一者也。

蓋必有當然之理，然後有自然之氣，而苟無是理，亦無是氣。故雖同是祖先、同是先賢，而於理非所當祭，則其氣初不與之相感。如使只當祭四世者，而祭四世以上無功德之人；只當祭於一鄕者，而祭於一鄕以外無功德之處，其果何從而有相感之氣乎？以此言之，理盡之日，氣亦盡明矣。

或乃以祖考之氣，在於子孫，賢人之氣，同於凡人，而只論其氣之常存，不察其理之有盡，則不達之論也。乃若所以爲祖先、爲聖賢之氣，是固大化之流行於天地間者，而彼既分劑於祖考若聖賢，以至於既死之後，則不復與之相屬，而却爲公共流行之氣，於死者了無交涉，所謂'根於理而日生'者，亦只在子孫若凡人身上，而爲生人之氣，隨其理之有無，爲聚散與存亡耳。是故聚亦此氣而散亦此氣，存亦此氣而亡亦此氣，又豈外此而別有天地間虛空流行之氣，乃與之相感應，以其初之同一氣，爲之眷顧懷附於既已分劑不復相屬之後乎？此則其言雖似有據，而推之於理，尤不見其必然也。"

曰："是則然矣。今人之祭先用主者外，其祭賢若聖也，率皆用位版焉。是所謂'神主與位版'，初無死者之魂留接於此，只爲生人想像髣髴，寓慕致誠之地而已耶。"

曰："是有一說，如使死者之魂，留接於此，則一人之位版，多至於十百；聖人之位版，多至於千萬，而其祭也又皆同日，又安得徧爲留接而顧享之乎？又況死者之魂，飄散已久，則其無是理也，尤較然矣。

但既有受報之理，而受報者之於享祭，不可於虛空中無所憑依，而洋洋焉如在其上、如在其左右，則其爲神主也、位版也，實亦此理之所形，而竝與其所宅之廟貌，所安之椅子，以至牀卓器皿等許多像設，皆屬死者分上，雖若生人爲之，實則死者使之，而理之所形，氣亦隨之。蓋不待生人之想像髣髴，寓慕致誠，而儼乎其若臨，肅乎其可畏者，存乎其間而不可誣焉。向所謂'與理俱存之氣'，斯亦爲其一端，而穆然爲生人感召之張本。

方其祭也，生者以是而益篤追慕之誠，死者以是而益著降格之理，則是於幽明際接之間，其氣蓋與之相流通如此。然亦只如此而已，非有光氣發見與神氣感觸，如世俗淫祠之爲者，以其理之本正，故隨於理之氣亦正故也。觀於此亦可見古聖賢制禮，至精至微之意，而祭祀之實有其理，昭然若指掌矣，又奚立說之難之有哉？"

孟子不尊周論

愚嘗疑孟子學孔子者也，而程子以爲"孔子之時，天下猶知尊周之爲義，故春秋以尊周爲義。至戰國時則七國爭雄，天下不復知有周，而生民之塗炭已極，故孟子勸齊、梁行王道。蓋王者，天下之義主也，聖賢亦何心哉？視天命之改與未改而已矣"。

自程子之爲是說，世之學者，遂謂孟子亦不復有尊周之意，而其所以勸齊、梁行王道者，有若置周室於一隅而不恤其滅亡，惟令所事之君，中天下立而定四海民，則未知學孔子者果如是否乎？且於是時周室固已衰微，天下雖不知有周，而堂堂天子之位，堂堂天子之號，猶有截然而不可犯者。故魯仲連之義不帝秦者，意非爲其戎狄之俗，而司馬錯之爲秦謀也，亦曰"劫天子，惡名而不可爲"，則今以孟子之亞聖，而慮不及於二子，無是理也。

至於天命之說，程子蓋泛言之以爲"天命一日未改，則爲天子，一日已改，卽爲獨夫，故聖賢之於此，一視其改與未改而處之"云爾，何嘗謂周之天命於時已改，而孟子之勸行王道，眞有革周之意耶？又況周之亡，在其六七十年之後，則程子之言，其不出此也審矣。

然則孟子之意，果欲如何？蓋所謂"王道"者，粹然一出於天理之謂也。周天子在上，而遽欲使齊、梁之君，肆然爲天子，則是乃逆天理之甚，而何得爲王道耶？

以愚所見，孔子以後尊周室者，無如孟子。今以七篇觀之，雖若無顯然語及之事，而其曰"春秋無義戰"，是以諸侯之不稟命於天子而私相攻伐爲罪也，其曰"五霸，三王之罪人"，是以五霸之名爲尊周，而實則摟諸侯以伐諸侯，非所以尊周也。

若此類不止一二，而至其答沈同之問，則直以爲"子噲不得與人燕，子之不得受燕於子噲。有仕於此，而子悅之，不告於王而私與吾子之爵祿，夫士也亦無王命而私受之於子則可乎？何以異於是？"云者，分明是尊周之意耳。如其不然，所謂"無王命"三字，是果何所指而發也？蓋曰"子噲不得無周天子命而私與人國，子之亦不得無周天子命而私受國於子噲"云爾，而當是時若有天吏者伐之，則亦當以無天子命而私與受其國爲聲罪之第一義。故其答或人之問，又以爲“惟天吏則可”者此耳。是其憤天下不知尊周，而顯示其意於答問之間者，亦可謂至深切矣。

又桓公，葵丘之盟所謂“無有封而不告”、“無專殺大夫”二句，皆欲諸侯之必稟命於天子，而孟子時諸侯皆犯其禁，故又曰：“今之諸侯，五霸之罪人也。”夫旣以五霸爲三王之罪人，則五霸之事，孟子猶羞稱之，況於五霸之罪人之事，而可爲之乎？

都緣周室之有天子名而無天子實，禮樂征伐，旣不能自天子出，而委靡衰弱，已至於莫可自振之境，天下生靈，擧墜塗炭，苟非强大諸侯如齊、梁之君，則決不足與之有爲而成尊主庇民之業。故起應聘幣之命，而動勸湯、文之事。且道湯之於桀，文王之於紂，彼其所遇之暴君，不啻百倍於周之孱王，而其初亦何嘗有一毫翦除之意乎？觀其五遣伊尹，必輔桀而後已，三分天下，有其二，而服事紂，則湯、文之心，斯可見矣。

向使齊、梁之君，誠用孟子而行王道，則吾知其必也率天下諸侯，以朝于周而禮樂征伐，皆令自天子出，至其卒不可柰何而天命果改，然後徐徐行湯、文之擧，亦未爲晩。此卽所謂“粹然一出於天理者”也，而王天下之道，亦不外於是，烏有置之一隅，任其滅亡而不恤之理乎？

至於闢土地朝秦、楚，莅中國撫四夷，孟子蓋累非之，而王天下之道，初不在此。故曰“地不改闢矣，民不改聚矣，行仁政而王，莫之能禦也”，又曰“殺一無辜非仁也，非其義而取之非義也”，如是而得天下，聖人不爲也。

是則孟子之勸二君以王道者，不過曰仁義而已，而仁義又莫大於尊周，第觀於其動引湯、文，亦可見微意之所在，而特未嘗顯言之，故或疑其異於孔子者誤矣。余恐學者不深曉程子之言，而遂謂“孟子不尊周”也，於是乎辨焉。

理氣心性說

天下之物，皆一理之所賦。故《中庸》“天命之性”，朱子以爲“人物各得其所賦之理，以爲健順五常之性”，其論盡人物之性，又以爲“人物之性，亦我之性，但以所賦形氣不同而有異耳”。

然原子思所以作《中庸》之意，則專爲傳道而作，故首明性、道、教之名義，而後卽以“道也者，不可須臾離”繼之，以歸重於人，而朱子之釋“教”字，又以爲“性、道雖同，而氣稟或異，故不能無過不及之差”，是亦竝人物而言之，然其歸重亦專在於人。其於盡人物之性處，亦不過曰“知之無不明，處之無不當”而已。

夫物之性，固皆得乎一理之所賦，而如禽獸草木，皆牿於形氣，其循其性而爲道，何處可見得哉？動物中點明之發見者，雖或有依俙近似於仁義禮智，而其可謂與人一般矣乎？至於植物，又竝此而無之。然旣曰“人物各得所賦之理，以爲健順五常之德”，則禽獸草木，謂之無五常不可也。是故愚則以爲此所謂“五常”本只是五行之理，而所謂“五行”

者，無一物之不具，則在人者固可以仁義禮智言之，而在物者不可硬以是求之，但當各隨其五行所賦之如何，而名之曰"五常"可也。何者？

夫人之仁義禮智卽天之元亨利貞，而猶不曰"元亨利貞"，必曰"仁義禮智"，則是人與天之五常，亦異其名矣。彼物之蠢動休息及萌達悴斂，雖與人之五常同一理矣，而獨不可以異其名乎？蓋必如此說，然後所謂"五常"者，方得圓活流通而無所滯礙矣。

且不獨五常爲然，五倫之理，亦無物不具。禽獸之有牝牡卽夫婦也，有生育卽父子也，其生之有先後卽兄弟也，其遊之有羣類卽朋友也。草木之有對偶卽夫婦也，有結實卽父子也，其結之有先後卽兄弟也，其生之有叢聚卽朋友也。獨其可比於君臣者，除却蜂蟻之外，惟鴻雁有所謂"帝"所謂"王"而已。

天之生人物，貴莫如人而賤莫如物，則賤者之倫，不能如貴者之備亦宜也。夫旣有此等倫矣，則父子之當親，兄弟之當友，夫婦之當別，朋友之當信，其理何嘗不具於其間？惟其形氣之偏塞也，故無以知之，雖或知之，亦無以盡其道焉。

於是乎物之循其性而有當行之路者，只是馬可乘、牛可耕、犬可司盜、雞可司晨而已，而乘之、耕之、司之，亦惟在夫修道之敎之中，而如虎狼之搏噬，蛇蝎之毒螫，元無循性而爲道之可言，只得驅之、逐之於山林菹澤而已。驅之、逐之之理，彼卽自帶而出，所謂"在物爲理，處物爲義"

者，此亦非一端也耶？

草木亦然，所以處之者，不過可種者種之，可養者養之，可除者除之，而種之、養之、除之，亦惟在於修道之敎之中，向所謂“知之無不明，處之無不當”者，只得如此而已。

朱子雖以其竝包於性道中而有所說及，然擧一篇章解句釋，自有所歸重者在，則爲今之計，其於物之性，但當領取其大意，以爲物亦與人同一理而已，惟在於己之性，必知之而必養之，窮則有以位一身一家之天地而育一身一家之萬物，達則有以位一國天下之天地而育一國天下之萬物可也。亦何必苦苦就物上，分辨其性之必與人同與否，而紛然爭詰爲哉？

至於所謂“人之性，所以特全於此心”者，其理有不容不講明者。夫人之性，所以特全於此心者，豈如水之盛於器然哉？只爲此心得氣之正且通，而其精爽之所聚，儘爲虛靈也，故萬理於是乎咸備。木氣之精爽則溫和慈愛底道理便在於此而是之謂仁，火氣之精爽則恭敬撙節底道理便在於此而是之謂禮，金氣之精爽則斷制裁割底道理便在於此而是之謂義，水氣之精爽則分別是非底道理便在於此而是之謂智，土氣之精爽則合四者皆爲誠實底道理而是之謂信。蓋仁義禮智信之所以具於心，爲是故也。夫豈無端自空中墮在方寸中者耶？此以水之盛於器比之，則水與器，終是二物，而與性之所以具於心及心之所以具夫性者，自是一串物事，大相不同。雖曰“性自性、心自心”，此則指理氣之不相雜而云然耳，豈可以理氣判爲二物，謂心性之不相干涉矣乎？

雖然，摠而言之，這精爽之虛靈者，實得夫天地生物之心而爲此，故若語其心之德，則都只是仁而已矣。程子曰“心如穀種，生之性乃是仁也”，蓋必有生之性，義禮智信亦從而具焉。而以生之性言之，其爲狀也，憤盈瀜洩溫粹沖和，體無所不涵，用無所不徧者，已自見成於一箇腔子之裏。

此則人人所同之五常，而至如聖人以其得秀之秀，淸極其淸，粹極其粹，故仁不止於溫和慈愛底道理而加之以寬裕溫柔之德充積於中，義不止於斷制裁割底道理而加之以發强剛毅之德充積於中，禮不止於恭敬撙節底道理而加之以齊莊中正之德充積於中，智不止於分別是非底道理而加之以文理密察之德充積於中。蓋其聰明睿智之質，獨得於天，以致其如此則夫所謂“仁義禮智”者，隨氣而有加，可見於此，而雖在凡人，其因虛靈之心而著根於其中，又可以見矣。

且以穀種言之，彼其在於皮殼之內而穎栗堅實者，全是生氣，故根莖花葉之理，悉具於其中。是卽所謂“生之性”，而若非這生氣，則此理又何從而具乎？程子之取此以譬於心，蓋亦指心之氣而言也。惟其所謂“氣”者與彼絶異，精爽之盈於方寸間者，虛明而洞澈。故於父子則溫和慈愛之理發而自不能不親，於君臣則斷制裁割之理發而自不能不義，於夫婦則分別是非之理發而自不能不別，於長幼則恭敬撙節之理發而自不能不序，於朋友則合四者誠實之理發而自不能不信。向若此理之不具於氣，而氣之精爽不如是，雖有五倫，亦冥然不知，頑然莫覺，而與禽獸草木，又何以異哉？

蓋自一原而言之，天下之理，莫不先有理而後有氣。今謂未有人之前，先有爲人之理則可，然亦只是懸空說而已。及其生物則必因是氣之聚而後，是氣之理，方得以賦焉。故朱子既曰“惟人之生，得其氣之正且通者，故其性爲最貴”，而又係之曰“方寸之間，虛明洞澈，萬理咸備”，其必先言“正且通”者而後方言“其性爲最貴”，先言“虛明洞澈”而後方言“萬理咸備”者，果無所以而然乎哉？

向年聞自道院問明德於諸生，而以具衆理故虛靈不昧之對爲甚是云，未論見解之倒置，其不合於章句本文之旨亦甚矣。審如是，朱子何以不曰“具衆理故虛靈不昧”，而必曰“虛靈不昧，以具衆理”云云耶？

雖然，此其說亦不無所本，朱子蓋嘗以火得脂膏而明譬之矣。夫火固得脂膏而明，然若非火爲本明底物事，則雖得脂膏，其何以明乎？又况火之明暗，雖係於脂膏之淸濁，而本然之性，亦有善否之可言，明德之爲物，亦有以此昏明之可言乎？

竊意朱子所以如此言之者，想是當時或不知心之靈緣何乃爾，故欲其易曉如此。然何可舍《章句》、《或問》明白指敎之訓，而必此之從，以爲具衆理故虛靈不昧之證耶？

夫人之心，合理氣而成，固不可舍理而專言氣。且旣成心之後則又當主理而言，不可以氣字爲心之主。然若其心之所以異於物而具夫性及性之所以特於人而具於心之故，則實是如愚之說，而抑非愚之說也，乃朱子之說也，又況朱子之說，非獨氣之精爽一句而已？亦嘗以心謂“猶陰陽”，而以性謂“猶太極”，又曰：“心，比理則微有跡，比氣又自然靈。”

其謂之猶陰陽者，已是以氣言，故有此“比理微有跡”之語，而“比氣則又自然靈”云者，又以其爲精爽而言也，正如鬼神是氣，而若言其靈處則須以良能言一般。

又退陶所謂“理發而氣隨之”之“氣”、“氣發而理乘之”之“氣”，雖同一“氣”字，而所指各異。理發而氣隨之之氣，是就虛靈不昧、具衆理、應萬事處，指其虛靈者而言，卽孟子之所謂“才也”。氣發而理乘之之氣，是就稟氣之淸、濁、粹、駁處，指其或淸、或濁、或粹、或駁者而言，卽程子之所謂“才也”。是故四端純善無惡，七情有善有惡。然抑以退陶《心統性情·中圖》觀之，則七情亦有從本然之性而發，其純善無惡，直與四端同，故遂與四端合書之，又著其說於下。

蓋不論四端七情旣從本然性而發，發時所隨之氣，只是這虛靈底物事，則今雖以是而言心是氣，尤何所有害於理耶？惟發於淸濁粹駁之氣，不可不明著眼審著手，存其淸而去其濁，存其粹而去其駁可也。然而此七情但爲聲色臭味而發，故其所占地步，却卑小狹隘，不如本性之七情於天下五達道，無所不周徧而常與四端俱。故雖其發而中節，畢竟是氣之發而已矣。

四靈說

麟、鳳、龜、龍是爲四靈。然若龜與龍也則後世亦有之，其伏藏於溪潭及出見於江海者，人多見之。至於麟與鳳也則三代以後，惟所謂“鳳”者一集於潁川，而所謂“麟”者亦一出於五畤，然因遂絶無有也，此其故何哉？

嘗試思之，是四靈者，本皆上應天文，龜則北方玄武宿之精也，龍則東方蒼龍宿之精也，鳳則南方朱鳥宿之精也，麟則西方白虎宿之精也。此四方宿之精，鍾而爲是物，故其靈如彼，龜爲甲蟲之長，龍爲鱗蟲之長，鳳爲羽蟲之長，麟爲毛蟲之長。

然龜之精稟於陽始生之方，而龍之精稟於陽方長之方，鳳之精稟於陰始生之方，而麟之精稟於陰方長之方。陽氣常饒，其進也無所待於助而自能爾焉。陰氣常乏，而不能無待於助，助之者若無，則只得一向退而已。以故是四靈者，皆爲聖王之瑞，而龜與龍則雖無聖王，未嘗無於天下，以其無待於助也。若鳳與麟，必聖王出，然後方始化生，以見於世，而不然則亦無由化生焉，此所以三代以後至于今，絶無有也歟。

或曰：“是四者，固皆爲聖王之瑞，而鳳與麟，尤爲文明、仁厚之象，彼若是陰氣所鍾，則何故而其文明、仁厚若此也？”

不曰“陰與陽互藏其宅”乎？彼雖陰氣之所鍾，而陽氣實包藏於其宅，第觀於離之外二陽及兌之下二陽，亦可見矣。夫如是，其文明仁厚之若此，又何異乎？夫惟文明仁厚之若此，此其所以必待聖王而生者歟。

南君漢濯字說

“江漢以濯之，秋陽以曝之，皜皜乎不可尙已”，此子曾子贊吾夫子語也。當時如有子以爲似聖人者矣，而猶莫之髣髴焉，況在初學，尤豈可易言乎哉？雖然，人但爲氣稟物欲之累耳，原其初則與聖人一也，苟有以善之，亦豈有終不可幾及之理哉？肆君以漢濯名，而吾又字君曰子皜。

子皜乎！君欲濯諸江漢而曝諸秋陽，以極於皜皜不可尙之境，其將安所事而能之乎？吾意此無以他求，惟當益用力於成湯沐浴盤之銘，日洗濯其心以自新，亦如日沐浴其身以自潔，而使吾存養省察之工，貫終始無間斷，然後方始復吾之初，而氣稟物欲，一毫不得以爲累，其清明之像、潔白之輝，乃可庶幾於此矣。子皜勉之哉！吾將拭目而望君之皜皜如也。

南宅正字說

爾名宅正，欲其宅乎正也。然正之所在，不先有以明之，則雖欲宅之，而有不可得，乃若明之之道，又惟在於一敬字，故推是義而字之曰敬明。然所謂“敬”者，實聖學始終之要也，不惟明之之道爲有在於是，而宅之之道，亦惟在於是。敬明乎！爾欲從事於學，必須用力於敬，以大明正之所在而克宅之也。

夫人得天地之正理以爲其德性，受天地之正氣以爲其形色。正者，人之所固有也。然理無不正，而氣或不正，有生之後，又爲物欲所蔽，故遂失其正而流於不正。學者苟不精察於正與不正之分而固守其正，則德性何由以全，而形色何由以踐乎？

然而吾固有之正，初未嘗亡也。特不正者，雜而奪之耳。是故察之必精，不使有一毫之雜，而凡正之所在，無微無著，無不畢照，夫是之謂明；守之必固，不使有一毫之奪，而凡正之所在，無小無大，無不審處，夫是之謂宅。然向微此心一主於敬，終始循環，無少間斷，則又何從而能之乎？

蓋必明之而後能宅之者，序之不可亂者也；既明矣而又不可不宅焉者，功之不可闕者也，而語其要則又專在於敬。敬明，勉乎哉！爾之於正，苟能明之盡而宅之安，推以及人，又將使人人之宅乎正也。

自在翁說

再從君參如，吾門之高士也。自幼以才童稱，年十歲已讀盡通史及四書二經，又學爲詞賦，間多出人語，父兄諸族皆謂功名可立就矣。既長却不甚留意於擧業，憂病喪慽，又相繼不絶。用是不保其家業，挈妻子入山川洞，僦居斗屋，簞瓢屢空，晏如也，少無飢餓色。

性介潔伉高，雖窮甚，未嘗有干於人。視庸夫俗子，常色惡而心賤之，略不假借，惟日用當行之道則必盡心焉，亦無一毫近名之意。每朝卽盥洗整襟而坐，寂默以竟晷，觀書到義理微奧處，則不求甚解，而嗜好之不已，無事時未嘗不對卷寓目。又頗留意於禮文，凡喪祭間儀節，多所曉解，見人有不是處，則必面切言之。

一日請於余曰"吾以自在翁自號，願兄爲之說，以發其義也"，余曰："自在何義也？"

曰："吾有得於天者，自在於中，從少至老，常自在也。故始焉業功令圖科第，而自在者不以是有變；中焉閱風霜飽酸苦，而自在者不以是有變；終焉處幽獨寡友朋，枯槁寂寞以窮年歲，而自在者亦不以是有變。其中之自在也旣如是，則又何時何處而不自在乎？

高車駟馬，人莫不艶之，而吾未嘗艶焉，則是亦自在也；敝衣破冠，人莫不羞之，而吾未嘗羞焉，則是亦自在也。令聞廣譽，人莫不好之，而苟無其實，吾則不見其可好，是亦自在也；羣譏衆毁，人莫不惡之，而苟無所失，吾則不見其可惡，是亦自在也。若吾者雖以之至於死，終是爲自在人而已矣。若是而號以自在，何不可之有？取此義而爲之說焉。"

余曰："有是哉，君之自在也！是非君之有得於天者，自在於中，決不能如是。然得於天者，有天命之性焉，有氣質之性焉，全其天命之性而常自在者，聖人是也。任其氣質之性而常自在者，隨其性之善惡而有賢不肖之不同。不肖者固無可論，賢者則其善亦未盡，故必有所事而不自在，然後方能至於聖人之自在，所謂'必有所事而不自在'者，居敬窮理，省察克治，以求變化其猶未善而使之十分善之謂也。今君之所以能自在如是者，是其氣質之善，固可謂出於千百人之上矣。然自夫天命之性觀之，其於自在之中，亦豈無猶未善而可益勉者存乎？

嗟夫！凡人之心，大抵多因物而有遷，隨時而有變。少而以志節稱者，及其閱歷世故之久，血氣旣衰之後，則鮮有不改易焉。始橘而終於枳，始鷹而終於鳩者，滔滔是矣。今君能獨保其得於天者而終始自在，確乎如金石之堅，凡世間榮辱得喪，利害禍福，擧無足以動乎中者。夫如是則其以自在爲號也，固其宜矣。

然以吾所見，莫如更有所事於向所謂'居敬窮理'、'省察克治'之工，使其猶或有未善者，至於十分善而後已，則是其初雖若不自在，而到頭將見天命之性，又幾於自在，其爲自在翁，非今日自在翁之比矣。君以爲何如？君之年今已六十，然蘧伯玉六十而猶化，如衛武公九十有五而尙作箴以自警。古之君子，不以老而或怠，不曰'朝聞道夕死可矣'乎？"

君於是囅然而笑曰："兄言固當然，吾之自在已六十年矣，尙安能從兄之言，而不自在，以蘄至乎天命之性，亦幾於自在乎？吾寧依舊爲自在人，以終吾餘年而已矣。"遂歌曰："桂之辛兮薑之辣！天賦余兮以是質。鷺之白兮烏之黑！日黔浴兮奚損益？"又歌曰："仰觀於天，天亦自在；俯察於地，地亦自在。天地之間，吾亦自在。"遂竝記以贈之。

書《天學考》後

近聞有所謂"天學"者，頗行於畿湖間，聰明之人多流入，不知其說之如何而惑世至此？今因申友文瑞，得順庵安丈所著《天學考》而見之，則旣詳其來歷甚明，又爲之段段攻破，其闢異斥邪之意，極其嚴峻。此書一出，可使彼流入者，幡然覺悟，有回頭歸正之日，而其功不啻若障瀾之砥柱，何其偉也？第於其間似猶有未盡辨者，故吾友南宗伯又撰一通文字，就正於順庵，而其所以發其眞臟者，益明白痛快，殆與禹鼎之昭姦無以異焉，其爲羽翼於此書，顧不大歟？

大抵吾道之外，皆是異端，而如申、韓、楊、墨起於中國，猶爲學法術仁義而差者，故其害止於申、韓、楊、墨而已。惟是自外夷乘時而來者，有若風邪毒沴，別一種客氣之瞥地襲人，其不殺人也者幾希，卽佛氏是已。然猶幸其出於程、朱之前，辭而闢之廓如，故自宋以來，士大夫擧知其大亂眞而不之惑矣。

今玆天學，其所自來又外夷之外夷也，而槪聞"以堂獄禍福爲誘脅生民之欛柄者，較諸佛氏而尤甚"云。是其爲風邪毒沴，別一種客氣也，尤豈不萬萬有加於瞥地殺人也哉？此而不斥，則將見人之類皆滅而後已，又安知不有欲害我東國者，陰以此學痼之，如唐家之出《滅蠻經》於外國者耶？

今日爲世道慮者，正當盡取其書而火之，使不接於人耳目可也，而此非在下者所能，幸而有順庵此書及南友此辨出，庶幾有防微杜漸之功。故與申友一場說破，因附記於

《天學考》云。

又書《天學考》後

自古異端，類多假託於吾儒家言，如墨氏之援"若保赤子"一句以明其兼愛之當然及佛氏之必論及此心、此性以明其寂滅之當然，而見解之超乎衆也是已。然自知道者觀之，邪正眞妄，不啻如黑白之判焉，焉可誣哉？今此所謂"天學"者，雖未知其說之何如，而第以其號爲天學推之，無乃亦假託於吾儒家"天命"之天，以明其學之亦出於天而爲可信也耶？

夫所謂"天"者只是理而已矣，理無聲臭兆眹，而實爲造化之樞紐、品彙之根柢。故陰陽五行、男女萬物，一惟其主張運用，以之而動靜焉，以之而合變焉，又以之而化生凝妙焉。就其中成形之最大而無外，可全夫此理而均賦於萬物者，莫如天，故目此理爲天，而又目天爲此理也。

且道此理有甚不善之雜，命於人而爲性則有仁義禮智之常，發於性而爲情則有喜怒哀樂之節，以至於父子、君臣、夫婦、長幼、朋友之倫，禮樂、刑政、敍秩、命討之法，凡人之所當存察體行於日用之間者，無非是此理，而純粹至善，不可得以一毫外物有所添減，非天其若是乎？而此外未嘗別有天明矣。

惟王陽明之徒，有所謂"顔農山"者，倡爲天高於聖人之說曰："飮食男女之欲，天也；其使之有禮有別者，聖人也。

聖人旣不及於天，則人當從天而不當從聖人。”因遂惟欲之從，卒爲亂賊而死。蓋其所謂“天”者乃氣也非理也。彼旣認氣爲天，則其行事無一之不悖乎理而逆天甚矣。尙安得不爲亂賊而死乎？

今此“天學”之“天”字，倘與農山一般，則是其學乃大亂之兆，而決不可毫髮信者也。假使不然而別有說，吾自有吾聖人之道在焉，人欲知天，求於是足矣。愼毋以其號爲天學，而謂或有理，萌心於求之哉。

子程子不云乎？“佛氏之言，比之楊、墨，尤爲近理，所以其害爲尤甚，學者當如淫聲美色以遠之”，退陶老先生又有切當之喩曰：“彼其近理之故，亦不當求其必知。譬如涉水者，欲試其淺深，因遂沒溺而死易矣。”

大抵外聖人而爲說者，皆異端也。莫問其說之如何，爲今之計，只當斷以邪說，初不接目，然後方得脫灑而無毫髮不瑕之慮。凡我同志，亦皆如是立心幸甚。

爲講學事，通各書堂文

右文爲奉議事。吾鄕講學一款，實爲今日急務，而思泉 趙上舍丈屬當都訓長之任，行之有年，功緖已多。故凡我讀書之士，莫不願就質於其前，而今者患候彌留，閱月經時，自以勉强之無路。乃以傳付於匪人，自顧無似，知識蔑如，其何敢冒昧而當之乎？ 縷縷控辭，終不獲命則一向强聒反爲未安。玆欲爲冒行之計，而就其中一二節目，似不無變通者，近嘗仰質而得其頷可，蓋亦不待愚言而已有此意故也。第未知僉執事盛見之如何？事當一番齊會，爛商以處，而政此癘疫交熾之際，其勢末由。事係緊重，不容緩忽，玆敢條列如左，以稟可否。伏願亟賜回教，使得奉以周旋幸甚。

一。向來講學，一依考亭法門，既講《大學》以及《論語》，則爲今之計，只將《論語》中未講之卷，使之來講，固是不易之序，而但念如此，則人之讀他書者，似未肯遽舍所讀，而必此之讀而來講者無幾。故莫若變而通之，更爲活法，無論經史，使各以所讀來講，然後方無遺漏之患，而學在勸課中矣。

或者以雜亂無序爲慮，然此亦處之有術，如方讀《大學》，卽令了此後，始讀《論語》；方讀《論語》，卽令了此後，始讀《孟子》。以至六經以下許多宜讀之書，皆如此讀之，則是亦未始不整齊有序，而無復雜亂之患矣。如何如何？

一。各以所讀來講之法，果爲可行，則自各面爲先修整講案，凡厥讀書之士，皆書其姓名年歲及其所讀之書，而一置本塾，一送道院，使知某讀某書。然後又以熟讀精思，以待問目之意，各各知委於該面講儒，度其已熟已精而先爲會講於本塾，其中文義最明、對語最善者，竝其問目而報於道院，則如愚淺見，雖不足以知其得失，然今日就正，自有其所，又於閒暇之時，齊會道院，大家講討，種種如是，歲以爲常，則其於勸學之道，庶有著實之效。如何如何?

一。問目待會講時固好，而但念各有事故，齊會未必，又以支供之難，不過數日而罷，則紛擾忙迫之中，問者、對者，俱未暇致詳，實不無草草之恨。故愚意不必待其齊會，而各就所讀之書，發爲問目，輪示該儒，該儒亦皆作對，送之本塾，以爲自本塾送道院之地，則問者、對者，俱得從容致思，庶有眞箇發明之益，而事亦便宜，可以永久行之。如何如何?

一。"講學"二字只是本分上名目，元非異常別件物事，而今人例避是名，鄕黨有志之士，或不欲隨行於其間則此恐錯料之甚。夫爲士而講學，何以異於爲農而說農理乎? 凡今吾黨之士，無非學問之人也，其孰不衣冠而處乎? 其孰不孝悌于家乎? 其孰不忠信於鄕黨而謹信其言行乎? 聖賢之學，不過欲使人盡分於此等處而已，第令少加之意，則思過半矣。

國家之設科取士，亦未嘗不以四書疑五經義者，其意亦待之以此學也。詞賦文章，亦非道術外藝業則雖其用工各異，立志不同，要皆此學之所包而不可以二視之。苟有作人之術而盡其導率之方，亦何難於與之共學而偕至於大道乎?

此物雖非其人，而僉執事則想必綽然而有裕。故尤願今日讀書之士，一一皆書於講案，而無一毫或遺也。如何如何？

本塾【松巖】鄕約所，通諭面中文

右文爲奉諭事。鄕約設行，旣有朝家分付，一心遵奉，又是八域所同則鄒、魯吾鄕，尤安敢獨後於人哉？用是闔境齊起，各面爭先，旣出任員，又頒節目如是。

蓋此鄕約之法，其來久矣。藍田創始，紫陽增損，化俗之方，無過是者，而叔世以降，莫克行之。逮我退陶先生，又爲之就加條列，欲試一方，而未之果。

何幸我主上殿下以堯、舜之聖，興唐、虞之治，渙發絲綸，導率民庶，而十行辭旨，丁寧懇惻，凡有血氣，莫不感泣，誠能一遵聖旨，允蹈斯約，則風行草偃，化馳若神，於變之美，指日可睹，豈不休哉？豈不盛哉？

若其應行節度，自有頒下《鄕禮合編》在焉。凡我同約之人，各自惕念，毋或違越，上而體朝家之至意，下而守先輩之遺訓，相與偕之大道，共享太平之福幸甚。

書《武夷九曲圖歌》後，贈金濟彦

此余昔年作也。近於閒中，又敬次《武夷精舍雜詠》十二首、《櫂歌》十首及《雲谷諸雜詠》。因附此作於末，以寓尋常景仰之思，而上洛 金君 濟彦摸得《武夷九曲圖》，欲余一言而序之。

蓋君近方從我遊，留意此事者也，其資質志尙有異於流俗者。故心甚嘉之，遂以此詩示之，且告之曰："吾先祖文莊公不云乎？'越中山水，氣象淺促，武夷未必爲寰宇第一，而後之評仙區者，莫不將作第一話頭，必欲置之圖畫之間而寶玩之何也？是必有其故矣'。此其意余於拙詩中已略及之，而君又知之了然，有不待於更爲提說。然夫以山水之未必爲寰宇第一，而猶且圖畫而寶玩之如此，則其於朱先生博約之訣、仁智之樂，必能服膺而眞有諸己，斯可期已。此實吾先祖之所望於後人，而余所謂'寶匣瑤徽和者寡'，又安知非錯料輕發語也耶？自是期待於君，實不淺鮮焉。君其勉之哉！"

著者 **鄭宗魯**

1738(英祖13)~1816(純祖16). 본관은 晉州, 자는 士仰, 호는 立齋·無適翁이다. 愚伏 鄭經世의 6대손으로 경상도 咸昌의 외가에서 태어났다. 당시 嶺中三老로 불리던 大山 李象靖, 南野 朴孫慶, 百弗菴 崔興遠의 문하에서 수학하여 영남학파의 학통을 계승하였다. 짧은 기간 동안 관직 생활을 하였지만 인생의 대부분을 향리에서 강학에 전념하고, 후학 양성에 힘써 248명의 제자를 배출하였다. 또 尙州 지역에서 일정한 학맥을 세우고 우복으로부터 내려오는 학맥을 柳尋春→柳厚祚→柳疇睦에게 잇게 하여 상주지역 학문의 융성기에 중추적인 역할을 하였다. 사후에 愚山書院에 배향되었다. 저서로 《立齋集》과 《昭代名臣言行錄》이 있다.

校勘標點

金崇浩(卷10~卷14)

1969년 大邱의 俗稱 갓바위에서 태어났다. 漢文學專攻으로 博士學位를 받았다. 現在 韓國古典飜譯院 圈域別據點硏究所 慶北大學校 嶺南文化硏究院 硏究員으로 在職하고 있다. 漢文 工夫 모임인 周德會 會員이다. 譯書로 《전쟁은 속임수다》, 《朱子大全》(共譯), 《木齋集3》(共譯), 《九思堂集3》(共譯) 等과 編書로 《草訣歌·草千字》가 있다.

宋熹準(卷15~卷20)

1958년 大邱 達成(대구 달성)에서 태어났다. 경북대학교 사학과를 졸업하고 고려대학교 국어국문학과 한문학전공으로 박사학위를 받았다. 계명대학교 한학촌 교수를 역임하였고, 現在 韓國古典飜譯院 圈域別據點硏究所 慶北大學校 嶺南文化硏究院 責任硏究員으로 在職하고 있다. 역서로는 《사미헌집》권1~권3, 《大東韻府群玉》권11~권20(공역)이 있고, 편저로는 《心經註解叢編》10권과 《近思錄註解叢編》10권 등이 있으며, 저서로는 《조선의 마지막 문장》이 있다.

金英玉(卷21~卷25)

慶北大學校 漢文學科 박사과정을 수료하였다. 영남문화연구원 국역연수실 강좌에 강의를 하고 있다. 現在 韓國古典飜譯院 圈域別據點硏究所 慶北大學校 嶺南文化硏究院 先任硏究員으로 在職하고 있다. 역서로는 《落陰遺稿》(共譯), 《敬堂日記》(韓國國學振興院)(共譯), 《木齋集1》(共譯), 《九思堂集2》(共譯), 《九思堂集3》(共譯) 등이 있다.

圈域別據點硏究所協同飜譯事業
慶北大學校 嶺南文化硏究院 硏究陣

硏究責任者 **鄭炳浩**(慶北大學校 漢文學科 敎授)
責任硏究員 **宋熹準**
先任硏究員 **金英玉**
硏究員 **金崇浩**
補助硏究員 **沈大用**

校勘標點
立齋集2

鄭宗魯 著 | 金崇浩·宋熹準·金英玉 校點
初版 1刷 發行 2017年 12月 31日
編輯·發行 경북대학교출판부
登錄 1973년 10월 10일 ㉣97호
住所 대구시 북구 대학로 80
電話 053-950-6741~3 | 팩스 053-953-4692 | 이메일 press@knu.ac.kr

값 30,000원

ISBN 978-89-7180-468-1 94810
978-89-7180-467-4 (세트)